Hajo Bergmann

Straße der
Achttausender

Hajo Bergmann

Straße der Achttausender

Vom Dach der Welt
zu Darjeelings Teegärten

Mit 42 Farbfotos
und einer Karte

Mehr Bäume.
Weniger CO$_2$.
www.cpibooks.de/klimaneutral

Mehr über unsere Autoren und Bücher:
www.malik.de

Mein Dank gilt meiner Frau Ulrike und meinen Kindern
Kim, Leif, Lasse & Max

Bibliografische Information der Deutschen Nationalbibliothek
Die Deutsche Nationalbibliothek verzeichnet diese Publikation in der
Deutschen Nationalbibliografie; detaillierte bibliografische Daten
sind im Internet über http://dnb.d-nb.de abrufbar.

MALIK NATIONAL GEOGRAPHIC

Erstmals im Taschenbuch
Januar 2017
© Piper Verlag GmbH, München/Berlin 2015
Redaktion: Florian Oppermann
Fotos: Hajo Bergmann; bis auf Bildteil S. 5 (oben u. rechts unten) sowie
S. 17, 20, 21 (jeweils unten). Diese Fotos stammen von Rüdiger Kortz.
Karte: Eckehard Radehose, Schliersee
Umschlaggestaltung: Dorkenwald Grafik-Design, München
Umschlagabbildungen: Berg Bhagirathi Parbat im Himalaja (Fautre/Le Figaro
Magazine/laif; vorne), Lama Nawang in Mustang (Hajo Bergmann; hinten)
Autorenfoto: privat
Satz: Kösel Media GmbH, Krugzell
Litho: Lorenz & Zeller, Inning a. A.
Papier: Schleipen Fly
Druck und Bindung: CPI books GmbH, Leck
Printed in Germany   ISBN 978-3-492-40613-0

Das Papier wurde aus chlorfrei gebleichtem Zellstoff hergestellt.

INHALT

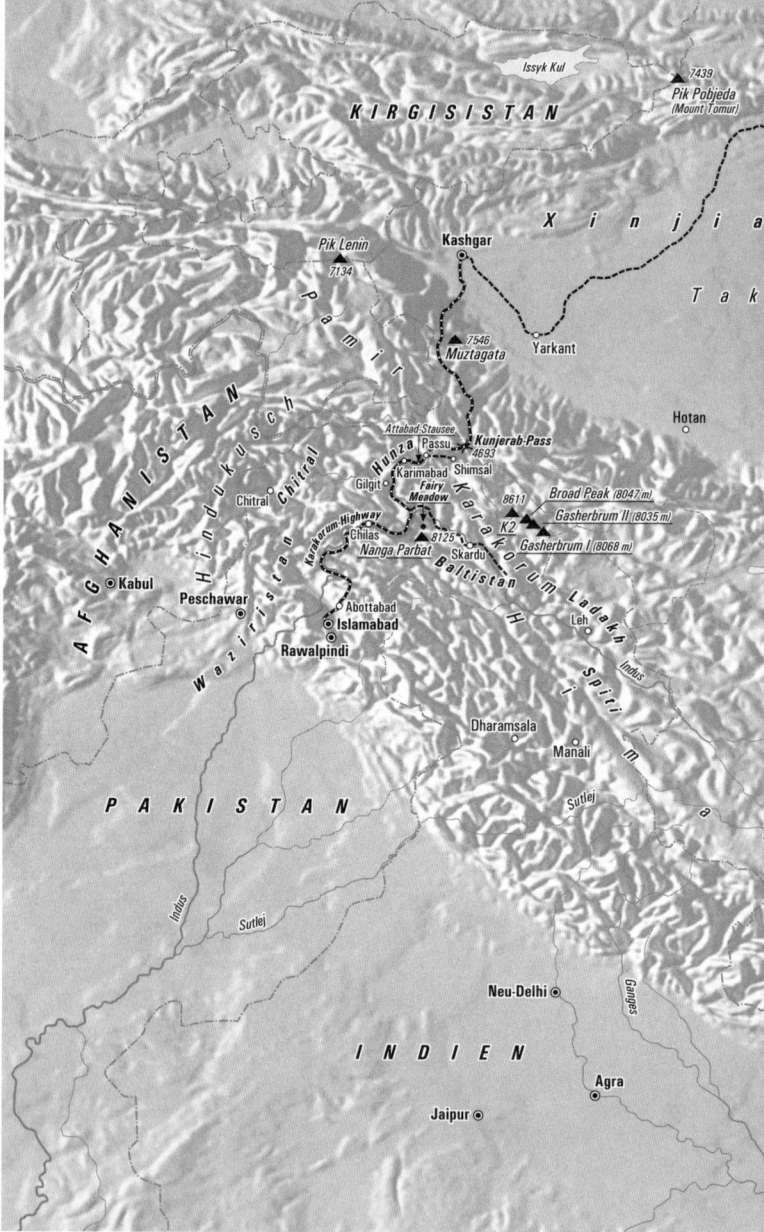

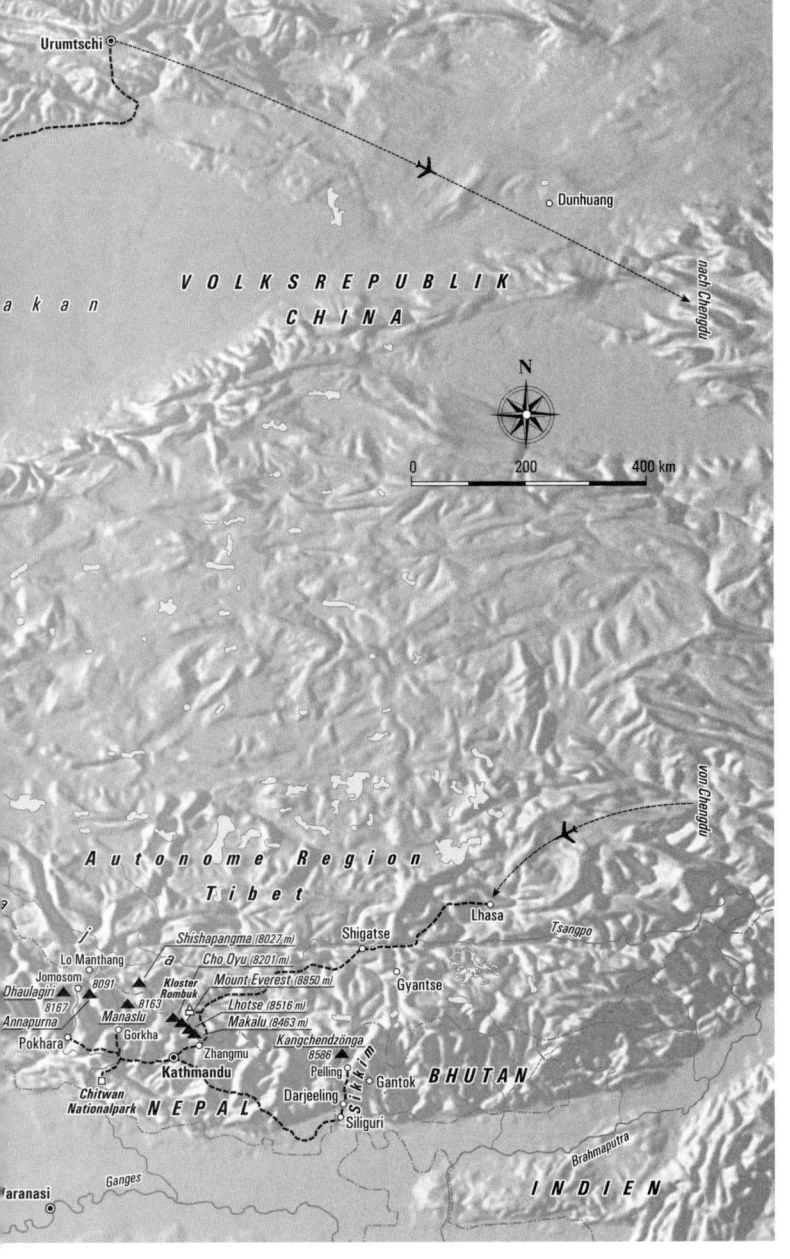

Urumtschi

Dunhuang

nach Chengdu

VOLKSREPUBLIK
CHINA

akan

N

0   200   400 km

von Chengdu

Autonome Region
Tibet

Lhasa   Tsangpo

Shishapangma (8027 m)
Lo Manthang   Cho Oyu (8201 m)   Shigatse
Jomosom   Mount Everest (8850 m)   Gyantse
Dhaulagiri   8091   Kloster
8167   8163   Rombuk   Lhotse (8516 m)
Annapurna   Manaslu   Makalu (8463 m)
Pokhara   Gorkha   Kangchendzönga
8586   BHUTAN
Zhangmu   Pelling
Kathmandu   Gantok
Chitwan   Darjeeling
Nationalpark   NEPAL   Siliguri

Brahmaputra

aranasi   Ganges   INDIEN

Allen Gewalten
Zum Trutz sich erhalten,
Nimmer sich beugen,
Kräftig sich zeigen,
Rufet die Arme
Der Götter herbei.

Johann Wolfgang von Goethe

VORWORT

Ende Juli 2013 in Frankfurt am Main. Ich habe mein Auto nahe der Bockenheimer Warte geparkt und bewege mich nachdenklich in Richtung des chinesischen Generalkonsulats. Es ist heiß, die Menschen sind luftig gekleidet und verströmen eine Stimmung sommerlicher Leichtigkeit. Ich habe Visaanträge für meinen Kameramann und mich dabei und gehe in Gedanken das Worst-Case-Szenario durch. Der erste Teil der Dreharbeiten für die Dokumentation »Straße der Achttausender« ist abgeschlossen. Die aufregende und gefährliche Etappe durch Pakistan liegt hinter uns. Von der pakistanischen Grenze am Punjerab-Pass soll die Tour nun weitergehen durch die autonomen chinesischen Gebiete Xinjiang und Tibet. Und von dort nach Nepal und Sikkim, den indischen Bundesstaat am Südrand des Himalaja mit den berühmten Teegärten von Darjeeling. Ich kenne diese Gegenden sehr gut, vor fünfundzwanzig Jahren habe ich schon einmal eine ähnliche Reise unternommen, doch seitdem sind die Gefahren deutlich größer geworden. Mit Terrorattacken muss ständig gerechnet werden. Aber auch plötzliche Wetterumschwünge können dem Vorhaben schnell ein Ende setzen.

Fünfzig Tage werden wir insgesamt unterwegs sein. 5000 Kilometer durch ein mühsam zu bereisendes Gebiet. Exakt planen lassen sich die Strecke und die Reisedauer nicht. Was, wenn Erdrutsche und Schlammlawinen den Weg versperren? Wenn uns bürokratische Hindernisse am Fortkommen hindern? Für viele Straßen brauchen wir ohnehin Sondergenehmigungen. Es ist eine Gleichung mit vielen Unbekannten.

Der Forscher Günter Dyhrenfurth nannte die Linie der vierzehn höchsten Berge der Welt einst den »Dritten Pol«, so atemberaubend, einzigartig und überwältigend ist sie. Die Bezeichnung »Straße der Achttausender« indes ist eher willkürlich, denn es gibt viele Wege durch den Himalaja und den Karakorum. Einer der abwechslungsreichsten und schönsten Routen durch diese einzigartige Hochgebirgsregion wollen wir hier folgen. Sie führt uns durch vier Länder und zwei autonome Gebiete – durch Pakistan, China, Xinjiang, Nepal, Tibet und Indien –, und besticht durch ihre Vielfalt an Landschaften, Völkern, Religionen, Sprachen und Traditionen. Seit jeher faszinieren mich diese ganz unterschiedlichen Kulturen am Fuße der Achttausender – und die Idee, dass diese Vielfalt eine Art symbolträchtige Arche Noah für die Menschheit darstellt.

Unsere Reise beginnt in Islamabad, der Hauptstadt Pakistans, und führt dann Richtung Norden, den Indus entlang, auf dem Karakorum Highway nach Chilas und Gilgit. Knapp 600 Kilometer sind wir mit Lastwagen und Jeeps unterwegs, auf einer zum Großteil unbefestigten Straße. Von dort startet die erste Expedition – hoch nach Fairy Meadows, der berühmten »Märchenwiese« am Nanga Parbat. Nach dem wüstenhaften Industal erwartet uns auf 3200 bis 3500 Metern eine überraschende Szenerie – grüne Bergwiesen und Wälder, eine Almenlandschaft, wie man sie so in Pakistan nicht erwarten würde. Und direkt vor unseren Augen taucht der erste Achttausender auf: der 8125 Meter hohe Nanga Parbat.

Von dort folgen wir dem Indus weiter nach Baltistan im pakistanisch verwalteten Kaschmirgebiet. Über die Bergsteigerstadt Skardu geht es nach Machaloo, an der Grenze zu Ladakh. Von dort steigen wir unter Expeditionsbedingungen zu einem Aussichtspunkt auf fast 5000 Meter Höhe, von dem aus man die vier anderen Achttausender des Karakorum sehen kann – den K2 (8611 m), den Broad Peak (8047 m) sowie Gasherbrum I (8068 m) und Gasherbrum II (8035 m). Weiter dann über den Khunjerab-Pass nach China.

Wir besuchen den Muztagata, den heiligen Berg der Kirgisen im Pamir, einer rauen, kargen Hochgebirgslandschaft, und Kashgar, die Metropole der autonomen chinesischen Provinz Xinjiang. Hier ist das traditionelle Siedlungsgebiet der Uiguren; einst durch den Zusammenschluss verschiedener Steppenvölker entstanden, wird dieses Volk – ähnlich wie das tibetische – heute von der chinesischen Zentralmacht bevormundet. Seine Kultur ist bedroht.

Weiter geht es über das Autonome Gebiet Tibet zu den Basislagern von Shishapangma (8027 m), Cho Oyu (8201 m) und Mount Everest (8850 m). Tibet, das oft auch das »Dach der Welt« genannt wird, kenne ich sehr gut. Schon seit dreißig Jahren bereise ich dieses zentralasiatische Land, dessen politische Situation seit der Eingliederung in die Volksrepublik China 1959 nach wie vor angespannt ist. Jetzt erhoffe ich mir von den Begegnungen mit Einheimischen nicht nur Einblick in ihr Alltagsleben, ich möchte auch mehr über die Unterdrückung ihrer Kultur erfahren.

Nach der spektakulären Kulisse des Lhotse (8516 m), des vierthöchsten Bergs der Welt, und des Makalu (8463 m) treffen wir in Kathmandu, der Hauptstadt Nepals, ein. Hier geht es um den Buddhismus und Hinduismus, aber auch um Umweltfragen, die im Himalaja in den letzten Jahren immer drängender geworden sind.

Das ehemals buddhistische Königreich Mustang, das offiziell bis 1992 kein Fremder betreten durfte, liegt als nächstes Ziel auf unserem Weg. Wir wollen Dörfer besuchen, aus denen die legendären Gurkha-Kämpfer kommen, denen in der britischen und indischen Armee der Ruf nacheilte, absolut furchtlos zu sein. In Pokhara, der zweitgrößten Stadt Nepals, genießen wir dann die wahrlich spektakuläre Sicht auf den nahen Himalaja-Hauptkamm mit den drei Achttausendern Dhaulagiri (8167 m), Annapurna I (8091 m) und Manaslu (8163 m).

Eine ganz andere Szenerie bietet die nächste Station: der Chitwan-Nationalpark, an der Grenze zu Indien. Ausgiebige Monsunregen sorgen hier für eine üppige dschungelartige Vegetation. Mit etwas Glück bekommen wir vielleicht sogar einen der berühmten Bengalischen Tiger zu Gesicht, den »König des Dschungels«, der bis in die 1950er-Jahre hinein eine begehrte Trophäe europäischer Großwildjäger war. Im nordindischen Bundesstaat Sikkim tauchen wir schließlich ein in eine ganz andere Welt der

Bräuche, Gerüche und Farben. Zum Abschluss der Reise soll es zum Basislager des Kangchendzönga (8586 m) gehen, des dritthöchsten Bergs der Welt. An seinen Südhängen, in Höhenlagen über 2000 Meter, liegen die berühmten Teegärten Darjeelings. Die Teepflanzen wachsen auf dieser Höhe nur ganz langsam und entwickeln bei der intensiven Sonneneinstrahlung ein blumigfeines Aroma. Von Hand gepflückt gilt der Darjeeling als einer der feinsten Tees überhaupt.

Zurück nach Frankfurt. Die bevorstehende Chinareise bereitet mir am meisten Kopfzerbrechen. In den vergangenen Jahren waren Xinjiang und Tibet immer wieder für ausländische Besucher gesperrt gewesen – für ein paar Monate, manchmal aber auch für ein ganzes Jahr. In Tibet hatte vor wenigen Jahren ein französischer Reiseleiter Fotos des Dalai Lama verteilt und damit für einen Einreisestopp gesorgt. Als eine kanadische Bergsteigertruppe auf einem Hügel nicht weit vom Cho Oyu die tibetische Flagge in den Schnee steckte, wurde die Bewegungsfreiheit im Land daraufhin rigoros eingeschränkt. Meine geplante Reise durch Tibet folgt also einer unsicheren Reiseroute, die infolge kleinster Vorkommnisse in der Vergangenheit regelmäßig geschlossen wurde. Es ist noch gar nicht so lange her, dass ein französischer Arzt mit dem Handy filmte, wie ein 75-köpfiger tibetischer Flüchtlingstrupp am Nangpa La von der chinesischer Polizei aufgebracht wurde. Dabei wurden tibetische Nonnen am helllichten Tag einfach so im Schnee erschossen. Natürlich durfte danach auch wieder niemand mehr ins Land.

Noch schwerer ist eine Xinjiang-Durchquerung. Dort gibt es seit Jahren schlimme Ausschreitungen und Armeeeinsätze mit Tausenden Toten und Inhaftierten. Die Chinesen sprechen von Maßnahmen gegen den uigurischen Terrorismus, die Uiguren hingegen beklagen die Sinisierung, Unterdrückung und Ausbeutung ihres Landes. 2008, im Jahr der Olympischen Spiele in Bejing, wurde Xinjiang einfach ganz für Reisende gesperrt, was sich bei Aufständen in den Jahren danach monatelang wiederholte. Was mache ich also, wenn ich nicht in die beiden autonomen Gebiete reinkomme? Was, wenn man mir schlichtweg das Visum verweigert? Schließlich drehe ich seit 1985 Filme in Tibet und berichte auch über den Dalai Lama, was den Chinesen nicht sonderlich behagen wird. Mein letzter Dreiteiler »Himalaja – Im Reich des Windpferds« wird seit 2011 regelmäßig in diversen Programmen wiederholt. Auch mein jetziges Projekt lässt sich nicht vollkommen von dieser früheren Reise trennen, die mich durch die tibetischen Teile Indiens und Nepals geführt hatte. Vieles knüpft daran an, vieles ergänzt sich. So gesehen hat das Abenteuer entlang der »Straße der Achttauender« schon im August 2010 im Anflug auf die Hauptstadt Leh im indischen Ladakh begonnen.

Hauptfigur in diesen »Windpferd«-Filmen ist Manuel Bauer – der Leibfotograf des Dalai Lama, was ihn automatisch zu einem roten Tuch für die Chinesen macht. Spätestens nach seiner mutigen Fotoreportage über die Flucht eines tibetischen Mädchens nach Nepal wird er auf der Schwarzen Liste der chinesischen Machthaber stehen. Gilt das womöglich auch für seine alten Filmkollegen?

Was soll ich also tun, wenn die Visaanträge abgelehnt werden? Schicke ich nur einen Kameramann auf die Reise? Beauftrage ich eine chinesische Produktionsfirma, was sehr viel Geld kosten würde? Beides wären grob unsportliche Lösungen, denn schließlich arbeite ich schon lange an diesem Projekt. Befreundete Reisefachleute hatten mir aber gut zugeredet und waren der Meinung, China störe sich nicht mehr an Dokumentarfilmern in Tibet und Xinjiang. Mit Handys könne mittlerweile ohnehin jeder filmen, und der chinesische Sicherheitsapparat gebe sich nicht mehr mit derlei Bagatellen ab. Da würden mittlerweile bedeutend effizientere Systeme greifen, zumal ich ja nie wirklich persönlich den Ärger Chinas erregt oder Dinge getan hätte, die eine Verweigerung der Visa rechtfertigen würden.

Die Visastelle des chinesischen Generalkonsulats in Frankfurt sieht aus wie irgendein modernes Großraumbüro. Man zieht eine Nummer und wartet, bis man aufgerufen wird. Ich setze mein charmantestes Lächeln auf, als ich einer blendend Deutsch sprechenden jungen Chinesin die Visaanträge und den Nachweis der gezahlten Expressgebühren überreiche. Professionell geht sie die Papiere und Pässe durch, schaut in ihren Computer und zieht eine Kollegin hinzu, um dann freundlich, aber bestimmt zu fragen: »Wollen Sie auch nach Tibet und Xinjiang?«

Ich bin völlig perplex, denn davon steht in meinem Visaantrag gar nichts. Ich will diese Sondergenehmigungen erst einholen, wenn ich in China bin. Ich überrasche mich selbst mit einer geistesgegenwärtigen Antwort: »Diesmal nicht!«

»Geht auch gar nicht«, sagt die chinesische Beamtin und lacht mir dabei laut ins Gesicht. Die folgenden Nächte werde ich kein Auge zutun. Hat das etwas zu bedeuten?

Da ich nun mal in Frankfurt bin, gehe ich die Bockenheimer Warte weiter und nehme im Café Laumer noch einen Kaffee mit Erdbeerkuchen. In den Siebzigern, als ich in Frankfurt studierte, konnte man im Laumer noch mit etwas Glück Adorno, Habermas oder Marcuse beim Zeitungslesen sehen. »Mabuse, Laberhas und Abnormo«, wie wir sie damals lästerlich und liebevoll nannten, waren unsere Götter, und wir glaubten, ihre Kritische Theorie würde uns allzeit feien vor Ignoranz, Dummheit und Kulturbolschewismus.

Fünfunddreißig Jahre später sitze ich nun hier und will es zumindest noch einmal schaffen, eine uns vielfach unbekannte Welt zu erkunden. Während ich die magische Linie entlang der vierzehn höchsten Berge der Welt bereise, möchte ich mit Menschen aus ganz unterschiedlichen Völkern, Kulturen und Religionen in Kontakt kommen und ihre Leben dokumentieren. Ein Vierteiler soll für ZDF/Arte produziert werden, ein Zweiteiler für den NDR – und zwar mit kleinem Budget. Eine schwierige Planung, weil ich dabei nicht pleite gehen will. Schließlich sollen meine Kinder auch weiterhin in den Urlaub fahren können. Dabei gehe ich zahlreiche Risiken ein. Ich finanziere das Projekt nicht nur vor, ich muss auch damit rechnen, dass politische Ereignisse, Unfälle, Krankheiten, Naturkatastrophen, technische Probleme mit Kameracomputern, schlechtes Wetter oder gruppendynamische Konflikte im Team mir von heute auf morgen einen Strich durch die Rechnung machen können.

Wenn ich allerdings nur wüsste, weshalb die hübsche Chinesin in der Visaabteilung vermutete, dass ich nach Xinjiang und Tibet will. Sieht man mir das etwa an der Nasenspitze an? Oder stand in ihrem Computer, dass ich dort schon öfter als Filmemacher war? Werden mir die drei »Windpferd«-Filme mit Manuel Bauer am Ende doch zum Verhängnis werden?

Es ist ein langer Weg, bis man sich auf die Risiken eines solchen Vorhabens einlässt. Man prüft lange, ob es sich lohnt. Und selbst wenn der Entschluss einmal getroffen ist, sind noch zahlreiche Schwierigkeiten zu überwinden. Zuweilen ist es dann ein Vers des persischen Mystikers Maulana Rumi, der mir weiterhilft, ein Vers, den mir Annemarie Schimmel zu ihren Lebzeiten mit auf den Weg gegeben hat:

Und wenn Er alle Wege und Pässe vor dir schließt,
Zeigt einen Weg geheim, Er, den niemand noch gekannt!

TEIL 1

Ein Plan wächst

Ein Projekt dieser Größenordnung entsteht im Kopf, vieles allerdings macht man dann doch intuitiv und aus dem Bauch heraus. Irgendwann nach der Himalajareise mit Manuel Bauer hatte ich die Idee zur »Straße der Achttausender« gehabt und ein Exposé bei den Sendern eingereicht. Bisher hatte ich es allerdings nicht gewagt, es wirklich in Angriff zu nehmen.

Eine Produktionsreise durch Pakistan, China, Xinjiang, Tibet, Nepal und Indien zu organisieren ist logistisch sehr komplex. Man muss auf alles Mögliche achten, die besten Reisezeiten in den jeweiligen Ländern, die politische Situation vor Ort, das verfügbare Budget, aber auch Fragen wie: Wie lange kann man am Stück unterwegs sein? Und wie viele Begleiter brauche ich, um den immensen Anforderungen gerecht zu werden? Mit welchen Partnern soll ich in China, Nepal und Indien arbeiten? In Pakistan ist mir das klar, dort habe ich eine sehr verlässliche Truppe. Außerdem muss ein solches Projekt erst mal die Gremien bei ZDF/Arte und NDR durchwandern. Ein Koproduktionskonzept muss erstellt und vertraglich fixiert werden.

Grundsätzlich bin ich eher ein skeptischer Mensch, versuche erst, alle Risiken abzuwägen, bevor ich mich auf ein neues Projekt einlasse. Das andere Stichwort heißt Kalkulation. Ich muss langsam, aber sicher die Reisekosten zusammentragen und die Aufwendungen für Personal und Ausrüstung berechnen. Plus bei Versicherungen Angebote einholen und einen zeitlichen Puffer einbauen. Was mache ich, wenn am K2 schlechtes Wetter ist? Reise ich zurück oder warte ich? Wie fange ich mögliche Mehrkosten durch Wetterkapriolen auf? Bin ich noch fit genug, um mehrmals auf 4000 und 5000 Meter zu steigen, oder bin ich selbst ein Risikofaktor? Ist es besser, einen jungen, frischen und engagierten Kameramann zu nehmen, oder ist ein alter Vertrauter besser?

Inhaltlich geht es mir darum, die großen Kulturen Süd- und Zentralasiens miteinander zu verknüpfen, und dazu muss ich natürlich mit den Menschen sprechen. Auch Dolmetscher und Guides, mit denen ich früher zusammengearbeitet habe, sind im Vorfeld zu kontaktieren. Wie geht es ihnen zwischenzeitlich? Wie sind sie drauf? Kann man ihnen noch trauen, und passt der Job in ihr Leben? Welche Regionen muss man mit staatlicher Bewilligung bereisen, und wo ist es besser, dem Papierkrieg ein wenig aus dem Weg zu gehen? Es sind unzählige Fragen, die ich im Vorfeld eines solchen Projekts jeden Tag durch ein Sieb drücke, ohne mit dem Brei, der dabei herauskommt, unbedingt etwas anfangen zu können.

Parallel muss auch privat so einiges organisiert werden. Eine mehrköpfige Familie mit berufstätigen Eltern ist bei kleineren Kindern ein mittleres Managementprojekt, das Vorausdenken erfordert.

Selbst bei optimistischer Planung komme ich auf achtzig Reisetage für die Produktion, und das ist sogar noch vorsichtig geschätzt. Die Nachbearbeitung mit Schnitt, Text, Vertonung, sechs Rohschnitt- und Endabnahmen, sechs Textabnahmen, sechs Mischungen und Sprachaufnahmen plus technischer Abnahme dauert dann in der Regel noch dreimal so lange wie die Drehzeit. Die Vorbereitungszeit nicht eingerechnet, bedeutet das ein übervolles Arbeitsjahr.

Wieder schlechte Nachrichten

Im ganzen Winterhalbjahr 2012/13 geht nichts voran. Entscheidungsprozesse in den Sendern zögern sich hinaus, eine avisierte Koproduktion kommt nicht zustande. Es hakt an allen Ecken und Enden. Die pakistanische Botschaft erteilt keine Journalistenvisa, und auch nach Xinjiang und Tibet scheint die Einreise vorübergehend unmöglich. Ich stehe in ständigem Kontakt mit Spezialisten für diese Länder, aber die zucken nur mit den Achseln und vertrösten mich. In Nepal ist der König abgetreten und der Bürgerkrieg mit den Maoisten beendet worden; ein Kampf, der verlustreicher und schrecklicher war als weithin bekannt. Die Maoisten sind aus dem Untergrund an die Regierung gekommen, und überall herrscht Chaos, aber glücklicherweise gibt es keinen Bürgerkrieg mehr. Dafür häufen sich neuerdings in Sikkim und Bengalen Übergriffe maoistischer Gruppierungen auf Touristen – Schwierigkeiten also auf der ganzen Route.

Ich habe zwei Möglichkeiten, die »Straße der Achttausender« zu bereisen: von Ost nach West. Also in Kalkutta – das heute offiziell Kolkata heißt – zu starten und dann über Darjeeling nach Nepal, Tibet und Xinjiang und weiter nach Pakistan in den Karakorum. Oder aber in umgekehrter Richtung: in Islamabad losfahren und über den Karakorum Highway nach China gelangen. Für das Filmprojekt ist dies letztlich egal. Entscheidend ist vielmehr, in welchen Monaten man die besten Chancen hat, die Achttausender zu sehen, und so kristallisiert sich schließlich der Plan heraus, im Frühsommer zum Nanga Parbat und in den Karakorum zu reisen und später im Herbst nach Tibet und Nepal. Für den Kangchendzönga dagegen ist Ende Oktober/November die beste Zeit.

Pakistan wird keine leichte Etappe werden. Dort haben die Amerikaner den Drohnenkrieg intensiviert und besonders Wasiristan, eine Bergregion im Nordwesten an der Grenze zu Afghanistan, als Ursprungsherd des Terrorismus ausgemacht. Mich macht das nachdenklich, denn ein Krieg mit ferngesteuerten Mordinstrumenten wird den Terrorismus nicht beenden, sondern eher das Gefühl der Machtlosigkeit bei den Angegriffenen verstärken.

Auch um Tayyab, meinen langjährigen Aufnahmeleiter und Freund in Pakistan, mache ich mir Sorgen: Er beantwortet keine Mails mehr. Als ich ihn zu Hause in Lahore anrufe, ist seine Frau den Tränen nah. Er habe einen Autounfall nur knapp überlebt, könne einen Arm nicht bewegen, das Gesicht sei zerschnitten und das Sehvermögen bedroht. Er müsse mit verbundenen Augen in einem abgedunkelten Zimmer liegen. Sie hält ihm den Hörer ans Ohr, und er behauptet, es sei alles halb so schlimm. Was natürlich nicht stimmt. Auch mich macht dies nachdenklich. Mit ihm traue ich mich alles in Pakistan, weil er wagemutig, aber auch sehr intelligent ist. Ohne ihn würde ich viele Risiken nicht eingehen und mich stattdessen an die üblichen Reisewarnungen halten – und die raten nicht unbedingt zu Reisen im Norden Pakistans.

Doch für mich gibt es keine Alternative. Ich brauche Tayyab. Ohne ihn bin ich aufgeschmissen. Kurz darauf wird er in Lahore ein weiteres Mal operiert, mehrere Glassplitter werden ihm aus Gesicht und Auge entfernt. Ein wenig könne er schon wieder sehen, meinte er danach optimistisch, Mails lesen oder schreiben sei allerdings noch nicht drin. Hauptsache, sein Augenlicht kommt wieder hin.

Als Kameramann habe ich mich für Rüdiger Kortz entschieden, obwohl wir uns eigentlich mittlerweile schon beinahe zu gut kennen. Es ist jedoch von Vorteil, wenn jeder weiß, worauf er sich einlässt.

Auf dem Karakorum Highway

Die Visa für Pakistan sind da, aber ich zögere den Drehbeginn noch mal drei Wochen hinaus und hoffe auf die Genesung meines Freundes Tayyab. Die Würfel sind gefallen, die Flüge für die dreigeteilten Dreharbeiten gebucht. Das Gefährlichste am Anfang, nämlich Pakistan im Juni. Das Schwierigste, also Xinjiang und Tibet, im Herbst. Zuletzt dann das vermeintlich Einfachste: einen Monat durch Sikkim und Nepal.

Wir starten auf dem Karakorum Highway, der insgesamt 1300 Kilometer langen höchsten Fernstraße der Welt. Er verbindet den Nordwesten Pakistans mit der Stadt Kashgar im chinesischen Xinjiang. 1980 wurde er fertiggestellt und 1986 für Touristen geöffnet. Viele Männer kamen bei den schwierigen Bauarbeiten ums Leben. 1989 habe ich den Karakorum Highway das erste Mal befahren und seitdem immer wieder. Er bleibt auf pakistanischer Seite ein Provisorium, eine Schotterpiste, die immer wieder von heute auf morgen von Erdrutschen verschüttet wird, während er in China perfekt ausgebaut ist und höchste Standards hat. In Pakistan dagegen ist er eine einzige Katastrophe, und dass sich daran nichts ändert, ist in der Tat verwunderlich. Zumal wenn man bedenkt, dass über diese ewige Baustelle der Armeenachschub im Kampf gegen die Taliban läuft und der gesamte Handel mit China.

Nachdem sich durch einen gewaltigen Erdrutsch hinter Karimabad im Hunza-Tal ein sechsunddreißig Kilometer langer Stausee gebildet und einen Gutteil der Straße verschluckt hat, haben wohl endgültig die Chinesen das Heft in die Hand genommen und planen von der Grenze aus einen echten Highway mit Tunneln und moderner Technik, auf dem sie ihre Waren nach Pakistan und bis Karatschi ans Arabische Meer bringen können. Finanziert wird das Ganze angeblich dadurch, dass Pakistan die Rechte für den Bau einer Pipeline an China verkauft, durch die iranisches Erdgas von Belutschistan ins Reich der Mitte transportiert werden soll. Aber natürlich gibt es auch viele Interessengruppen, denen das nicht passt.

Das gilt auch für den schon seit Jahrzehnten geplanten Diamer-Basha-Staudamm unterhalb des Nanga Parbat, der endlich die Stromversorgung im Norden bis hinunter nach Lahore sichern soll. Dabei würden allerdings auch Tausende buddhistischer Felszeichnungen in dieser Region zerstört werden.

In den letzten Jahren ist es am Karakorum Highway immer wieder zu Attentaten gekommen, besonders auf Schiiten; Angriffe, die an Grausamkeit kaum zu überbieten waren. In den 1980er-Jahren war der Karakorum Highway bei Touristen äußerst beliebt, und Fünfsternehotels sprossen am Nanga Parbat und im Hunza Valley aus dem Boden. Diese stehen jedoch seit dem Zweiten Golfkrieg und dem Afghanistankrieg leer und verfallen. Einer der abenteuerlichsten Reisewege der Erde ist tatsächlich in Vergessenheit geraten. Bei meinen letzten Reisen dorthin, 2008 und 2012, traf ich immerhin noch einzelne Globetrotter auf Fahrrad und Motorroller, die sich von nichts abschrecken ließen. Schließlich verbindet der Karakorum Highway Himalaja, Karakorum, Hindukusch und Pamir, also die bedeutendsten Gebirgszüge Zentralasiens. Außerdem ist er die Hauptanfahrtsroute zum Nanga Parbat und nach Skardu, von wo aus nach wie vor die meisten Expeditionen zu den vier Achttausendern Gasherbrum I und II, Broad Peak und K2 starten. Lange Zeit verläuft er entlang des Indus, der eine der großen Lebensadern Südasiens ist und schon vor Tausenden von Jahren die gleichnamigen Hochkulturen am Arabischen Golf bewässerte.

Als wir Anfang Juni nachts um halb zwei in Islamabad landen, ist der Schreck erst mal groß. Tayyab ist noch immer schwer gezeichnet, er hat tiefe Narben im Gesicht, und seine Schultern hängen herunter. Es ist ein schwerer Schock, den Mann so leidend zu sehen, der mich schon auf vielen Filmexpeditionen in Pakistan und Afghanistan begleitet hat. Er hat Freunde mitgebracht, die die Autos fahren und die eigentliche Arbeit machen sollen. Tayyab wird mitkommen, um Kraft zu sammeln in den Bergen.

Ich habe ihm Medikamente und vor allem Narbenpflaster mitgebracht, das wir noch in der Nacht auflegen. Schon nach wenigen Tagen wird das eine heilende Wirkung auf seine Narben und auf sein Selbstbewusstsein haben.

In die Geschichte eingegangen

Wir schlafen ein paar Stunden in einer Pension. Am Morgen melde ich mich kurz bei der offiziellen Regierungsstelle, die mein Filmprojekt bewilligt hat. Es ist extrem heiß, und der für Fernsehteams zuständige Mann will nicht mitkommen auf die Produktion: Bergsteigen sei nicht so seine Sache, meint er. Außerdem waren gerade Wahlen, und Islamabad wurde von mehreren internationalen Teams besucht. Das sei doch sehr stressig gewesen, bekennt er. Wir sind nicht unbedingt traurig darüber, da diese Beamten unterwegs in der Regel keine Hilfe sind. Geht andererseits etwas schief und man braucht irgendwelche Rettungskräfte oder gar die Armee, können sie wiederum sehr nützlich sein. Doch dafür gibt es ja das Telefon. Ich bekomme nur ein paar Papiere mit und Anweisungen, das kenne ich schon. Tayyabs Team hat längst alles organisiert. Kopien der Pässe und Genehmigungen für die Dutzende der nun folgenden Checkpoints sind vorhanden; wir werden sie in den nächsten Wochen noch brauchen.

Dann fahren wir endlich los: ein Fahrer, Tayyab, Mehdi, der Kameraassistent, Rüdiger und ich. Tayyab übernimmt immer wieder das Steuer und soll sich so wohl langsam wieder ans Autofahren gewöhnen, das Trauma des knapp überlebten Unfalls überwinden. Kurz nachdem man Islamabad und seine Staus hinter sich gelassen hat, führt die Straße nach oben auf über tausend Meter. Pinienwälder sorgen für bessere Luft und die Höhe für etwas erträglichere Temperaturen. Hier habe ich in den letzten Jahren bei anderen Projekten und Recherchen öfter übernachtet, weil es nur eine Tagesreise von Lahore entfernt ist und es hier Unterkünfte gibt, die sicher und nahe der Garnison gelegen sind.

Der Ort wurde Mitte des 19. Jahrhunderts von dem britischen Major James Abbott gegründet und auch nach ihm benannt –

und er ist jüngst sogar in die Geschichte eingegangen. Am 2. Mai 2011, so erzählt man sich in Pakistan, wurde in den Moscheen Abbottabats ohne Angabe von Gründen verkündet, man solle am Abend nicht auf die Straße gehen und zu Hause bleiben. Man kennt die Bilder von diesem Abend aus dem Weißen Haus in Washington: Hillary Clinton, Präsident Obama und ein General schauen entsetzt auf einen Bildschirm, der angeblich den Sturm auf den Unterschlupf bin Ladens live überträgt. Übrig bleiben ein abgestürzter Helikopter und Angehörige des mutmaßlichen Terrorchefs. Mitten in der Stadt, die normalerweise Militärkadetten feiert, die von den besten Offizieren und Geheimdienstleuten der pakistanischen Armee ausgebildet werden, landet in einer spektakulären Aktion eine Spezialeinheit der Navy Seals, tötet bin Laden und lässt seine Frauen am Leben. Kein Foto der Leiche, die dann angeblich innerhalb von vierundzwanzig Stunden von einem Flugzeugträger aus im Meer versenkt wird. Das Haus wird abgerissen. Sowohl der Arzt, der für die CIA die Identität Osamas bestätigt hat, als auch die Frauen des Terrorchefs werden vom Militärgeheimdienst in Gewahrsam genommen. Eine erneute Blamage für das geplagte Pakistan. Tayyab und die anderen grinsen nur dazu, denn sie kennen ihr Land und haben aufgehört, sich aufzuregen.

Unsere Reise entlang der »Straße der Achttausender« ist von Anfang an kein Weg durch eine heile Welt voll unberührter Natur. Besonders in Pakistan wird dies in Zusammenhang mit der Figur Osama bin Ladens klar. Im Land kursieren verschiedene Theorien über ihn. Erstens: Osama ist schon lange tot; er ist in Bora-Bora bei der Bombardierung mit Cluster-Bomben umgekommen. Die Aktion in Abbottabad sollte nur endgültig den Mythos zerstören und den Rückzug der Amerikaner aus Afghanistan publizistisch vorbereiten. Zweitens: Osama lebte tatsächlich die ganze Zeit unentdeckt in Abbottabad, hatte aber schon lange keinen Einfluss mehr bei al-Quaida und wurde von alten Armeeoffizieren gedeckt. Drittens: Osama führte tatsächlich sein Terrornetzwerk von Abbottabad aus; allerdings ist es schwer vorstellbar, dass dies ohne das Wissen der pakistanischen

Armee und Regierung geschehen ist oder dass diese solch eine wichtige Information nicht an die Amerikaner weitergetragen hätten.

So weit die Gerüchte, denn Beweise gibt es nicht. Kein Journalist durfte ins Haus, und niemand hat die Frauen und den Arzt gesprochen. Es gibt keine Fotos von der Leiche bin Ladens, aber viele Fragen: Warum haben die Amerikaner den Mann nicht festgenommen und vor ein Gericht gestellt? Warum hat man Pakistan nicht zumindest formell und völkerrechtlich korrekt die Festnahme überlassen? Warum haben die später in den Jemen und nach Saudi-Arabien abgeschobenen Ehefrauen nichts erzählt von Helfern und Verbündeten?

Tayyab beklagt natürlich, dass es wieder so aussehe, als ob Pakistan unfähig war, bin Laden aufzuspüren. Der offizielle pakistanische Untersuchungsbericht spricht klar von »kollektivem staatlichen Versagen«. Es gebe zwar keine Beweise, doch »ein Grad der Duldung vonseiten der Regierung oder anderer Kräfte« sei wahrscheinlich. Außerdem wirft die Untersuchungskommission den USA »Mord« vor. Die Liquidierung bin Ladens sei ein »kriegerischer Akt« gewesen und die schwerste Demütigung Pakistans seit der Abtrennung von Bangladesch im Jahr 1971.

Abbottabad ist trotz allem nicht zum Wallfahrtsort geworden. Allerdings sind in der Provinz Khyber Pakhtunkhwa überall an der Straße schwere MG-Nester zu sehen, und nichts deutet darauf hin, dass die Bedeutung des Ortes als Naherholungsgebiet größer geworden wäre. Wir übernachten in einem kleinen Hotel hundert Kilometer hinter Abbottabad am Indus. Außer uns gibt es keine anderen Gäste, und die Einfahrt ist mit Sandsäcken und einem Scharfschützen gesichert. Es ist auch nachts noch unerträglich heiß, und ich schlafe draußen auf einer Matte, bis ein ungewöhnlich heftiges Gewitter mit Blitz und Donner für etwas Abkühlung sorgt. Normalerweise trifft man an solchen Orten Touristen oder Expeditionsteilnehmer, aber bisher sind wir die Einzigen in diesem von schlechten Nachrichten geplagten Land.

Ausgebrannte Busse

Man kann die Strecke zum Nanga Parbat auch fliegen. Frühmorgens gehen zwei Flüge von Islamabad nach Gilgit, doch meist fallen sie wegen dichter Wolken und schwieriger Landebedingungen aus. Und außerdem verpasst man so einen abenteuerlichen Reiseweg.

Noch vor fünfundzwanzig Jahren standen die Gletscher und Berge Pakistans ganz oben auf der Beliebtheitsskala der Europäer. Damals kamen noch Touristen hierher. Kriege, Attentate und Massaker mit religiösem Hintergrund haben dies mittlerweile verändert. Und so sind auch Menschen, die hier in dieser einzigartigen Hochgebirgsregion leben, mitsamt ihren Sitten und Gebräuchen mehr und mehr aus unserem Blickfeld geraten.

Wir folgen dem Indus und müssen uns mit den etwas anderen Verkehrsverhältnissen auf dem Karakorum Highway erst einmal arrangieren. Die Straße ist ein ständiges Provisorium im Spiel der Naturgewalten. Chilas, unser nächstes Ziel, kann man theoretisch auch über das Kaghan-Tal erreichen. Das ist kürzer, aber auch steiler, und im Mai liegt dort vielfach noch Schnee. Augenscheinlich ist es die gefährlichere Route, und unser offizielles Permit untersagt diesen Weg wohl aus gutem Grund.

Immer wieder ereignen sich besonders in dieser nördlichen Region Pakistans auch Überfälle auf Autos und Busse. Militante Aktionen, die auf das Konto der Taliban gehen. Vor Einbruch der Dunkelheit sollte man hier also ein sicheres Quartier gefunden haben. Auch Tayyab sagt mir nicht immer die Wahrheit, versucht im Vorfeld keine Panik zu machen. Aber wenn es dämmrig wird, merkt man seine Unruhe, und dann macht er Druck, damit wir rechtzeitig das Nachtquartier erreichen. Es gibt Nachtbusse auf der Strecke, doch die fahren mittlerweile nur noch im Konvoi und werden von einem Pick-up mit Maschinengewehr begleitet. Dies ist kein VIP-Service, sondern Standard für alle Reisenden, und das sind Neuerungen im Vergleich zum Jahr davor.

Damals im Mai standen noch ausgebrannte Busse am Straßenrand, die von wem auch immer überfallen und angezündet worden waren. Die Insassen wurden bei solchen Aktionen sorgsam in Schiiten und Sunniten getrennt. Den Sunniten geschah nichts, die Schiiten wurden eiskalt erschossen. Das Beklemmende an der Geschichte ist, dass die Menschen in den Bussen keinerlei Probleme miteinander haben. Sie leben in derselben Region, haben Arbeit (oder auch keine) und fahren vielleicht schon seit Jahrzehnten zusammen Bus. Und dann kommen ganz andere und töten diejenigen, die sich zu Ali, dem Cousin des Propheten, bekennen! Fast überall in der islamischen Welt sind derzeit die Schiiten die Gejagten. Die meisten Attentate in Pakistan gibt es vor schiitischen Schreinen, im Irak werden regelmäßig große Märkte in schiitischen Wohnvierteln mit Attentaten übersät – was wohl auch mit dem früheren schiitischen Präsidenten Maliki und dessen Unterdrückung der Sunniten zu tun hat.

Näheres zu den üblen Massakern am Karakorum Highway erfahren wir nicht. Unsere Guides reden nur von lokalen Konflikten zwischen den Leuten aus Chilas und Gilgit, aber das stimmt natürlich nicht. Sie wiegeln ab. Sie sind daran interessiert, wieder mehr Reisende an den Indus und in die Berge zu locken. Sie wollen überleben und Geschäfte machen und selbst wieder, wie in den Achtzigerjahren, zu Tourismusbörsen und Bergsteigertreffen in London und Berlin eingeladen werden.

Wir fahren durch wunderbare Landschaften am Indus mit tiefen Schluchten und hinreißenden Bergen. Bald gelangen wir zum Nanga Parbat – mit 8125 Metern der neunthöchste Gipfel der Welt. 7000 Meter erhebt er sich hier über den Indus; der gut 1000 Meter über Normalnull liegt. Verlockende Motive sind nach wie vor die bunten und individuell gestalteten Lastwagen auf dem Karakorum Highway am Indus. Um schöne Bilder zu machen, braucht der Kameramann Zeit, und ich kann mich mit

Tayyab unterhalten. Das ist immer das Schöne mit ihm: unsere offenen Gespräche und sein schwarzer hintergründiger Humor.

Wir reden über einen meiner Lieblingsfilme, den er jedoch nicht kennt: »Charlie Wilson's War« mit Tom Hanks und Julia Roberts, dem Filmkritiker zubilligen, dass er nicht nur Polit-satire sei, sondern Realität abbilde. Tom Hanks spielt darin eine historische Figur, nämlich den notorischen Trinker, Frauenhel-den und demokratischen Kongressabgeordneten Charlie Wil-son, der bei antikommunistischen Kräften und bibelfesten rei-chen Texanerinnen (Julia Roberts) Geld für die Taliban und Mudschaheddin sammelt und ein einzigartiges Komplott zwi-schen CIA, Pakistan, Saudi-Arabien, Ägypten und Israel schmie-det. Wilson schafft es, 500 Millionen Dollar für den Krieg gegen die Russen zusammenzubekommen, und Saudi-Arabien legt dasselbe noch einmal obendrauf. Volltrunken trifft Charlie Wil-son den islamistischen pakistanischen Staatspräsidenten Zia-ul-Haq, der den von Wilson trickreich finanzierten Guerilla-kampf in Afghanistan unterstützt, sodass die Mudschaheddin ihren »Heiligen Krieg« gegen die ungläubigen Russen gewin-nen können. Aber kurz darauf wird sein Flugzeug in die Luft gesprengt, und mit ihm stirbt auch seine gesamte Generalität, die er aus Sorge vor einem Putsch vorsichtshalber immer auf Reisen dabeihatte. Wilson schafft es über internationale Kon-takte, Waffen zusammenzukaufen, die nicht auf die USA als Geldgeber hinweisen. Der Film von Mike Nichols endet mit einer bedeutenden Ehrung des Charles Wilson durch die CIA und mit seinen Worten: »These things happened. They were glorious, and they changed the world ... and then we fucked up the end game!«

Tayyab lacht in seiner manchmal zynischen Art. Ich habe von dem Film ja nur erzählt, weil viele Dinge, die in Pakistan geschehen, mit dem Krieg gegen die russische Besetzung Afgha-nistans begannen. Da der pakistanische Militärgeheimdienst ISI die Mudschaheddin und die Taliban ausbildete, sind natürlich viele Querverbindungen geblieben – und das schon lange Jahre. Seit der Zeit von Charlie Wilson geschieht vieles nur dann, wenn

Geld aus irgendeinem Hahn fließt, und derzeit fließt wohl nur Geld aus Saudi-Arabien und den Emiraten. Es kommt nicht einfach so von allein zu organisierter Gewalt und Terror. In der Regel wird dafür bezahlt. Nicht nur im internationalen Terrorismus. Unlängst las ich eine Notiz in der liberalen pakistanischen Zeitung »Dawn«, der zufolge ein saudischer Prinz mit Namen Fahd bin Sultan in einem Naturschutzgebiet zweitausend artengeschützte Kragentrappen abgeschossen hat. Offiziell erlaubt waren ihm nur hundert Stück; dabei wird vermutlich kräftig Geld geflossen sein.

Unterwegs zur »Märchenwiese«

Kurz vor Chilas sieht man sogar aus dem Auto buddhistische Felszeichnungen. Sie bilden religiöse Mantras ab oder zeigen Stupas oder Bodhisattvas (»Erleuchuntgswesen«). Der Highway ist ein alter Handelsweg. Früher reisten hier Karawanen. Sie transportierten jedoch, wie hier zu sehen, nicht nur Güter, sondern auch Weltanschauungen.

Unverkennbar sind die Vorbereitungen für den Bau eines von der Weltbank finanzierten Staudamms. Dörfer werden umgesiedelt, Straßen verlegt in höhere Regionen. Archäologen und Liebhaber Nordpakistans schlagen seit Jahren Alarm wegen dieses Projekts. Die Einheimischen sehen das anders. Sie wollen endlich eine geregelte Strom- und Wasserversorgung haben. In der Regel gibt es in Pakistan selbst in Städten wie Lahore nur vier Stunden am Tag Strom. Da ist es schon schwierig, ein Geschäft zu betreiben, wenn man sich keinen eigenen Generator leisten kann.

Chilas hat ein idyllisches Hotel vorzuweisen, das zu der asiatischen Shangri-La-Luxuskette gehört und immer noch mit dem Spruch »Heaven on Earth« wirbt. Ende der Achtzigerjahre war es in der Saison durchgehend ausgebucht. Heute scheint es nicht mehr ganz so beliebt zu sein: Das »Paradies« ist etwas heruntergekommen; wir sehen eine dicke Ratte, die sich am Frühstücksbuffet bedient. Als ich die Guides darauf anspreche, meinen sie nur lakonisch: »Maybe they have other problems at the moment!«

Das Shangri-La liegt direkt am Fuß des Nanga Parbat, unten am Indus. In Chilas steigt das Thermometer im Sommer oft über vierzig Grad, und es ist ein seltsamer Kontrast, wenn sich in dieser Hitze direkt vor einem ein imposantes Massiv aus Schnee und Eis erhebt. Wir halten uns nicht lange auf und fahren weiter zu einem Guesthouse, von dem aus es am nächsten

Morgen nach Fairy Meadows gehen soll. In Fairy Meadows, das von deutschen Bergsteigern »Märchenwiese« genannt wurde, war ich als Filmemacher vor fünfundzwanzig Jahren das letzte Mal. Damals waren die Vorzeichen ganz andere. Der Bergtourismus boomte, gerade der Nanga Parbat, aber auch der Baltoro Trek zum K2, Hunza, Tibet und Nepal waren begehrte Ziele und der Buddhismus ein großes Thema. Der Ort wurde beherrscht von Alpenvereinsgruppen. Doch das ist lange, lange her. Viele Menschen bei uns wissen heute nicht einmal mehr, dass vier der vierzehn Achttausender im Karakorum liegen und dass Pakistan Anteile an fünf Achttausendern hat.

Wir lassen große Teile des Gepäcks in unserer Unterkunft und nehmen nur das Nötigste mit. Den ersten Abschnitt des Wegs kann man mit kleinen Allradjeeps befahren, die allerdings ziemlich teuer sind. Unseren eigenen Jeep können und dürfen wir hier nicht benutzen; das untersagt der private Betreiber der Straße. Die Schotterpiste ist extrem steil und mit Spitzkehren versehen, in denen die Fahrer am Berg zurückstoßen müssen. Atemberaubend! Ab knapp zweitausend Metern beginnt dann der Fußmarsch; das Gepäck übernehmen Maultiere.

Von Anfang an ist es ein ganz anderes Erlebnis als vor fünfundzwanzig Jahren. Damals haben wir den Berg eine Woche lang so gut wie nie gesehen, diesmal erleben wir ihn von Beginn an mit viel Schnee und wechselnden Gesichtern. Nach einer Woche in Flugzeugen und Autos müssen sich die alten Knochen erst wieder an die Bewegung gewöhnen. Nach kurzer Zeit geht es dann aber. Ich bin weder ein ambitionierter Bergsteiger noch ein Ausdauerfreak, aber den »Spaziergang« nach Fairy Meadows auf 3500 Meter Höhe bekomme ich auch mit fast sechzig noch problemlos hin, obwohl es 2500 Höhenmeter an einem Tag zu bewältigen gilt.

Nanga Parbat bedeutet »nackter Berg«; ein anderer Name ist Diamir, »König der Berge«. Viele Bergsteiger fanden hier den Tod. Man nennt ihn auch »Killer Mountain« und »Schicksalsberg«. Der Nanga Parbat ist die größte freistehende Massenerhebung der Erde und liegt im westlichen Himalaja, und zwar vollständig im pakistanisch kontrollierten Teil Kaschmirs. Während alle Karakorum-Achttausender zu Pakistan und China gehören, ist der Nanga Parbat ein rein pakistanischer Achttausender. Der Österreicher Hermann Buhl bestieg ihn als Erster. Das machte ihn zur Legende für eine ganze Generation. So wie wir es jetzt tun, pilgerten viele Alpinisten auf seinen Spuren nach Fairy Meadows, zur Märchenwiese. Mit dem Afghanistankrieg endete dieser Wanderboom. Die Besteigung des Nanga Parbat durch Hermann Buhl war 1953 ein großes und weit gefeiertes Ereignis. Nach dem verlorenen Krieg suchten Österreicher und Deutsche nach unpolitischen und friedlichen Triumphen, und die Erstbesteigung des Nanga Parbat zählte sicherlich dazu. Ähnlich wie der Gewinn des WM-Titels in Bern 1954 wichtig war für das am Boden liegende Selbstwertgefühl der Deutschen.

Die Beliebtheit bei Europäern hat aber auch naheliegende Gründe, denn hier oben sieht es fast aus wie zu Hause. Alles ist grün, es gibt Tannenwälder wie im Schwarzwald. Außerdem rückten Spielfilme den Nanga Parbat ins Zentrum menschlicher Tragödien – so etwa die Expedition unter Leitung von Karl Herrligkoffer, bei der Reinhold Messner und sein Bruder Günther 1970 den Gipfel erreichten, Günther jedoch beim Abstieg ums Leben kam.

Es ist Mitte Juni, und in Fairy Meadows ist nicht viel los. In der ganzen Nanga-Parbat-Region seien nur acht Expeditionen unterwegs, erfahren wir. Bei dem Anstieg sind uns einige Pakistani mit »Großstadtgesichtern« entgegengekommen, ein neuer Trend am Nanga Parbat. Der Berg ist immer noch völlig frei, und Rüdiger dreht und fotografiert mit zwei Kameras ohne Unterlass. Eine Kamera wird nur für Stopptricks eingesetzt, das heißt sie macht vier Stunden lang nur wenige Bilder pro Minute. Dadurch kann man es im Film Tag und Nacht werden lassen; der Berg ist mal frei von Wolken oder er zieht sich zu.

Wir treffen Safrez. Er ist um die dreißig und betreibt bereits in der dritten Generation einen Zeltplatz auf Fairy Meadows. Er ist ein sympathischer Kerl. Tayyab hat das Treffen vorher organisiert. Dass ich bislang sieben Dokumentarfilme in Pakistan gedreht habe, die alle nicht ins Horn vom Schurkenstaat stießen, sondern Kultur, Sufis, Berge, Derwische, Schlangenbeschwörer, Lapislazulihändler und engagierte Journalistinnen und Anwältinnen für Menschenrechte zeigten, hat sicher zusätzliches Vertrauen geschaffen. Auch dass ich in weniger rosigen Zeiten für den Bergtourismus gekommen bin, wertet man als Zeichen der Treue.

Meine Mentorin bei den ersten Filmprojekten war die mittlerweile verstorbene Islamwissenschaftlerin Annemarie Schimmel, die den pakistanischen Staatengründer Muhammad Iqbal noch aus Studienzeiten in Heidelberg kannte und die, wie mir heute noch versichert wird, Mystik und Poesie in diesem Land besser verstand als jeder Einheimische. Als ich sie einmal auf die damalige Ministerpräsidentin und später bei einem Attentat getötete Benazir Bhutto ansprach, meinte sie nur, diese hätte etwas Nachholbedarf in den Fächern Literatur und Mystik Pakistans gehabt. Die beiden kannten sich aus Harvard, wo Annemarie Schimmel eine Professur für indo-muslimische Kultur innehatte.

Aber zum Nanga Parbat wäre sie wahrlich nicht mitgekommen; Sport war nicht so ihre Sache. Sie bevorzugte den Sindh, Belutschistan und den Punjab mit seiner Mogultradition, kannte jedes Heiligengrab und auch Lahore wie ihre Westentasche, wo man schon zu Lebzeiten einen Boulevard nach ihr benannte. Es gibt keinen Besuch in Pakistan, bei dem ich nicht an sie denke und dankbar bin für jede Minute mit dieser großartigen Frau.

Der Nanga Parbat von seiner besten Seite

Die »Märchenwiese« ist in der Tat ungewöhnlich für die Landschaften Pakistans und einmalig auf der »Straße der Achttausender«: ein europäisch anmutender Ort. Allerdings liegen hier die Wiesen 3000 Meter höher als in der Schweiz oder den Pyrenäen. Gleich nebenan ist die Sommerweide eines Dorfes, an der sich abends die Ziegenherden sammeln. Holz trocknet aufgeschichtet an den Häusern. Auf dem Zeltplatz stehen ein paar Holzhütten, Kaninchen und kleine Zicklein laufen herum. Man hat seine Ruhe und sitzt Auge in Auge mit dem Berg. Man kann ihn anschauen und seinen ständigen Wandel beobachten. Mal verschwindet er in den Wolken, dann wird er wieder frei. Am Nachmittag knallt die Sonne auf seine schneereichen Flanken, und gewaltige Lawinen lösen sich und donnern minutenlang tosend und furchteinflößend hinab.

Läge dieser Ort in Europa oder gar in der Schweiz, so gäbe es eine Seilbahn hier hoch, es stünden dort luxuriöse Hotels mit Saunen und Whirlpools und mit Balkonen, die den Blick auf den »Killer Mountain« eröffnen. Russische Oligarchen träfen per Hubschrauber ein. Es würden Kongresse mit Wirtschaftsführern abgehalten, Politiker empfangen, und auf den Zimmern gäbe es für Geld alles, was das Herz begehrt: französischen Champagner, Schwarzen Afghanen und tantrische Tänzerinnen.

Und wenn die Grenze nach Indien offen wäre, würde der Ort mit Sicherheit zusammenbrechen vor lauter schneehungrigen Indern. Wer einmal in Manali mit eigenen Augen gesehen hat, wie indische Touristen aus dem Flachland in Leih-Gummistiefeln und Leih-Pelzmänteln simple Schneefelder betreten, weiß, was ich meine.

Ich unterhalte mich mit Safrez, und er erzählt mir von deutschen Freunden, die in letzter Zeit viel zu selten kommen würden. Einige davon sind Wissenschaftler, die sich mit Umwelt-

und Klimafragen befassen. Ihre Forschungsprojekte belegen, dass der Gletscher am Nanga Parbat weit weniger zurückgegangen ist als andere Gletscher im Himalaja oder in Europa. Das ist erstaunlich. Safrez zeigt uns zum Beweis die Veröffentlichungen seiner Freunde von der Universität Heidelberg.

Safrez ist kein Bergsteiger, er hat aber viele getroffen. Ich war an dem Tag in Chilas, als der Bergsteiger Karl Unterkircher am Nanga Parbat ums Leben kam, der wahrscheinlich beste Kletterer seiner Generation. Es war ein heißer und klarer Sommertag. Die Bergrettungsstaffel aus Gilgit flog Einsätze und holte immerhin Unterkirchers Bergkameraden herunter. Safrez zuckt die Achsel, als ich ihn darauf anspreche. Er hat Unterkircher gekannt, denn der hatte sich damals lange in Fairy Meadows akklimatisiert. Auch Unterkirchers Frau und seine Kinder waren da gewesen. Kletterer, das weiß Safrez, sind eine ganz eigene Spezies Mensch, die zumeist ganz genau wissen, welches Risiko sie dabei eingehen. Sie haben einen speziellen Nimbus und stehen außerhalb des Normalen.

Mir persönlich sind Extrembergsteiger ein Rätsel, und Begriffe wie »Kampf mit dem Berg«, »am Berg gefallen«, »Schicksalsberg« oder »Killer Mountain« kann ich schwer nur nachvollziehen. Höher als knapp 6000 Meter bin ich nie gekommen, und meist waren es Umrundungen von Bergen wie dem Kailash oder Trekkingtouren mit hohen Pässen. Wie hier am Nanga Parbat auf knapp 4000 Metern genügt es mir, den Berg einfach zu betrachten und mich in seine ständig wechselnden Antlitze zu vertiefen.

Irgendwie ist dies auch ein Glück, denn wenn einen der Bazillus der Kletterei erst einmal befallen hat, hilft kein Kraut dagegen. Mich begeistern viel eher längere Trekkingtouren, bei denen man sein Tempo selbst bestimmen und die Natur intensiv wahrnehmen kann. Auch bei meinem liebsten Hobby, dem Segeln, ist mir dies wichtiger als Geschwindigkeit oder Regattasieg.

Als ich mich am Abend in den Schlafsack lege, merke ich, dass der Aufstieg doch einiges an Kraft gekostet hat. Trotzdem bin ich unruhig und schaue aus dem Fenster, wache bei dem geringsten Geräusch auf. Erst als ein kräftiger und ausdauernder Regen auf das Dach prasselt, finde ich meine Ruhe. Am Morgen ist das Gras nass und der Berg wieder klar. Schnell wird es warm, und ich genieße die majestätische Schönheit dieses Ortes. Im Unterschied zu der Reise vor fünfundzwanzig Jahren erlebe ich den Nanga Parbat diesmal von seiner allerschönsten Seite, fast als hätte er etwas wiedergutzumachen.

Ziegenfleisch und Holzdiebe

Am nächsten Morgen gibt es pakistanischen Milchtee mit Kardamom, würziges Omelette und Chapati, eine Art Fladenbrot, mit Marmelade zum Frühstück. Safrez kommt spät und sieht verschlafen aus.

Er kennt das Leben in der Stadt und lebt nur in den Sommermonaten auf Fairy Meadows. Schon sein Großvater war hier quasi der Hüttenwirt, sodass Safrez die Dorfbewohner in der Umgebung von Kindesbeinen an kennt. Wir gehen mit ihm in seine Hütte. An der Wand hängen zwei alte Flinten.

Ein bisschen Strom gibt es auch. Mit Wasserkraft wird ein kleiner Generator angetrieben. Ein Provisorium, das ständig kaputtgeht und von Safrez wieder instand gesetzt werden muss. Trotzdem reicht es, um etwas Licht zu machen und zuweilen Kontakt zur Außenwelt per Computer und Telefon herzustellen.

Wir führen das Interview auf Urdu, Tayyab macht den Dolmetscher, und ich frage sofort nach Hermann Buhl. Safrez antwortet ausführlich und flüssig. Er besitzt ein Buch des Österreichers, der den Nanga Parbat erstbestiegen hat, und darin beschreibt der Alpinist auch jeden Schritt, den er in der Gegend um Gilgit gemacht hat.

»Diesen Ort hier nannte er seine ›Märchenwiese‹«, erklärt Safrez. Buhl sei der Erste gewesen, der den Gipfel des Nanga Parbat erreichte, und das habe seine Landsleute sehr froh und stolz gemacht, denn danach zog es viele Europäer an den Ort von Hermann Buhls Triumph. Wir finden ein altes Holzschild mit der verwitterten Aufschrift »Märchenwiese« und erahnen, wie wichtig und einträglich das Geschäft mit der Bergsteigerlegende einst war.

Safrez hat eine Begegnung mit seinem Großvater Maui Khan arrangiert. Der ist ein großer schlanker Mann, der zwar einen Stock braucht, aber trotz seiner 104 Jahre noch sehr beschwingt daherkommt. Er wird von einem jüngeren Mann begleitet. Der Alte spricht nur Shina, einen seltenen Dialekt, ähnlich dem altindischen Sanskrit. Maui Khan hat die Buhl-Expedition mitgemacht und mit eigenen Augen gesehen, wie man den erschöpften Helden mit von der Sonne verbrannten Armen und Erfrierungen die letzten Meter hinab zum Basislager trug. Wie oft er diese Geschichte schon erzählen musste, fragen wir lieber nicht. Hermann Buhl selbst hat seinen Triumph nicht lange auskosten können. Wenige Jahre später, im Sommer 1957, stürzte er an der Nordwand der Chogolisa nach einem überraschenden Wettereinbruch ab. Kurz zuvor war ihm noch die Erstbesteigung des Broad Peak gelungen.

Maui Khan ist wichtig für Safrez, denn durch ihn gehört er zu den alteingesessenen Familien. Die Dörfer um Chilas gelten als sehr abgeschieden und Fremden gegenüber nicht sonderlich aufgeschlossen. Die Männer verstecken ihre Frauen, kein Besucher der Märchenwiese darf sie sehen – eine alte Sitte, die ursprünglich verhindern sollte, dass ihnen die Frauen abhandenkommen. Auch mit den Trägern am Nanga Parbat war es nicht immer einfach, wie man in vielen Büchern nachlesen kann. Ein Jahr später werde ich in einem Untersuchungsbericht lesen, dass es in den Wäldern um Chilas gewaltbereite lokale Sektierer gibt und die Dörfer teilweise Kadern der Taliban Unterschlupf gewähren. Das ahnen wir aber zu diesem Zeitpunkt alle nicht.

Für Safrez jedenfalls ist gute Nachbarschaft zu den Dorfbewohnern überlebenswichtig. Er ist, anders als sie, eben kein Hirte oder Bauer. Und Fleisch ist hier oben in Fairy Meadows, wie wir feststellen, sehr wertvoll. Eine kleine Ziege für unser Abendessen kostet immerhin siebzig Euro. Das Handeln ist ein feststehendes Verfahren, am Preis ändert es wenig. Mit dem Kauf der Ziege bei den Nachbarn festigt Safrez auch die guten Beziehungen zum Dorf. Ein wenig tut mir das Tier leid, das Safrez für unser Abendessen kauft, denn das Schicksal der Ziege ist nun besiegelt. Das Schlachten gleicht einem Ritual und geschieht fast andächtig. Für die Bergbewohner sind ihre wertvollen Tiere direkt mit dem Überleben der Sippe verbunden.

Das Ausweiden, Häuten und Zerteilen der Ziege beherrscht hier jeder. Auch Safrez legt mit Hand an. Ziegenfleisch ist sehr schmackhaft, schließlich haben sich die Tiere nur von feinsten Hochgebirgsgräsern ernährt. Ein wirklich seltener Genuss, jeder freut sich deshalb auf das Abendessen. Noch wissen wir nicht, ob wir die Filmaufnahmen vom Schlachten und Ausweiden des Tieres überhaupt gebrauchen können. Solche Details bei uns im Fernsehen zu zeigen ist immer ein wenig heikel. Auch weil viele Redakteure die unweigerlich eintreffenden Briefe von Tierschützern fürchten. Dies zeigt, wie distanziert unser Verhältnis zu dem Stück Fleisch auf unserem Teller geworden ist. Vor nicht mal fünfzig Jahren war es auch in den Dörfern im Taunus und anderswo noch normal, dass der Metzger ins Haus kam und ein Schwein schlachtete und verwurstete. Kaninchen und Hühner wurden ebenfalls selbst geschlachtet, besonders vor Festtagen. Wir Kinder waren dabei und durften helfen. Für unsere Kinder kommt das Fleisch dagegen aus der Tiefkühltruhe oder der Supermarkttheke. Am Ende wird in der Arte-Fassung das Ritual des Schlachtens und Ausweidens behutsam gezeigt werden, beim NDR hüpft die Ziege jedoch von der Weide gleich in den Kochtopf.

In Fairy Meadows muss ein geschlachtetes Tier schnell weiterverarbeitet werden – es gibt keine Kühltruhen –, und so wird in der Küche aus der Ziege flugs ein Festmahl bereitet. Wir sind die einzigen Europäer im Camp, und vielleicht geben sich Safrez und sein Koch auch deshalb besondere Mühe. Gastfreundschaft ist eine bedeutende Tugend im Gebirge, und dementsprechend wird der Teig für die Fladen flink geknetet, der Braten reichlich mit Knoblauch gespickt und mit Gewürzen eingerieben. Der Koch schneidet Zwiebeln und säbelt feines Fett von dem rohen Braten ab. Ich stelle Safrez die heikle Frage, wo denn eigentlich die Frauen sind.

»Natürlich kochen bei uns auch die Frauen«, erklärt er uns. »Aber nur zu Hause. Im Geschäftsleben dürfen Frauen nicht mit Männern zusammenkommen. Das verbietet unsere Kultur. Deswegen arbeiten in der Gastronomie nur Männer. Das ist hier eben so.«

Als Beilage zum Braten gibt es in Pakistan immer Roti, frisches Fladenbrot. Dazu serviert man Kartoffeln, Gurken, Zwiebeln, Linsen oder Kohl. Im Norden wird bis in große Höhen Gemüse und Getreide angebaut. Die Lebensmittelpreise steigen ständig. Fleischmahlzeiten, wie hier für uns Gäste, sind für normale Familien die absolute Ausnahme. Sie leben von Reis und Linsen.

Am nächsten Tag kommt es zu Diskussionen über den wichtigsten Rohstoff der Gegend: Holz. Es ist wieder zu Diebstählen gekommen, doch die Dorfbewohner betonen Safrez gegenüber, nichts damit zu tun zu haben. In Wahrheit kümmern sich die einfachen Hirtenfamilien wenig um Ökologie und Naturschutz.

Während der Wald fast überall im Himalaja längst abgeholzt wurde, gibt es am Nanga Parbat noch einen beachtlichen Forst, der das lokale Klima sehr positiv beeinflusst. Jedoch ist Holzdiebstahl hier oben ein wiederkehrendes Thema. Safrez hat deshalb mit den anderen Dorfbewohnern ein Komitee zur Rettung der Natur gegründet. Dieses soll die Verteilung der natürlich abgestorbenen Bäume regeln und verhindern, dass Holz illegal geschlagen und verkauft wird. Ein schwieriges Unterfangen in einem armen Land. Die Provinzregierung zeigt Härte, wenn ihr Verstöße gemeldet werden. »Dann werden Bußgelder verhängt, manche Holzdiebe kommen sogar ins Gefängnis«, bestätigt Safrez.

Künstlich aufgeforstet wird nicht. Abgestorbene Bäume teilt sich die Gemeinschaft; wer mehr benötigt, zahlt ein Entgelt. Zumindest Safrez ist klar, wie schnell die Erosion aus der Märchenwiese am Nanga Parbat eine Steinwüste machen kann. Schlechte Beispiele gibt es genug. Aber natürlich braucht auch er Holz zum Erhalt des Camps.

Besonders nach dem langen Winter gibt es viel zu tun, und Schreiner, Installateure oder Elektriker sucht man hier vergeblich. Letztlich muss Safrez alle Arbeiten selbst erledigen. »Ich bin hier nicht nur dazu da, um die Gäste zu empfangen und zu unterhalten«, erklärt er uns und zählt eine lange Liste von Aufgaben herunter. »Ich muss einkaufen und die Saison vorbereiten. Dies und jenes reparieren. Ständig geht ständig etwas kaputt.«

Wir begleiten ihn dabei, wie er Leitungen instand setzt, die Wasserversorgung kontrolliert, Treppen ausbessert, neue Stühle anfertigt und Sitzbänke hobelt. Besonders anfällig und auch schon reichlich alt ist die kleine Turbine, die von einem Bach angetrieben wird.

Vielleicht hat es auch etwas Gutes, dass Fairy Meadows wegen der politisch unsicheren Zeiten in Vergessenheit geraten ist: Die Natur hat sich hier vergleichsweise gut erhalten. Es ist ein wunderbarer Ort. Aber wird Safrez bleiben, wenn er eine eigene Familie hat, frage ich ihn und bin selbst neugierig auf die Antwort.

»Schwer zu sagen. Natürlich will ich auch heiraten, das ist die wichtigste Lebensphase«, beginnt er, und Tayyab muss immer wieder nachfragen, denn über derart persönliche Dinge redet man nicht so gern in Pakistan. Findet er eine moderne Frau in der Stadt, kommt diese sicherlich nicht mit nach Fairy Meadows. Heiratet er in die Dörfer der Umgebung ein, ist es schwer, den Kindern später einmal eine höhere Bildung zu ermöglichen. Safrez hängt an dem Ort seiner Väter, und wenn das Geschäft floriert, besteht kein Grund zu gehen. Aber wie sieht die Zukunft für ihn und die Region aus? Da spüre ich keinen Optimismus bei dem sympathischen Mann, auch wenn er sich kampfbereit gibt: »Nur wenn ich hier kein Einkommen mehr habe, gebe ich das Camp auf. Sonst nicht!«

Ärzte und Leibwächter

Dann kommt doch noch etwas Abwechslung ins Lager. Zwei Männer mit Kindern sind angekommen, und zwar von oben, das heißt vom Basislager auf 4700 Meter Höhe. Erstaunlich, denn die Jungs sind höchstens elf oder zwölf Jahre alt. Die Männer sind traditionell gekleidet, tragen weiße Shalwar Kamiz und lange Schals und Sandalen. Es sind Paschtunen, vom Aussehen her könnte man sie jedoch auch für Taliban halten. Sie fragen mich, ob ich einen Tee mit ihnen trinken wolle – so, wie sie ihn mögen würden. Mir ist nicht ganz klar, ob dies ein Test ist oder nur ihre Art der Gastfreundschaft. Sie trinken keinen Milchtee, sondern starken schwarzen Tee mit Zucker aus kleinen Gläsern.

Die Kinder schauen mich neugierig an, und wir kommen ins Gespräch. Sie stammen aus Peschawar, sind also Pakistani. Einer der Männer ist Kinderarzt und wohl auch politisch aktiv. Er wirkt sehr charismatisch, hat intelligente helle Augen und ist ziemlich sportlich. Sein Kollege ist größer als ich, also mindestens zwei Meter, und noch mal zwanzig Kilo schwerer, ein extrem durchtrainierter Kämpfertyp. Den Kindern hat er Medikamente gegen die Höhenkrankheit gegeben für die Bergtour zum Basislager. Wir unterhalten uns über die Lage in Peschawar, und er deutet viele Probleme an infolge des Afghanistankrieges. Viele Kinder seien traumatisiert oder Waisen und aus der traditionellen Familie gerissen worden, und die medizinische Versorgung reiche beileibe nicht aus.

Bergwanderer aus Peschawar sind hier in der Tat ungewöhnlich. Früher traf man hier nur Europäer an. Der Junge spielt mit den Kaninchen und fragt, ob er Fotos von mir machen dürfe. Hier sind wir die Exoten. Die beiden Männer gehen sehr nett mit ihren Kindern um, und trotzdem irritiert mich die extreme Power, die sie ausstrahlen. Ich schätze sie auf Ende dreißig. Peschawar ist eigentlich Kriegsgebiet, wenn auch nur als Grenzstadt zu Afghanistan. Diese Generation hat nichts anderes erlebt als Krieg.

Am nächsten Morgen sind sie weg, und es kommen neue Gäste an. Auf den ersten Blick wirken sie wie Europäer oder Amerikaner: vier Männer mit starken Muskeln und leicht militärischem Outfit. Einer trägt eine dünne Bomberjacke mit Abzeichen, wie Navy-Angehörige sie gern tragen. Ich liebe es, Menschen anzuschauen und mir dann zu überlegen, wer sie sein und was sie wohl beruflich machen könnten. Bei dem einen Mann würde ich auf einen ehemaligen Oberbootsmann bei den Minentauchern tippen, und ich liege nicht ganz falsch. Es sind deutsche Bundesbeamte, die für die Sicherheit des Botschafters verantwortlich sind; wenn dieser nicht da ist, dürfen sie auf Abenteuerreise gehen. Ob er vorher bei der Marine gewesen sei, frage ich ihn nicht, und meine Neigung, Vermutungen anzustellen, ist mir wegen meiner offensichtlichen Neugier im Nachhinein peinlich. Sie sind mit dem Jeep aus Chitral gekommen, was keine Vergnügungsreise ist.

Zumindest die letzte Nacht in Fairy Meadows schlafen wir also gut bewacht. Rüdiger hat viel zu tun. Die Kameras sind heutzutage Computer, und allabendlich müssen Daten gesichert werden. Safrez schmeißt dazu sein Stromaggregat an, und dann wandern unsere Bilder stundenlang von den Speicherkarten über einen Laptop auf externe Festplatten. Da ich beruflich noch mit Dunkelsack und 16-mm-Filmrollen groß geworden bin, ist das irgendwie unheimlich für mich. Dabei wusste man früher auch erst, ob das Material richtig belichtet und ohne Fusseln und Schrammen für den Film geeignet war, wenn es entwickelt aus dem Kopierwerk kam.

Wir verlassen Fairy Meadows bei Nieselregen und Nebel. Zumindest in Pakistan werden wir von nun an Regenwetter nicht mehr erleben.

Wiedersehen in Skardu

Hat man den Nanga Parbat hinter sich, zeigt sich der Karakorum Highway zuweilen als richtig asphaltierte Straße. Eine vage Hoffnung für die Zukunft. Immer wenn das so ist, sieht man chinesische Ingenieure und Vorarbeiter an den Baustellen. Gestrenge, ausdauernde Menschen mit einer ganz anderen Körpersprache und Ausstrahlung als die Pakistani. Sie treten auf, als wären sie überlegen in dem, was sie tun, und über jeden Zweifel erhaben.

Es gibt da einen ganz besonderen Ort am Indus. Wir sind wieder unten am Fluss und nicht höher als tausend Meter. Eine kleine Aussichtsplattform am Wegrand. Rechts sieht man den Nanga Parbat, im Rücken beginnt der Hindukusch. Voraus blickt man in den Pamir, und links sieht man die Ausläufer des Karakorum. Vier Hochgebirgsregionen sind hier vereint. Die Landschaft wird trockener und karger. Ohne den Indus wäre sie eine Wüste. Baltistan gehört zum pakistanischen Sonderterritorium Gilgit-Baltistan und ist Teil der von der Volksrepublik China, Pakistan und Indien beanspruchten Region Kaschmir. Im Süden grenzt es an Indien.

Anders als den Nanga Parbat bekommt man die vier anderen Bergriesen des Karakorum – Gasherbrum I und II, Broad Peak und K2 – erst nach tagelangen Fußmärschen zu sehen. Von der Straße am Indus entlang sieht man nichts von ihnen. Kurz vor Skardu, dem Hauptort der Region Baltistan, wird das Tal jedoch ebener und weitet sich. Die malerischen, aber doch sehr engen Schluchten liegen hinter uns.

Skardu ist der Ausgangspunkt der meisten Karakorum-Expeditionen. Vor fünfundzwanzig Jahren sind wir von hier aus mit Lama-Helikoptern nach Concordia zum Basislager des K2 geflogen. Wir brauchten zwei dieser Hubschrauber, und das war schon damals sündhaft teuer. Mit den heutigen Budgets für Dokumentarfilme wäre das nicht mehr zu stemmen. Für den K2-Concordia-Trek benötigt man aber mindestens zwei Wochen, und dann ist noch Zeit einzukalkulieren, bis die Berge frei sind. Deswegen haben wir einen anderen Plan gefasst: Wir wollen einen neuen Weg zu den Karakorum-Achttausendern gehen. Dabei soll uns ein Freund helfen, Muhammad Fida, mit dem mich eine lange Geschichte verbindet.

Wir wohnen in dem größten Hotel in Skardu, wo alle Expeditionen und Trekkinggruppen absteigen. Auch hier ist es relativ leer. Nur zwei kleine Gruppen mit wenigen Trägern sind da. Das ist der neue Trend. K2-Expeditionen mit zweitausend Trägern, wie bei der letzten Gazprom-Expedition, sind die Ausnahme. Wir warten auf Fida, den ich schon seit 1989 kenne. Damals holte er mich bei meiner ersten Pakistanreise vom Flughafen in Lahore ab. Später, 1994, war er bei einer anderen Produktion in Sehwan Sharif der Produktionskoch. Heute importiert er japanische Autos nach Baltistan und ist ein bekannter Mann hier. Fida arbeitete früher für Expeditionen und war auf japanische Bergsteigergruppen spezialisiert. Mit großem Fleiß lernte er die schwierige Sprache in Wort und Schrift und versuchte, die Mentalität der Japaner zu verstehen. Als die Expeditionen dann ausblieben, nutzte er seine Kenntnisse für eine neue Existenz. Eine anstrengende, aber sehr erfolgreiche Karriere begann. Heute kontrolliert er den Handel mit japanischen Jeeps, gilt als korrekter und zuverlässiger Geschäftsmann.

Er habe jetzt einen langen Bart, wie die alten Leute, erzählen mir die Kollegen. Als er dann in die Lobby kommt, begrüßen wir uns herzlich. Er trägt tatsächlich einen langen Zottelbart und hat mittlerweile neun Kinder. Obwohl sein Vater noch lebt, wurde er unlängst zum Familienoberhaupt bestimmt, das heißt, er kümmert sich auch um seine Brüder und deren Familien, ist sozusagen der Chef seines Familienclans. Ohne ihn würde ich die Tour wahrscheinlich nicht machen, denn Machaloo hat keine touristische oder alpine Infrastruktur.

Wir gehen in eine der großen Werkstätten, die für Fida arbeiten. Mittlerweile handelt er nicht nur in Pakistan, sondern exportiert auch japanische Gebrauchtwagen nach Chile und ist ständig unterwegs. Fida ist ein starker Charakter und eine treue Seele. Seine Bereitschaft, neue Sprachen zu lernen, hat ihm das Überleben erleichtert. Er kommt aus dem kleinen Ort Machaloo an der indischen Grenze und sprach als Kind nur Balti, das keine Schriftsprache ist. In der Schule lernte er dann Urdu und andere Dialekte wie Paschtu und Sindhi. Während er für die Expeditionen arbeitete, kamen ein wenig Englisch, Französisch und Japanisch hinzu und nun auch Spanisch.

Aber sein Herz schlägt weiterhin für die atemberaubenden Landschaften im Hochgebirge. Aus alter Freundschaft lädt er uns in sein Heimatdorf ein. Von dort will er uns an einen kaum bekannten Ort führen: einen Aussichtspunkt auf 4700 Meter Höhe mit Sicht auf »seine« vier Achttausender. Eine selten begangene Route in das Grenzgebiet nach Indien. Fida freut sich sehr darauf – seit er Autohändler ist, kommt er kaum noch in die Berge. In Skardu bereitet er schon das Nötigste vor. Im Bazar gibt es alles zu kaufen, was man für eine Bergtour braucht – Schuhe, Teller, Töpfe, Kannen, Kocher, Schlafsäcke, Rucksäcke, Gehstöcke und vieles mehr. Hier reiht sich Laden an Laden. Viele Expeditionen vergangener Jahre haben hier einfach ihre Ausrüstung nach der Tour verkauft, sodass es hochwertige, gebrauchte Markenware aus der ganzen Welt gibt. Auch mit Lebensmitteln kann man sich hier eindecken, die allerdings sehr hochpreisig sind: Expeditionen zahlen gutes Geld.

Fida ist bei jedem Ladenbesitzer bekannt. Besonders Kleinigkeiten sind wichtig: Kerzen, Streichhölzer, eine Fliegenklatsche. Ausländer brauchen Kaffeepulver und viel Toilettenpapier. In den Camps unterwegs ist jede Abwechslung auf der Speisekarte ein Highlight. Rohe Eier für die Frühstücksomeletts sind ganz wichtig und werden nur von erfahrenen Trägern nach oben transportiert. Fida kennt sich aus, denn schließlich war das lange sein Beruf und eigentlich auch seine Berufung.

Moschee oder Kloster

Fidas Heimatdorf Machaloo liegt im östlichen Winkel Baltistans an der Grenze nach Ladakh. Der Übergang ist jedoch seit über sechzig Jahren geschlossen, eine Sackgasse also. Die Gegend gleicht dem Ende der Welt. Hier gibt es noch nicht einmal eine Schmuggelroute. So nahe an der militärischen Sperrzone verändert sich nur wenig.

Für Fida ist es ein großes Ereignis, in »sein Dorf« zurückzukehren. Machaloo ist ein besonderer Ort. Eigentlich könnte er auch zum tibetisch-buddhistischen Ladakh gehören. Die Moschee jedenfalls ähnelt einem buddhistischen Kloster.

»Diese Moschee ist sehr alt und wurde für einen Imam gebaut, der aus Ladakh hierhergekommen war«, erklärt uns Fida. Dort gibt es überwiegend Buddhisten.

Mein Freund hat während seiner Zeit als Bergführer über die Grenzen geschaut. Für die jüngere Generation ist das schwierig. Sie kennt nur das propagierte Feindbild Indien. Dabei war das Verhältnis zwischen Baltistan und Ladakh historisch gesehen weitgehend freundlich und friedlich. Es gab einen regen Grenzverkehr und gute Handelsbeziehungen. Nach der Teilung des Landes hat sich das mit der Grenzziehung gewandelt: Jetzt leben die Muslime in Baltistan und die Buddhisten in Ladakh. Fida jedoch kennt die kulturelle Verbundenheit. »Unsere Häuser und der Lebensstil ähneln sich immer noch. Eigentlich ist es egal, ob man Moslem oder Buddhist ist!«, sagt er mit Entschiedenheit und liegt damit nicht auf der staatlich verordneten Linie.

Von hier schaut man direkt zum Siachen-Gletscher, wo sich sommers wie winters pakistanische und indische Truppen in großer Höhe gegenüberstehen. Die Krisenregion sieht aus wie eine Mondlandschaft ohne menschliche Zivilisation, in der man sich nicht nur gegenseitig erschießt, sondern auch erfriert oder an der Höhenkrankheit stirbt. Leider sind die letzten Kilometer nach Ladakh von beiden Seiten gesperrt, da gibt es kein Durch-kommen. Kaum ein Pakistani aus Baltistan hat in den letzten fünfzig Jahren die Klöster Ladakhs besucht.

Im Juli 2014 erhalte ich einen Brief von Muhammad Fida aus Chile, in dem er die Einzigartigkeit seiner Heimat beschreibt.

Salaam Hajo Bay

Es freut mich sehr, dass Du ein Buch mit dem Titel »Straße der Achttau-sender« schreibst und dass darin auch Platz ist, mein in Vergessenheit geratenes Heimatland zu erwähnen und zu beschreiben. Vielleicht hilft das, mehr Bergfreunde und Naturliebhaber nach Baltistan zu locken. Für die Menschen dort wäre dies überaus wichtig.
Bis 1950 war diese geheimnisvolle Gegend vor dem Rest der Welt versteckt. Erst als der K2 bestiegen wurde und man an den Bau des Karakorum Highway dachte, entdeckte man Baltistan als neuen »Himmel auf Erden« – Gipfel, Bergmassive, Wasserfälle, Gletscher und dazu der gewaltige Indus, Landschaften von sagenhafter Schönheit.
Es wurde als »Klein-Tibet« bekannt und ganz früher vom Maharadscha von Kaschmir regiert. Bei der Teilung Indiens 1948 fiel es an Pakistan. Die Bevölkerung waren Buddhisten und Anhänger des lokalen Bön-Glaubens. Der Islam kam erst im 14. Jahrhundert durch den persischen Sufi-Meister Sayyid Ali Hamadhani ins Land. Mittlerweile ist die Mehrheit meiner Landsleute Anhänger der islamischen Sufisekte Noorbakshia, einer mystischen und spirituellen Richtung des Islam, die auf Menschlichkeit, Liebe und Demut setzt. Kein Wunder, dass Baltistan für seine niedrige Kriminalität bekannt ist.
Man kann meine wunderbare Heimat mit den höchsten Bergen der Welt in zwei Zonen einteilen, das Deosai-Plateau und Baltoro. Das Deosai-Plateau liegt auf über 4000 Meter Höhe und ist die Heimat des Braunbären. Hier gibt es pfeifende Murmeltiere, trällernde Vögel und außerdem den längsten Gletscher auf der Welt. Die Gegend gleicht einem Teppich wundervoller wilder Pflanzen, und man erzählt sich, dass man sie sogar vom Mond aus sehen könne.

Khuda Hafez. (Möge Gott Dich führen.)
Muhammad Fida, Juli 2014

Daheim in Machaloo

Fida bringt uns in sein Haus in Machaloo, das inmitten großer Felder und Gärten liegt. Er ist gerade dabei, ein weiteres Geschoss darauf zu bauen. Sein Vater wohnt gleich nebenan. Die Zimmer sind nicht möbliert wie bei uns, sondern nur geweißelt und mit Teppichen ausgelegt. Gegessen wird im Sitzen auf dem Fußboden. Wir rollen die Schlafsäcke aus und waschen uns, während Fida ein mehrgängiges Spitzenmenü zaubert, bestehend aus hinreißend gutem Dal, überbackenem Blumenkohl, frittierten Kartoffeln, Wurzeln, Chapati, scharfem Hühnchen und eingelegtem Hammel. Zum Nachtisch gibt es eine Joghurtspeise und Kuchen. Das Kochen hat er nicht verlernt und gibt es nicht aus der Hand.

Fida freut sich auf unser Vorhaben und besonders auf die Berge. Man sieht ihm an, dass sein Job stressig und er viel auf Achse ist. Am nächsten Morgen kommen zehn Träger und Küchenjungen und verpacken alles, was wir für den Trek brauchen. Wir treffen Fida im Garten mit seinem schon betagten Vater an. Mit Steinen kann man das Bächlein durch den Garten in die Felder umleiten. Jedes Haus und Feld bekommt nur zu bestimmten Zeiten Flusswasser, und es muss daher richtig geleitet werden, damit alle Felder etwas abbekommen. Wenn man oben im Dorf wohnt wie Fida, hat man natürlich einen gewissen Vorteil.

»Wasser ist das größte Problem hier. Es gibt nur wenig, und die Bevölkerung wächst«, erklärt er uns. Das Wasser stammt von den Gletschern, und die gehen in Baltistan – anders als am Nanga Parbat – immer weiter zurück. Schneit es im Winter oben viel, ist genug Wasser da. Sonst fehlt es. Als wir später zu einer Dorfbesichtigung aufbrechen, sehen wir, dass im unteren Drittel des Ortes überhaupt kein Wasser mehr ankommt.

»Die Verteilung des Wassers stiftet viel Unfrieden«, meint Fida nachdenklich. Das will etwas heißen, denn die Menschen hier haben eher die Neigung, Konflikte kleinzureden.

Ohne die Gletscher wäre hier Wüste. Die Folgen der globalen Erwärmung sind bereits deutlich sichtbar, Existenzen ganz konkret davon bedroht. Bei uns kennt man die Redewendung »sich das Wasser abgraben« fast nur noch im übertragenen Sinn. Hier ist das sehr real. Kein Tropfen Wasser wird verschenkt. Mit der Zeit wird Fida etwas offener. Er erzählt, dass es wegen des Wassers vielfach zu Streit und bisweilen sogar zu Handgreiflichkeiten unter Freunden komme. Dabei ist das Problem nicht neu. »Der Name Machaloo bedeutet ja schon ›ganz, ganz, ganz wenig Wasser‹«, erklärt er. Doch hier im äußersten Winkel Pakistans komme keine übergreifende staatliche Planung für die Landwirtschaft an.

»Es gibt noch viel zu tun!«, meint er.

Im Prinzip sind die Probleme hier ähnlich wie die in anderen Teilen des Himalaja. 2011, auf der »Windpferd«-Reise mit Manuel Bauer, war uns dies schon aufgefallen: Globale Erwärmung und Klimaveränderung sind in diesen Hochgebirgsregionen keine abstrakten Begriffe, sondern sehr konkrete Probleme, die das Überleben der Menschen zunehmend gefährden.

Noch hatte ich kaum Zeit, mich mit Fida zu unterhalten. Bei meinem ersten großen Filmprojekt in Pakistan 1989 drehten wir im ganzen Land. Für die Ausrüstung brauchten wir sechsunddreißig Kisten; wir hatten sogar Schienen und einen Kamerakran dabei, was für ein Luxus! Fida gehörte zu einer Gruppe von acht Guides, Dolmetschern und Bergführern, die für die Logistik sorgten und für Transport, Kochen und Kontakte zuständig waren. Da damals eine große Flutwelle durch Pakistan rauschte und ungeheure Verheerungen anrichtete, musste sehr viel improvisiert werden.

Die acht Jungs erwiesen sich dabei als hellwache und äußerst fitte Mitarbeiter. Sie wurden unverzichtbare Crewmitglieder, und wir kamen uns schnell näher. Sie stammten aus verschiedenen Landesteilen und gehörten unterschiedlichen Religionsgemeinschaften an: Schiiten, Sunniten, Christen, Ismailiten und Angehörige der Ahmadiyya.

Ich unterhalte mich mit Fida über die Kollegen von damals, und es stellt sich heraus, dass bis auf Tayyab alle mittlerweile im Ausland arbeiten oder ausgewandert sind. Sie leben in Kanada und England, arbeiten in Saudi-Arabien, Kuwait, Japan, Usbekistan, England und den Emiraten. Einer hat es geschafft, in Deutschland Asyl zu erhalten, und besitzt mittlerweile auch einen deutschen Pass. Das ist typisch für die pakistanische Gesellschaft: Mehr als die Hälfte des Bruttosozialprodukts des Landes verdienen pakistanische Arbeitskräfte im Ausland. Wer dort gutes Geld verdient, hat eine herausragende Position im Clan und kann sich wie Fida neue Häuser und die besten Stücke Land im Dorf leisten. Die Kinder schauen zu ihnen auf. Was diese Männer im Ausland erleben, färbt auch auf die Daheimgebliebenen ab. Nicht anders ist zu erklären, weshalb zum Beispiel das Beten in Pakistan neuerdings immer wichtiger wird und ultrakonservative salafistische Ansichten immer mehr Beachtung finden.

Fida und ich sitzen noch lange zusammen an diesem Abend und reden über die alten Zeiten. 1989 waren alle sehr euphorisch gewesen. Die Pakistani waren in der Regel westlich orientiert, nur Fida betete fünfmal am Tag, ohne sich darin beirren zu lassen. Er war damals noch unverheiratet, und man sagte ihm eine große Wirkung auf Japanerinnen nach, was Hohn und Spott der anderen nach sich zog. In Sachen Bergtourismus hoffte Pakistan auf einen Aufschwung wie in Nepal. Berge gab es im Norden des Landes im Überfluss. Aber es kam anders. Der Zweite Golfkrieg und der Afghanistankonflikt, dazu Anschläge und Attentate brachten Pakistan immer mehr in Verruf.

Die Nacht wird lang mit Fida. Am meisten interessiert ihn meine Reise mit Rüdiger und Manuel Bauer nach Ladakh, Spiti, Dharamsala und Mustang, der wir den poetischen Namen »Windpferdreise« gegeben haben. Das Leben im benachbarten, aber für sie kaum zu bereisenden Indien ist für weltoffene Pakistani besonders spannend, und der gläubige Moslem Fida interessiert sich gleichermaßen für den Buddhismus. Also erzähle ich gern, was ich vor drei Jahren nicht weit von hier auf der anderen Seite der Grenze erlebt habe.

TEIL II

Ins Reich des Windpferds

Es ist zwei Uhr nachts, als wir die Einreiseformalitäten in Neu-Delhi hinter uns gebracht haben und von meinem Agenten zum National Airport gefahren werden. Er sagt nicht viel; jeder hier weiß, dass die Lage in Ladakh katastrophal ist. Die wüstenartige Region auf über 3500 Meter Höhe ist durch eine Flutwelle auf einer Fläche von 130 Quadratkilometern überschwemmt worden, sämtliche Telefonverbindungen sind zusammengebrochen, über hundert Tote und Vermisste melden die Nachrichten. Viele Bergtouristen sind evakuiert worden, und dafür kommen jetzt wir: Neben mir ein erfahrener Kameramann mit einer kleinen, aber effektiven Ausrüstung und Manuel Bauer, ein Schweizer Fotograf, den ich einige Jahre zuvor bei einem Dreh für den Film zum siebzigsten Geburtstag des Dalai Lama kennengelernt hatte. Er gilt als dessen Leibfotograf und als intimer Kenner des tibetischen Buddhismus. Er, so ist meine Idee, soll der »Host« des Films werden, also den Zuschauer direkt ansprechen und durch das Geschehen führen. Eine Dramaturgie, die ich in meinen Filmen noch nie angewandt habe und die aus Amerika kommt. Sie ist umstritten, weil ein Host immer polarisiert: Es kommt einfach darauf an, ob man ihn mag oder nicht. Ob alles zusammenpasst, wird sich erst zeigen, wenn ich zwei Monate später am Schneidetisch sitze.

Eigentlich wollte ich das Filmprojekt wegen der Flutwelle in Ladakh noch kurzfristig absagen, aber das hätte kein Problem gelöst, nur neue geschaffen. Manuel und der Kameramann Rüdiger sind für vierzig Tage gebucht und verpflichtet. Die Reise ist seit Monaten organisiert und bezahlt, inklusive der Abholung mit einem Hubschrauber aus Lo Manthang. Alles, was ich über Manuel als Fotograf und Mensch weiß, überzeugt mich von ihm, und der Rest ist Abenteuer.

Manuel reist seit zwanzig Jahren in die tibetisch geprägten Gegenden Zentral- und Südasiens. Ich bin seit 1985 ein wiederkehrender Tibetreisender, und auch Rüdiger war bereits Ende der Achtzigerjahre mit im nepalesischen Mustang. Trotzdem bleibt die spannende Frage, ob wir während einer so langen Reise gut miteinander auskommen werden. Käme es zu gruppendynamischen Eskalationen, wäre das Projekt gefährdet. Wie immer vertraue ich meinem Gefühl und setze auf die Professionalität der Kollegen.

Wir checken auf dem Inlandsflughafen in Delhi ein und warten auf unseren Flug nach Leh am frühen Morgen. Alle sind müde, wir wissen nicht, was uns im Katastrophengebiet erwartet. Das Thema unseres Films ist das »Reich des Windpferds«, also die tibetisch geprägten Regionen im Himalaja mit ihren Sitten und Gebräuchen. Es fasziniert mich seit dreißig Jahren, allerdings bin ich längst nicht mehr so optimistisch, was die Sache Tibets betrifft – und auch nicht mehr so enthusiastisch wie Manuel. Ich habe mit großer Leidenschaft und Zuneigung das Leben der dortigen Menschen dokumentiert, mich mit dem Buddhismus beschäftigt, und den Dalai Lama verehrt. Zeitweise war ich nicht nur der tibetischen Freiheitsbewegung verbunden, sondern auch spirituell tief verstrickt.

Dann kamen aber auch immer wieder Phasen voll kritischer Distanz und auch Ohnmacht gegenüber dem Lauf der Geschichte. Vergleichbares habe ich mit dem Sufismus und der islamischen Mystik erlebt. Es liegt vielleicht daran, dass ich mich weniger theoretisch im stillen Kämmerlein, sondern vielmehr hautnah vor Ort mit diesen Dingen auseinandergesetzt habe. Manuel tut das auch – im Gegensatz zu mir ist er jedoch ein fleißiger Student und Anhänger der tibetischen Kultur geblieben und hat ein sehr wahrhaftiges Verhältnis zu allem, was mit

Tibet zu tun hat. Er liebt die Symbolik, die Umgangsformen und ist immer noch Feuer und Flamme für die Sache des tibetischen Volkes.

Windpferde stammen aus der Vorstellungswelt der Schamanen und haben ihren Platz im tibetischen Buddhismus gefunden. Man sieht sie auf vielen Gebetsfahnen; sie sind Allegorien der menschlichen Seele, zusammen mit vier anderen Tieren – dem Garuda (einem schlangentötenden Reittier aus der indischen Mythologie, das halb Mensch, halb Adler ist), dem Drachen, dem Tiger und dem Schneelöwen. Meist sieht man diese anderen Tiere an den Ecken der Gebetsfahnen und das Windpferd in der Mitte. Wie vieles andere stammt dieser Glaube aus der vorbuddhistischen Bön-Religion; mich erinnert es an den vorchristlichen Tierkreis.

Wir wollen in Ladakh, Zanskar und später im Changthang und in Mustang dem tibetischen Leben nachspüren. Erst mal wäre es mir aber lieb, wenn uns das Flugzeug sicher nach Leh brächte. Leh gehört zu den höchstgelegenen ständig bewohnten Städten der Erde. Der Flughafen liegt auf immerhin 3500 Meter Höhe. Und dann wird sich zeigen, wie es im Katastrophengebiet aussieht.

Ich war lange nicht mehr in Leh. Vor dreißig Jahren war Ladakh ein immer touristischer werdender Ort; in meiner jugendlichen Hybris missfiel mir dies, und ich hatte mir andere Regionen als Reiseziele ausgesucht. Heute jedoch freue ich mich auf die Gegend, die nicht umsonst »Klein-Tibet« heißt. Der Flug nach Leh ist kurz, aber unangenehm: viele Wolken, Turbulenzen und zum Schluss eine enge Kurve, bevor der Airbus ziemlich unsanft landet.

Flut in Leh

Im Flieger saßen kaum Leute, doch auf dem altersschwachen Gepäckband sehen wir sehr viel Fracht und Hilfsgüter, die mit an Bord waren. Unser Gepäck ist überschaubar, das meiste ist Film-Equipment; besonders Manuel ist Minimalist, was Kleidung anbelangt. Fotografisches Gerät und Objektive hat er dagegen reichlich dabei. Der örtliche Guide holt uns ab. Schnell wird klar, dass diese berühmte, malerisch am Berg gelegene heilige Stadt von der Katastrophe nicht verschont geblieben ist. Weite Teile von Leh sind zerstört. Meterhoher Schlamm, weggerissene Straßenzüge, Verwüstungen allerorten. Eigentlich ist in Ladakh gerade Hauptsaison, die Hotels müssten voll, die Trekkingrouten gut frequentiert sein, doch der Guide erzählt uns, die Saison sei definitiv zu Ende. Man wisse ja noch nicht mal, wie viele Opfer es gegeben habe und wo die Toten lägen. Die meisten Brücken seien kaputt, selbst Laster seien kilometerweit mitgerissen worden. In weiten Teilen des Landes gebe es weder Strom noch Telefon.

Eine Sintflut in einer Gegend mit durchschnittlich 88 Millimeter Niederschlag im Jahr – das musste verheerende Folgen haben.

In Leh ist es im Sommer heiß und im Winter sehr kalt – die Temperaturamplitude beträgt siebzig Grad! Die Stadt ist geschichtlich und kulturell gesehen reich und hat auch ökonomisch jahrhundertelang vom Handel mit Kaschmir profitiert. Sonst hätten sich hier nicht so viele beeindruckende Klöster ansiedeln und halten können. Ich ruhe mich erst mal in unserer Pension aus, während Manuel ausschwirrt, um Informationen einzuholen und Bekannte zu treffen.

Als er wieder ins Hotel zurückkehrt, hat er einen Schweizer mit dabei, der in Ladakh lebt: Thomas Zwalen. In dessen Auftrag soll Manuel Fotos für verschiedene Hilfsorganisationen machen.

Die beiden fahren auf einem Motorrad der bekannten indischen Marke Royal Enfield und wir mit dem Jeep nebenher. Etwas unterhalb einer im Stadtzentrum gelegenen Bushaltestelle zeigt sich das ganze Ausmaß der Katastrophe. Manuel hält an, Rüdiger und ich folgen ihm und Thomas Zwalen. Wir klettern durch eine Mondlandschaft, die geradezu absurd wirkt; unbegreiflich, dass in dieser fast 4000 Meter hoch gelegenen Wüstenei solche Wassermassen in kürzester Zeit aus dem Himmel schießen und Chaos und Zerstörung anrichten konnten. Immer wieder sieht man Überreste von Hausrat und Kleidung oder steht mit den Füßen in früheren Häusern – auf der Höhe ihrer Fensterkreuze. Auf einer etwa ein Meter fünfzig dicken Schlammschlicht, die hart wie Beton ist, und unter der immer noch Tote liegen. Wir gehen quasi auf einem Friedhof.

Für Manuel sind das ganz intime Momente, wo er an die Grenzen seiner Philosophie als Fotograf stößt, wo er sich selbst fragen muss: Was mache ich hier? Ist es richtig, Fotos von der Zerstörung zu machen? Und was ist das richtige Motiv? Ich habe keine Erfahrung im Katastrophenjournalismus, Manuel dagegen schon, und er sucht die eindringlichen Bilder, die uns berühren.

»Da liegt ein Schuh von einem Erwachsenen und daneben einer von einem Kind. Die gehören vielleicht nicht zusammen. Die Flut hat die beiden Schuhe zusammengebracht, aber dahinter steckt noch viel mehr. Es wurden ganze Familien ausgelöscht, und irgendwie versucht man dieses Foto dann mit dem gebührenden Respekt vor den Toten zu machen.« Doch es geht ihm natürlich auch um die Wirkungskraft des Motivs. Er will seinem Freund Thomas Zwalen gute Bilder liefern, weil der Geld für den Wiederaufbau der Stadt sammelt.

Zwalen bringt uns anschließend auf die andere Seite des Indus in ein Haus mit tibetischer Küche, auch übernachten können wir dort. Von hier hat man eine wunderbare Aussicht, und nichts erinnert in der Landschaft an die Katastrophe. Warmes Nachmittagslicht ergießt sich über die Pappeln im Hochtal am Fluss.

Die Köchin macht Momos, Teigtaschen, für die es in der tibetischen Küche viele Rezepte gibt. Grundsätzlich kann man fast alles Essbare in Teig wickeln und kochen. Meist mischt man als Füllung Rinderhack mit roten Zwiebeln, Ingwer, Koriander, Zimt, Muskat und Lorbeer. Aber es gibt auch reine Gemüsefüllungen. Entscheidend sind die Dips, in die man die Momos später beim Essen taucht. Da ist die Vielfalt und Auswahl groß und hängt von der Region oder vom Geschick der Köchin ab. In Indien sind Gewürze aller Art leicht erhältlich. In den Städten gibt es auch ausreichend Gemüse, sodass sich die Soßen für die Momos vielfältig variieren lassen.

Am nächsten Morgen will Zwalen Hilfsgüter in ein entlegenes Tal bringen. Sonst leitet er dort Expeditionen und kennt deshalb die Dorfbewohner. Der kalte Winter naht, und die Lage ist dramatisch: Denn vor allem entfernte Regionen benötigen Hilfe. Straßen und Brücken sind zerstört, und die Kommunikation über die riesigen Distanzen hinweg gestaltet sich schwierig. Spendengelder sind zwar vorhanden, aber Getreide zu kaufen und auf abenteuerlichen Pfaden an die Bedürftigen zu bringen ist ein Kraftakt, bei dem viele engagierte Helfer nötig sind.
  Wir sind um fünf Uhr morgens verabredet. Zwalen hat tonnenweise Korn eingekauft. Noch ist es kalt, die ersten Sonnenstrahlen werden jedoch bald die sehnlich vermisste Wärme bringen, und im Laufe des Vormittags dürfte es dann richtig heiß werden. Immer wieder sehen wir zerstörte Dörfer und viel indisches Militär – Ladakh ist voller Uniformen. Angeblich sollen eine Million Soldaten an der Grenze von Kaschmir stationiert sein. Besonders die Pioniere sind im Einsatz und bauen Pontonbrücken, um Hunderte zerstörter Überführungen in erstaunlichem Tempo provisorisch zu ersetzen. Trotzdem sind die Wege abenteuerlich.
  Wir sind auf das Dach des Lasters geklettert, und dabei hat Manuel mich fotografiert, wie ich mich schwerfällig und bäuchlings über die Außenwand des Lasters nach oben bewegte. In seiner unnachahmlichen Art verpasst er mir den Spitznamen »Wal«, was anhand der Fotos durchaus nachvollziehbar ist. Noch heute nennt er mich so.

Die Strecke führt am Zanskar-Fluss entlang, der im Winter pittoresk zufriert, bis zu einem Zufluss aus dem Markha-Tal. Zwalen hat in Europa Geld gesammelt, bei Leuten, die mit ihm zusammen in Zanskar und Ladakh waren. Viele Schweizer zeigten sich spendabel. Doch die Zeit drängt. Wenn der Winter erst einmal da ist, sind diese Täler von der Außenwelt abgeschnitten.

Nach etlichen Stunden erreichen wir eine Drahtseilkonstruktion über den Fluss, mittels derer das Korn Sack für Sack auf die andere Seite des Flusses befördert wird. Dort nehmen Vertreter der Dorfgemeinschaften die Säcke entgegen und tragen sie oft noch viele Stunden, bis sie ihr Zuhause erreichen. Fünfzig Helfer waren bei der ganzen Aktion insgesamt im Einsatz gewesen.

Am Abend lädt Zwalen die Fotos, die Manuel den Tag über geschossen hat, auf eine Webseite, damit die Spender in der Schweiz auch sehen können, dass die Lebensmittel wirklich bei den Flutopfern angekommen sind. Ladakh hatte immer viele Freunde und Unterstützer: Entwicklungshilfe, NGOs, amerikanische Schulgründungen. Viel Geld ist hierher geflossen. Was daraus geworden ist, steht dahin. Wenn humanitäre Hilfe aus dem Ausland zu einem Bevölkerungswachstum führt, muss das nicht unbedingt eine positive Entwicklung sein. Die Region muss diese Zunahme erst einmal verkraften. Auch in den Alpen und anderen Regionen hat sich gezeigt, dass die Natur nur bedingt zusätzliche Straßen und Besiedelung verträgt.

Die meisten Zerstörungen durch die Wassermassen habe es an Orten gegeben, wo früher weder Häuser gestanden hatten noch Straßen hinführten, hören wir. Flutkatastrophen wie diese gebe es zwar nur ein oder zwei Mal im Jahrhundert, jetzt jedoch zerstörten sie sehr viel mehr, weil das Land dichter besiedelt ist.

Nachdenklich fahren wir zurück nach Leh und sind am nächsten Tag mit einem weiteren Freund Manuels verabredet. Ein Wiedersehen mit einem besonderen Ort.

Restauratoren

Wir sind sehr schnell in unseren Rhythmus gekommen und arbeiten unablässig. Ständig bemühen wir uns um neue Geschichten, und es ist von Vorteil, dass Manuel viele Kontakte hat und sehr geachtet ist, was uns manche Tür öffnet.

Am Abend treffen wir Dr. André Alexander. Er stammt aus Berlin und hat sich durch seine Restaurationen tibetischer Malerei und Kulturzeugnisse in Tibet und Ladakh hohes Ansehen erworben. Außerdem hat er eine NGO gegründet, die sich Tibet Heritage Fund nennt und wertvolle Arbeit beim Erhalt tibetischer Kulturschätze leistet.

Auf den ersten Blick wirkt der Mann wie ein »Alt-Freak« meiner Generation: lange graue Haare, Schlabberhosen und Hemden mit Blumenmuster. Dabei hat er den Ruf eines äußerst willensstarken Menschen, der seine Visionen umsetzt; fast zehn Jahre sanierte er in der Altstadt von Lhasa Häuser und bewahrte sie vor dem Abriss. Das bedeutete: erst einmal mühsam Geld von Sponsoren aufzutreiben und dann einen unendlichen Kleinkrieg mit den Behörden eines fremden Landes zu führen.

Lhasa, die alte Hauptstadt Tibets, wurde von den Chinesen zerstört. Nur wer weiß, wie konsequent die neuen Machthaber die alte Bausubstanz erneuern, kann nachempfinden, mit welcher Dickköpfigkeit man solch ein Vorhaben verfolgen muss. Das ist Andrés Lebenswerk, welches er nach seiner Ausweisung aus Tibet nun in Ladakh fortsetzt. Er ist bescheiden, aber sehr tatkräftig und bittet uns, zu einer seiner Baustellen zu kommen. Sie liegt ungefähr vier Fahrstunden von Leh entfernt in Alchi, nicht weit von dem Kloster mit den ältesten Malereien im Himalaja.

Ladakh war im 12. Jahrhundert ein tibetisches Machtzentrum, von dem aus der Buddhismus nach Tibet kam. Die Region war wirtschaftlich stark und verfügte über eine mächtige tibetische Aristokratie. Man führte Kriege, förderte Religion und Kultur. Aber es gab auch Aufstände, Königsmorde, Zerfall und Verbote des Buddhismus. In den 1980er-Jahren war Alchi eines der großen Ziele der an Tibet interessierten Reisenden, besonders aus Deutschland. Ich freue mich darauf.

Viele geheimnisvolle Dinge sind im Himalaja erhalten geblieben. Einiges ist aber auch in Vergessenheit geraten oder ist der voranschreitenden Modernisierung zum Opfer gefallen. Die finanziellen Mittel und die fachlichen Kenntnisse, um das »Alte« zu bewahren oder wiederherzustellen, fehlen den Einheimischen. Sie sind beim Erhalt der Kulturschätze deshalb maßgeblich auf die Hilfe aus finanzkräftigen Ländern angewiesen. André hat sein Leben der Bewahrung tibetischer Architektur und spiritueller Kunst verschrieben. Das Haus, das er in Alchi gerade restauriert, war zuletzt ein Privathaus gewesen, das immer mehr verfiel. André war jedoch sofort aufgefallen, dass unter dem Putz Wertvolles verborgen ist.

Jetzt arbeiten hier junge Restauratoren aus Berlin. Tatsächlich waren die Bildnisse von Buddhas, Bodhisattvas (Erleuchtungswesen), Dämonen und Dakinis (Himmelstänzerinnen) einfach übermalt worden und konnten in jahrelanger Arbeit wiederhergestellt werden. Sie verdanken ihr erneuertes Antlitz den Kulturfonds verschiedener ausländischer Botschaften sowie Spendengeldern aus Amerika. Ohne Dr. André Alexander wäre dies alles indes nicht möglich gewesen: Er treibt die Geldgeber auf und organisiert die Restaurierungen und Baumaßnahmen.

Auf diese gefährdeten Malereien hatten ihn Einwohner Alchis angesprochen, und darauf ist er besonders stolz. Sie hatten von seinen Projekten in der tibetischen Hauptstadt Lhasa gehört, wo er aus politischen Gründen nicht mehr arbeiten darf. Er berichtet mir von den Vorteilen traditionell gebauter Häuser; in China hätten diese sogar schwere Erdbeben überstanden, während die Betonbauten komplett eingestürzt seien.

Später treffen wir uns noch mal in Leh, wo er die Bauleitung für ein Museum hat. Er träumt davon, das Gebäude vom Dalai

Lama einweihen zu lassen; Manuel könnte mit seinen Kontakten »Seine Heiligkeit« vielleicht dazu bewegen, so hofft er. Anschließend führt André uns weiter durch die Stadt und erzählt, dass zum Glück kein Kloster in Leh durch die Flut zerstört worden sei, weil die alten Architekten gewusst hätten, wo man bauen kann und wo nicht. Aber auf dieses alte Wissen werde hier kein Wert mehr gelegt. Es sei sehr wohl bekannt, dass bestimmte Wetterkatastrophen nur alle hundert Jahre auftreten. André ist der Ansicht, dass die traditionelle Bauweise am besten vor einem Erdbeben oder vor Flutmassen schützt. Die Gier nach immer höheren Häusern und mehr Wohnraum führe dazu, dass an Orten gebaut werde, wo man dies früher nicht getan hatte. Das sei das eigentliche Problem – sprich der Mensch.

Schon vor dem Mauerfall war er mit dem Rucksack nach Lhasa gereist und hatte dort begonnen, etwas für den Erhalt alter Bausubstanz zu tun. 1988 geriet er in einen Mönchsaufstand und wurde beinahe erschossen. Das habe ihn geprägt und zum Bleiben bewogen. André ist ein entschlossener, energischer Mann auf der Höhe seiner Schaffenskraft, und er wirkt, als hätte er noch viel vor. Zwei Jahre später erfahre ich dann die schockierende Nachricht. Ich lese im »Berliner Tagesspiegel« zufällig seinen Nachruf. Diesem entnehme ich, das André im Januar 2012 in Berlin war. »Am 21. wollte er seinen 47. Geburtstag begehen. Mit dem Fahrrad war er in Pankow unterwegs zu seiner Feier – und fiel um, einfach so«, steht da. Er habe mit seiner tibetischen Freundin Tashi Berlin besucht.

Besonders trifft mich die Stelle, die André so treffend beschreibt, die zugleich aber auch als Vorahnung gesehen werden kann: »Auf seiner Homepage«, so heißt es, »hat er Hermann Hesse zitiert, *Klingsors letzter Sommer: dieser tolle flackernde Sommertraum, und mit ihm tausend ungetrunkene Becher verschüttet, tausend ungesehene Liebesblicke gebrochen, tausend unwiederbringliche Bilder ungesehen verloschen.*«

Doch davon ahnen wir bei unserem Abschied von Dr. Alexander in Leh noch nichts.

Nach mehreren Tagen in über 3000 Meter Höhe sind wir nun akklimatisiert und wollen weiter ins Nubra-Tal, das etwa hundertfünfzig Kilometer nördlich von Leh liegt. Wenn man auf 3500 Metern startet, ist man schnell ganz hoch. Eine Planierraupe hält die Straße zum Khardung-Pass frei. Nach zwei Stunden sind wir da und merken erst beim Aussteigen, wie hoch wir sind. Gebetsfahnen überall.

Dies ist der höchste befahrbare Pass der Welt. Er befindet sich auf 5606 Metern und ist wunderschön gelegen. Wir sehen schon ins Nubra-Tal hinunter und hinüber in die Berge Pakistans. Gestört wird das Idyll nur durch das Knattern eines Generators in einem verrußten Armeecamp unterhalb der Passhöhe. Diese Straßen sind von der indischen Armee aus strategischen Gründen angelegt worden.

Manuel erzählt vom Grenzkonflikt der Inder mit der pakistanischen Armee auf dem Siachen-Gletscher, dem höchsten Kriegsschauplatz der Welt, den wir von hier aus sehen können. Dort bekriegten sie sich scharmützelmäßig, jeden Tag schickten die Inder eine Granate rüber. Weit mehr Todesopfer verzeichneten sie jedoch aufgrund der Höhe – durch die Höhenkrankheit und die Kälte im Winter –, nicht wirklich durch Feindbeschuss. Es sei eher darum gegangen, einander ein bisschen in Schach zu halten.

Ich kenne die andere Seite, die Camps der pakistanischen Armee am K2. Auch hier härteste Bedingungen und viele Opfer allein durch Höhe und Kälte. In Pakistan führen die Straßen nicht so nahe an militärische Stellungen heran, und die Armee ist längst nicht so gut ausgerüstet wie in Indien. Eigentlich gibt es nur eine Straße, und die liegt auf der Höhe des Indus. Zu den Stellungen am Siachen-Gletscher muss man fliegen oder laufen, und Letzteres bedeutet vor allem, schwere Lasten zu tragen.

Die kriegerischen Auseinandersetzungen zwischen Indien und Pakistan infolge der Teilung des britischen Kolonialreichs gehören zu den sinnlosesten Konflikten überhaupt, die nur dem Erhalt der jeweiligen Armeen dienen. Die Grenzen wurden 1947 mehr oder weniger willkürlich gezogen und bescherten über zehn Millionen Menschen Verlust und Vertreibung. Über eine Million Menschen kamen dabei ums Leben, und die Folgeprobleme halten bis heute an. Nach den geschürten Religionskonflikten vor 1947 einen Hindu- und einen Moslemstaat zu schaffen ist auch misslungen, denn in Indien gibt es heute mehr Muslime als in Pakistan. Der Indus auf der pakistanischen Seite unterscheidet sich landschaftlich überhaupt nicht von dem Indus in Ladakh, und auch das Nebeneinander von Islam und Buddhismus war früher nie besonders problematisch, wie wir später erfahren werden, als wir die Region von der anderen Seite auf dem Weg in den Karakorum bereisen.

Der Khardung-Pass ist fantastisch. Man schaut hinüber in den Karakorum nach Pakistan, hinunter nach Ladakh und ins Nubra-Tal mit seinen hinreißenden und schon von Weitem erkennbaren Klöstern. Aber auch das moderne Indien ist hier angekommen. Wir trauen unseren Augen nicht: Hier oben ist der Endpunkt eines Radrennens. Junge, verstaubte Männer auf Rennrädern erklimmen dick vermummt und mit starken Sonnenbrillen den Pass und durchfahren die Ziellinie. Es sind Einheimische, die hier auf 5600 Metern ankommen, und sie glauben sich fest im Trend des internationalen Extremsports.

Manuel hat eine kleine Gompa, einen buddhistischen Tempel, entdeckt und zeigt uns den Thron des Dalai Lama, den es in jedem Kloster gibt, egal ob der tibetische Gottkönig schon mal da war oder nicht. Am Pass läutet Manuel inbrünstig dreimal eine Glocke: So oft war er schon hier. Er hat den Dalai Lama auch auf Reisen in Ladakh begleitet.

Reiseglück im Kloster Diskit

Wie alle hohen Pässe hat auch der Khardung-La sein Gutes: Ins Nubra-Tal geht es jetzt nur noch bergab. Die Straßen sind solide, soweit sie nicht zerstört wurden. Sie sind asphaltiert, und auf den Grenzsteinen haben sich die Straßenarbeiter mit sorgsam aufgemalten Weisheiten verewigt. Wir sammeln diese Inschriften entlang des Weges.

Himank ist die Straßenbaubrigade im indischen Himalaja. Es ist eine enorme Leistung, diese Straßen durch das sandige Gebirge zu bauen, und die Arbeiter haben bei den Sprüchen wohl an die LKW-Fahrer gedacht, die sehr weite Strecken zurücklegen müssen. Da gibt es Sprüche wie ›Whisky is risky‹, also ›Alkohol ist gefährlich‹, was heißen soll: trinkt nicht während der Fahrt. Oder: ›Better late than never‹, also ›Lieber spät als nie‹. Wozu Raserei führen kann, sieht man an den Wracks tief unten in der Schlucht. Hin und wieder sind diese Sprüche auch ein bisschen anrüchig: ›My curves are gorgeous. Go over them smoothly.‹ – ›Meine Kurven sind wunderschön. Fahre ganz sanft über sie.‹ Vermutlich hatten die Straßenbauer einen Heidenspaß dabei.

Das Nubra-Tal ist einfach grandios, und die Fähigkeit der Klostergründer, mit ihren Bauten Aufmerksamkeit zu erregen, ist gerade bei den vierhundert Klöstern Ladakhs besonders augenfällig. Eines der schönsten ist das Kloster Diskit, eine steile imposante Stadt, die schon von Weitem erkennbar ist. Noch ahnen wir nicht, was uns hier Wunderbares widerfahren wird.

Manuel hatte es prophezeit, denn der Mond war am Abend von einem großen Hof umgeben, und solche Himmelszeichen sind seiner Meinung nach Vorboten positiver Art. Später mache ich mir ernsthaft Gedanken darüber, ob er wusste, was uns im Kloster Diskit erwarten würde. Aber das würde schon an Hellseherei grenzen, zumal er gar nicht wissen konnte, dass wir an diesem Wochenende hier sein würden.

Wir schlafen in einem Zeltlager in der Nähe und kommen am frühen Morgen nach Diskit. Manuel bittet um Einlass. Für einen Klosterbesuch gelten einige »Benimm-Regeln«: Man sollte eine gewisse Zurückhaltung an den Tag legen und sich Zeit bei allem lassen. Ferner sollte man nie über irgendetwas steigen, da dies einen rituellen Gegenstand entweihen kann; Füße gelten für die Buddhisten nämlich als unrein, und der betreffende Gegenstand müsste dann zerstört werden. Die Füße sollten auch nie gegen jemanden oder gegen etwas Göttliches oder Gesegnetes weisen. Eine andere Regel bringt man eigentlich schon kleinen Kindern bei: Nie mit den Fingern auf etwas zeigen, sondern wenn überhaupt, dann mit der ganzen Hand. Wer das vergisst, kann unabsichtlich für großen Unwillen sorgen.

Wir steigen die vielen steilen und sehr großen Stufen der Klostertreppe hinauf, bis wir von oben leicht keuchend den großartigen Blick hinunter ins Tal genießen können.

Aber damit nicht genug. Es regt sich Leben im Kloster, und vieles weist darauf hin, dass es nicht nur bei einer schönen Aussicht bleibt: Mönche beginnen das Klosterdach mit Kreide und Sand zu bemalen. Alles deutet auf ein ungewöhnliches Ritual hin. Ist das Zufall? Von unserem Besuch konnte niemand wissen, und Rituale dieser Art werden ohnehin nie von möglichen Besuchern abhängig gemacht. Sie hängen stets mit astrologischen oder spirituellen Erwägungen zusammen.

Die Mönche bereiten eine Feuerpuja vor. Sie malen mit farbiger Kreide ein Mandala auf den Boden. Normalerweise werden in solch einer Zeremonie mit langen Gebeten die Dämonen oder das Böse – Krankheiten, Missernten, Naturkatastrophen – in eine Figur hineinprojiziert. Das so eingeschlossene Übel wird dann später verbrannt. In diesem Fall handele es sich jedoch um etwas ganz Besonderes, behauptet Manuel: Es sei eine Chin-Chak-Puja, die der Ehrung der verschiedenen Buddhas, der La und Lamus, der männlichen und weiblichen Gottheiten, dient. Er hat solche Zeremonien schon erlebt und kennt sich aus.

Über dem mit Kreide aufgemalten Mandala ist Yakdung aufgeschichtet worden. Nicht etwa weil Yaks und ihr Dung eine rituelle Bedeutung haben, sondern weil es das wichtigste Brennmaterial im tibetischen Kulturkreis ist. Auf großer Höhe hat man eben wenig Feuerholz. Wenn, wie in unserem Fall, die Feuerpuja einen großzügigen Spender hat, wird zusätzlich teures Holz auf den Yakdung gelegt und geschmolzene Butter als Brandbeschleuniger genutzt. Später wird der Zeremonienmeister, der in buddhistischen Klöstern Vajrameister genannt wird, immer wieder mit seiner Schöpfkelle in die Butter tauchen, um sie dann ins Feuer zu schütten. Das ist eine ausgefeilte Technik, mit der die Mönche mit einer kleinen Fackel das Feuer wirklich gut entfachen. Neben der rituellen Feuerstelle sind verschiedenen »Zutaten« für die Feuerpuja aufgebaut worden. Besonders wichtig sind die Thormas, die aus Teig geformten Opfergaben, sowie verschiedene Körner, Gräser und Gerste.

Wir kommen kaum zum Luftholen, denn die Mönche ziehen zielstrebig ihr Ritual durch, das aus vielen kleinen Prozessen und Arbeiten besteht. Ganz wichtig ist der Abt des Klosters, der für diese Zeremonie in ein besonderes Gewand gehüllt wird und sich nun bereit macht für die Puja. Er hat die wichtigen Ritualgegenstände bei sich. Manuel erkennt sie als den Dorje, den Donnerkeil, und die Vajra, die Glocke, das männliche und das weibliche Symbol. In seiner Verkleidung sieht der Abt wie ein Schamane aus. Er hat eine Trommel, die aus Schädelknochen hergestellt wurde. Auch die Schale, aus der er mit Safran gereinigtes Wasser schöpft, besteht häufig aus einer Schädeldecke, was wir aber in diesem Fall nicht überprüfen können. Ruhig und gelassen beginnen die Mönche ihre Gebete und Gesänge, rezitieren Mantras. Mit ihren Instrumenten sorgen sie dafür, dass die Anwesenden entspannt in das Geschehen versinken.

Der Zeremonienmeister beginnt die Opfergaben ins Feuer zu streuen. Mit der geschmolzenen Butter als Brandbeschleuniger sorgt er dafür, dass die Gaben schnell verbrennen und kein unnötiger Qualm entsteht. Manchmal qualmt es dann aber doch gewaltig, dennoch verlässt niemand seinen Platz.

Die Feuerpuja im Kloster Diskit dauert zwei Tage; außer uns gibt es keine fremden Besucher. Die Abläufe unterliegen einem strengen Regelwerk, selbst die kleinste Handbewegung hat ihre Bedeutung. Gegen Ende des Rituals rücken die Thormas, die kleinen aus Teig geformten Figuren, in den Mittelpunkt. Das Ritual projiziert symbolisch die negativen Energien in die Figuren hinein. Höhepunkt ist immer das Verbrennen der Thormas durch den Zeremonienmeister.

Mehrmals bin ich an diesem Morgen versucht, mich zu zwicken, um sicherzugehen, dass ich nicht träume. Um so etwas zu erleben wie wir heute, muss man normalerweise lange Vorbereitungen treffen und die Fest- und Ritualkalender der Klöster kennen. Es herrscht eine wunderbare Stimmung hier oben: Die Mönche sind geradezu schelmisch, oft ist es lustig, und niemand und nichts stört den Ablauf. Hier halten weder Touristenbusse, noch kehren buddhistische Oberseminare oder spirituell bewegte Suchende ein.

Einmal macht kurz eine Reisegruppe aus Israel am Kloster Halt, aber die hat augenscheinlich keine Zeit, ein übervolles Programm. Die Leute schießen ein paar Fotos und fahren dann schnell weiter. Indien ist sehr beliebt bei Israelis. Nach der Militärzeit kommen viele junge Leute nach Goa oder Manali, um mit ihrer Abfindungszahlung möglichst lange ein unbeschwertes Leben zu führen. Jetzt scheint aber auch zunehmend die Generation ihrer Eltern Gefallen an dem riesigen Land gefunden zu haben. Auffallend viele Israelis zieht es jedenfalls hierher, die sich Klöster, Tempel und Paläste sowie Berge und Feste anschauen. Allerdings machen die Älteren den Eindruck, als wollten sie möglichst viel in kurzer Zeit erleben.

Wir dagegen versuchen, trotz der Arbeit die besondere Klosteratmosphäre zu genießen. Wir haben so ein großes Glück, und auch Manuel, der mit dem Dalai Lama eigentlich schon alles erlebt hat, ist außerordentlich beschwingt. Er erzählt uns eine lustige Geschichte von dem Vorbeter, der den Rhythmus vorgegeben hat. Dieser sei kurz eingenickt und nur durch ein lautes Klatschen des Abtes wieder wach worden. Er hatte wohl seinen Einsatz verpasst, und alle anderen Mönche mussten kichern. Plötzlich herrschte dann eine ganz heitere Stimmung. Der Abt

schritt nicht ein, nahm kurz danach jedoch wieder seine Gebetskette, und es herrschte erneut totale Konzentration.

Die Feuerpuja ist nicht das Einzige, was wir an diesem Tag im
Kloster Diskit erleben. Ein Mönch führt uns in einen anderen
Raum und verspricht noch weitere spannende Ereignisse. Am
Nachmittag soll ein Mandala aus farbigem Sand wieder der
Natur übergeben werden, und wir dürfen dabei sein.

Wie in jedem Kloster ist auch hier die Küche ein wichtiges
Zentrum. Sie versorgt bis zu zweihundert Mönche. Auch während der Rituale bringen die Novizen ständig Buttertee und
Gebäck in die Versammlungsräume. Die Küche in Diskit ist besonders geräumig, und wir werden eingeladen dort zu bleiben.
Ich kenne viele Klosterküchen in Tibet, Manuel kennt bestimmt
alle in ganz Indien; aber im Unterschied zu mir gehört er hierher. Auch ohne rote Kutte passt er ins Kloster und fühlt sich
unendlich wohl unter diesen oft sehr eigenen Menschen. Während ich geschmacklich nicht mehr wirklich begeistert bin,
wenn es schon wieder Buttertee und Tsampa gibt, ist er für jede
authentische Situation dankbar.

Butter dient nicht nur als Brandbeschleuniger bei Ritualen,
sie wird auch für Kerzen gebraucht, kommt in den Tee und wird
fürs Backen und Kochen verwendet. Traditionell wird die Butter in einem Tiermagen zubereitet, der so lange geknetet wird,
bis die Masse fest ist. Bei Festen werden ständig große Mengen
Buttertee aus der Klosterküche in die Versammlungs- und Ri-
tualräume gebracht. In der Küche geht es weniger gelassen zu.
Die kleinen Mönche, die den Buttertee holen und bringen, eilen
wie Dauerläufer aus der Küche die steilen Klostertreppen hinauf und wieder hinab.

In Ladakh wie in Tibet ist neben Buttertee Tsampa ein wichtiges Grundnahrungsmittel, vor allem bei den Nomaden. Tsampa
wird aus Gerste hergestellt, die zusammen mit Sand in einer
Schale geröstet und dann ganz fein gemahlen wird. Je feiner das
Tsampa ist, desto besser. Tsampa wird in einer Schale angerührt
und gilt als Delikatesse. »Die große Kunst besteht darin, das
Ganze so zu kneten, dass die Finger nicht dreckig werden oder

voller Teig sind«, erklärt Manuel uns die Vorliebe der Tibeter für einen möglichst trockenen Teig.

Manuel fühlt sich hier zu Hause. Erklären kann er das selbst nicht; in jedem Fall fühlt er sich in dieser Kultur sehr wohl und hat »großen Respekt vor diesen alten Herren, die da in einer Demut und Selbstverständlichkeit ihre Rituale ausführen und seit Jahrhunderten ihre Tradition weitergeben«.

Mir geht es ähnlich, ich sehe die klösterliche Welt aber gleichzeitig auch als Teil einer feudalen Ordnung, in der Abt und Fürst Brüder waren und der Großteil der Mönche und Bauern in Einfalt und Abhängigkeit gehalten wurde. Das ändert allerdings nichts an meiner Faszination für den tibetischen Buddhismus, für die Bauwerke und Rituale und die Philosophie. Buddhistischen Klöstern geht es in Indien derzeit übrigens bestimmt am besten. Ständig entstehen neue Bauten, oft aus Spendengeldern. Die Mönche werden ins Ausland eingeladen und sind unabhängiger als früher. Auch müssen sie hier in Indien keine Angst vor Verfolgung, Bespitzelung oder Unterdrückung haben.

Im Kloster Diskit gehen derweil die Feierlichkeiten weiter. Ein kleiner, junger Mönch holt uns in der Küche ab und führt uns zur großen Versammlungshalle. Dort halten die Mönche eine Puja in der Nähe eines großen Sandmandalas ab, das sie in kunstvoller Kleinarbeit erstellt haben. Eine solche Arbeit dauert Wochen und Monate und ist natürlich zugleich eine spirituelle Erfahrung.

Sandmandalas zählen zu den bekanntesten Kunstwerken des tibetischen Buddhismus, aber nur selten können Besucher ihrer Entstehung beiwohnen und zusehen, wie die Mönche über viele lange Tage dieses Muster aus gefärbtem Sand fertigen. Dieser wird, so die spirituelle Lehre, auf diese Weise mit Leben erfüllt. Die komplexe Anordnung von Symbolen aus Quarzsand hat eine tiefe esoterische Bedeutung. Das Spannende daran ist der Umgang mit dem religiösen Kunstwerk: Denn am Ende wird es mit den Händen verwischt und zerstört. Beinahe mit kindlicher Freude, aber auch sehr gefasst und konzentriert machen dies alle

Mönche gemeinsam; im Kreis um das Mandala stehend und mit beiden Händen.

Der Sand kommt anschließend in eine Vase, denn im Glauben der Mönche wird so die ganze Kraft der Gottheiten zusammengehalten, die in das Mandala gerufen wurden. Kaum ist der Sand in der Vase, geht es auch schon los. Die Mönche legen schnell ihre Mützen und Ausgeh-Ornate an, dann schreiten sie die steilen Klostertreppen hinunter. Der Sand wird feierlich aus dem Kloster getragen, begleitet von einer Prozession von Mönchen. Alles in raschem Tempo, als ginge es darum, vor Sonnenuntergang zurück zu sein.

Wir hasten hinterher, packen die Gerätschaften ein. Rüdiger sitzt mit den Mönchen und der Urne in einem Jeep. Manuel und ich fahren im zweiten hinterher, bepackt mit Taschen und Stativ. Noch war kaum Zeit, das Gesehene zu verarbeiten. Ich hatte eine solche Zeremonie zwar schon mal erlebt bei der Kalachakra in Spiti, aber nicht so unmittelbar und nahe. Da sitzen die Mönche wirklich über Monate den ganzen Tag da und verteilen den farbigen Sand so lange, bis das kunstvolle Mandala mit seiner vielfältigen Ikonografie fertig ist – und dann kehren sie es einfach zusammen. Es sind noch nicht mal Zuschauer dabei, sondern nur ein paar andere Mönche; besonders die Älteren und in der Hierarchie Höherstehenden geben dabei den Ton an und instruieren die Novizen.

Niemand weiß, wohin die Reise der Urne mit dem Sand geht. Die Fahrt endet an einem Wiesenstreifen in der Sandwüste des Nubra-Tals. Für den spärlichen Bewuchs sorgt eine Quelle, um die sich die kleine Mönchsgesellschaft mit ihren gelben Hüten gruppiert. Einige Mönche blasen in ihre Muschelhörner, andere wirken sehr ausgeglichen und strahlen übers ganze Gesicht, denn das Ritual vollendet sich. Direkt an der Quelle wird der Sand ins Wasser geschüttet, wo er sich verteilt und verschwindet.

Die Mönche zelebrieren einen wichtigen Bestandteil des buddhistischen Ritualsystems, nämlich den Ausgleich mit den geschundenen Kräften der Natur. Auch Manuel strahlt, weil es so schön ist, dies in solcher Vertrautheit mit den Mönchen zu erleben. »Der Sand kam aus der Natur«, erklärt er uns. »Man hat ihn der Natur entnommen, und jetzt wird er zurückgegeben. Und es muss ein fließendes Wasser sein. Und es sollte ein reines Wasser sein. So gibt man diesen Sand, den man quasi nur ausgeliehen hat für das Ritual, der Natur zurück.«

Wir fahren anschließend noch kurz nach Diskit zurück, verabschieden und bedanken uns für den herrlichen Tag. Ich hinterlasse eine größere Menge Rupienscheine, aber das interessiert niemanden besonders. Schließlich, so sieht man das hier, ist es der Spender, der seine Seele erleichtert, wenn er freiwillig etwas abgibt.

Am Abend sitzen wir vor meinem Zelt und trinken ganz unbuddhistisch, aber durstig vom vielen Staub zur Feier des Tages indisches Kingfisher-Bier direkt aus der Flasche. Ich frage Manuel ganz im Ernst, ob er durch seine Kontakte in Dharamsala vorher von dem Ritual gewusst oder es gar bestellt habe. So viel Glück wie wir heute in Diskit kann man eigentlich gar nicht haben. Nichts dergleichen, versichert er mir. Aber unser Reiseglück deute darauf hin, dass wir entweder gute Schutzgeister hätten oder aber dass es Menschen gebe, die sehr wohlwollend an uns denken. Und so fühlt sich dieser Tag auch an; er gibt mir Kraft für die vielen Tage auf dieser Reise, die da noch kommen werden und an denen es nicht immer ganz so einfach und angenehm sein wird wie heute.

Eishockeyspielerinnen

Wir wollen weiter durch den Changthang, eine Hochland-steppe, nach Spiti und müssen deswegen zurück nach Leh. Irgendwo am Weg rasten wir in einem kleinen Café und trinken Tee. Dort sitzt auch ein junges Mädchen. Sie ist Tibeterin, ungestüm und frech, eine Vertreterin einer neuen Generation. Nach einer Weile erzählt sie, dass sie Eishockey spiele und Kapitänin der ersten indischen Eishockeymannschaft sei. Ihr Name ist Stenzinla.

Ladakh ist eine Wüstengegend und hat deshalb naturgemäß keinerlei Eishockeytradition; angefangen hatte alles mit einer Spende aus Kanada. Sechzig Eishockeyausrüstungen wurden an Schulen in Ladakh geschickt. Stenzinla und einige ihrer Mitschülerinnen zeigten sich motivierter und talentierter als andere und wollten dann auch bei Turnieren mitspielen – zum großen Ärger der männlich dominierten Sportwelt. Also entschließen wir uns, unseren Reiseplan kurzfristig zu ändern und einen Abstecher zu Stenzinlas Internatsschule zu machen.

Auch die Schule ist durch die Flut in Mitleidenschaft gezogen worden, und wir müssen den letzten Kilometer dorthin laufen, weil es keine Straße mehr gibt. Die Direktorin des Internats ist Amerikanerin und von unserem Vorhaben gar nicht begeistert. Es bedarf einiger Überredungskunst, bis sie zustimmt. Das Internat wird durch Spendengelder finanziert und hat einen ausgezeichneten Ruf als Eliteschule, typisch für Ladakh; die Trägerorganisation ist das SECMOL, das Students' Educational and Cultural Movement of Ladakh. Aber, so räumt die Direktorin ein, die Kinder, die hier ihren Abschluss machen, wollen nicht hierbleiben, sondern hinaus in die Welt. Die hervorragende Schulbildung nutzt der Bergregion also wenig, sondern beraubt sie vieler ihrer besten Köpfe. Die Absolventen wollen nun mal nicht mehr ihre Winter in eisiger Kälte unter bescheidenen hygienischen Bedingungen verbringen. Und die Aussichten auf einen ordentlichen Job sind hier gleichfalls gering.

Es ist höchste Zeit zu drehen, denn die Sonne geht bald unter. Stenzinla und fünf ihrer Teamkolleginnen haben ihre Eishockey-rüstungen angezogen. Sie steigen den Berg hinauf und posieren in voller Montur im Sand – und vor dem blauen Himalajahimmel. Das erste Fraueneishockeyteam von Indien, und Stenzinla Dorca als die tibetische Kapitänin. Es ist tatsächlich eine bizarre Geschichte, dass es in Ladakh jetzt ein Frauenturnier gibt mit einem Wanderpokal. Leider haben sie nur Eis für etwa fünf Wochen im Jahr. Dieses Eis wird nicht maschinell erzeugt, son-dern es ist Natureis, das sie selbst präparieren.

Stenzinla erscheint wie ein Wunderwesen, eine moderne Cin-derella. Sie erzählt, dass ihr Team nach Malaysia zu einem großen Turnier eingeladen worden sei. Sie seien gut vorbereitet gewe-sen, hätten den ganzen Winter trainiert. Aber dann regte sich Widerstand. »Wir wollen nicht, dass Frauen Eishockey spielen, hieß es, ihr dürft höchstens tanzen«, erzählt sie. Daraufhin pro-testierten die Mädchen und sangen ›We shall overcome‹. Von ihrer Leidenschaft für diesen Sport wollten sie sich nicht ab-bringen lassen. Sie würden weiter Eishockey spielen.

Es wird ein kurioser Part im Film. Ohne moralischen Zeige-finger führt er die von Männern erwünschte Rolle der Frauen in Ladakh vor Augen und vermittelt eine einfache Botschaft: Es gibt sehr wohl Frauen in der tibetischen Gesellschaft, die etwas Verrücktes wagen und sich nichts vorschreiben lassen.

Nomadenland

Tibet und Ladakh befinden sich in ständigem Wandel, die gesamte tibetische Kultur ist weltweit verstreut und verändert sich. Die »alten Dinge«, wie die klösterliche Kultur oder das Konzept der Gottkönige haben für viele zwar ihre Bedeutung nicht gänzlich verloren, werden heute aber eher als wichtige Traditionen aufgefasst, nicht mehr als Dogmen. Stenzinla ist ein gutes Beispiel dafür, und ich habe mir vorgenommen, nach noch mehr Geschichten dieser Art Ausschau zu halten.

Im Changthang wird das allerdings schwer werden. Dort ist die Besiedlung gering, sieht man mal von Ziegen und Schafen ab. Wir reisen den Indus hinauf in das eigentliche tibetische Kernland; in karge Regionen, ohne die man die Vorstellungswelt und die Mentalität der Tibeter nicht versteht.

Die riesige Hochebene des Changthang breitet sich weit von Zentraltibet nach Ladakh aus und ist Nomadenland. Es wird zunehmend herbstlich, und sehr schnell steigt der Weg in große Höhen. Auf dem Changthang kann der Mensch nur gemeinsam mit seinen Haustieren überleben. Bis nach Spiti bewegen wir uns jetzt lange nahe der tibetischen Grenze, übernachten in über 4000 Meter Höhe, genießen die Morgen- und Abendstimmungen. Jetzt sind wir wirklich in Tibet, wo die Täler höher liegen als in Europa die Gipfel der höchsten Berge.

Wir bleiben über Nacht an einem See auf 4400 Meter Höhe. In den Schweizer Alpen wäre das ein Gipfelsee auf Höhe des Matterhorns. Wir schlafen in einem Camp mit fest installierten Zelten, außer uns ist niemand da. Ganz geheuer ist mir nicht dabei. Die Höhe verändert die Wahrnehmung der Dinge. Ich bin fasziniert von der Einsamkeit und zugleich unsicher, ob ich die Stille nachts aushalten werde.

Inmitten dieser grandiosen Landschaft wird die Naturerfahrung zu einem intensiven Erlebnis, und man kann leicht nachvollziehen, dass sich hier eine ganz eigene Glaubens- und Vorstellungwelt entwickelt hat. Wenn man auf dieser Hochebene jahrein, jahraus die Jahreszeiten durchlebt, die kalten Winter, die Stürme, wenn man allein tagelang mit den Tieren unterwegs ist, prägt dies den Menschen. Man schaut auf Himmelszeichen, auf Färbungen und Wolkenformationen, die Phantasiewesen abzubilden scheinen, sieht in Wettererscheinungen und Schicksalsschlägen Geister und Dämonen am Werk. Die Nächte mit völlig ungewohnten Tierlauten und Windgeräuschen treiben mich aus dem Schlafsack, und der Himmel zeigt die Milchstraße mit millionenfachen Lichtpunkten. Sie hat eine Leuchtkraft, wie ich sie nur aus Tibet kenne.

Es wird einsam. Wir fahren ganze Tage, selten sehen wir einmal Nomaden mit Ziegen, Schafen oder Yaks. Häufig sitze ich einfach nur da und lasse die Umgebung auf mich wirken. Der Zug der weißen Wolken am Himmel, aber auch dunkle Sturmfronten und das unwirkliche Azurblau des tibetischen Hochlands. Gebetsfahnen überall, wie Perlenschnüre, und an jedem Pass sind es besonders viele Fähnchen mit Windpferden und Gebetsformeln. Aber auch jeder Steg, jede Brücke ist ausladend mit bunten Gebetsfahnen behängt, die Wanderer, Pilger oder Händler mitbringen. Sie werden angebracht, um sich zu bedanken. Eine kleine Pause, ein Ritual am Wegrand mit dem Wunsch, dass die Reise auch weiterhin gutgehe.

Da der tibetische Buddhismus so populär geworden ist, sieht man auch bei uns in den Alpen und in manchem Vorgarten immer mehr Gebetsfahnen in den Farben der fünf Elemente – Rot für das Feuer, Gelb für die Erde, Blau für die Leere, Grün für das Wasser und Weiß für die Luft. Es sind Gebete darauf gedruckt, die der Wind dann in alle Richtungen trägt. Empfänger sind dabei nicht etwas nur die Götter, sondern alle fühlenden Wesen, also Tiere, Menschen, Pflanzen und die beseelten Kräfte der Natur.

Oft sehen wir auch auf den Pässen einen Lhadse, einen Götterhaufen mit Steinen, den Reisende nach eigenem Gutdünken manchmal sehr kunstvoll aufeinandergeschichtet haben. Wenn die Tibeter über einen Pass gehen, dann rufen sie immer: ›Lha Gyal-Lo‹. Das heißt so viel wie: ›Die Götter werden siegen‹. Unser Fahrer, Manuel, Rüdiger und ich machen das genauso und haben unseren Spaß daran. An jedem Pass der Reise schmettern wir ›Lha Gyal Lo‹, und Manuel legt Steinchen auf die Manimauern, wie man es tun soll in Tibet.

Im Schatten und nachts ist es bitterkalt. Es gibt einige Camps am Weg mit festen Zelten. Die werden jetzt aber von ihren Betreibern verlassen. Im Winterhalbjahr kommt niemand mehr hierher. Wir sind auf der Suche nach Kaschmirziegen, den Lieferanten eines hochbegehrten Rohstoffs der Modeindustrie. Hier in Changthang stoßen wir auf diese Tiere. In der staubigen Nachmittagssonne eines windig-kalten Tages entdecken wir eine schöne Herde, denen man ihr wertvolles Unterkleid nicht sofort ansieht. Es sind kleine zutrauliche, aber durchaus auch angriffslustige schwarzbraune Tiere. Unser Dreh wird ziemlich lustig, weil Manuel sich ausnahmsweise verspricht und Ziegen mit Schafen verwechselt und obendrein die Kaschmirziegen Pashminaziegen nennt, obwohl man nicht die Wolle, sondern nur die Schals »Pashmina« nennt.

Hier oben auf der Hochebene weht ein ziemlich frischer Wind. Richtig kalt wird es dann im Winter, wenn der Wind kräftig zulegt und es bis zu minus dreißig Grad kalt werden kann. Dann entwickeln die Kaschmirziegen diese besondere, ganz feine Unterwolle. Im Frühjahr werden sie dann geschoren. Dabei trennt man die Unterwolle von der normalen Wolle. In Leh oder Kaschmir wird sie anschließend verkauft und zu den weltberühmten Pashminaschals verarbeitet. Tatsächlich sind die Tiere ein Schlüssel für den Reichtum dieser Region.

Wir setzen unsere Reise fort. Unser nächstes Ziel ist Spiti, das im Norden an Ladakh grenzt und etwa vier Tagesreisen von Leh entfernt ist. Ab und zu wird die Fahrt zur Strapaze, sie ist eine erbarmungslose Rüttelei. Manuel ist das letzte Mal im Helikopter mit dem Dalai Lama nach Spiti geflogen. Aber, so meint er ironisch, da nehme man ja gar nicht von den Schönheiten des

Landes wahr. Ich war 1996 anlässlich einer überwältigenden Kalachakra, eines großen Yogatantras des Dalai Lama dort gewesen – das ist lange her. Dabei fanden Belehrungen zu Ritualen und buddhistischer Philosophie statt. Damals waren Zehntausende Menschen hier, heute ist es einsam.

Spiti bedeutet übersetzt so viel wie »Mittelland«, also das Land zwischen Indien und Tibet. Das ist es auch heute noch. Nur nach Tibet kann man von hier aus nicht mehr reisen. Die Grenze ist seit gut fünfzig Jahren geschlossen. Wenn man über die Landschaft blickt, kann man sich gut vorstellen, dass dieses Tal, diese fruchtbare Hochebene früher einmal ein eigenes Königreich war, so wie alle Täler im Umkreis einst Königreiche waren im feudalen Tibet: im Osten Kinnaur, im Westen Lahaul, dann Zanskar und Ladakh, und im Norden das Königreich Guge, welches heute auf chinesischem Territorium liegt. Diese Region war ein Zentrum des tibetischen Buddhismus im Westhimalaja.

Wir beobachten eine Putchen-Gruppe in Spiti, die im Pin-Tal von Dorf zu Dorf zieht. Es sind nur drei Schauspieler, die ständig die Kostüme wechseln und die Leute zum Lachen bringen. Die Stücke dauern Stunden, doch auf diese Weise werden die alten Mythen, Geschichten und religiösen Überlieferungen in die entlegenen Dörfer gebracht. Die Vorführungen sind meist lustig und unterhaltsam, schließlich haben die Menschen in den kalten und dunklen Wintermonaten ein wenig Aufmunterung und Abwechslung nötig. Oft sind es Hochzeitskomödien, in denen ein Mann sich eine Frau wünscht und sie nicht bekommt. Oder es geht um den übermäßigen Genuss von Gerstenbier, um Diebstahl, um schlechte Dinge und um gute Taten. Häufig wird natürlich der Edle von den Göttern belohnt.

Solange die Schauspieler im Dorf bleiben, verköstigt man sie, und oft bekommen sie auch Naturalien als Gage. Die Dorfbewohner sehen durchaus auch fern oder surfen im Internet. Aber eine durchreisende Schauspielertruppe ist natürlich was anderes und bringt auch Neuigkeiten aus den Nachbartälern mit.

TEIL III

Aufstieg in den Karakorum

Es war eine kurze Nacht mit Fida und den Erzählungen von der »Windpferdreise«. Am nächsten Morgen dann brechen wir mit unserem Expeditionsteam in Machaloo auf, um die vier Achttausender des Karakorum-Gebirges zu sehen. Dazu gehört auch etwas Glück, denn häufig sind die Berge von Wolken verhangen.

Für vier Personen benötigen wir zehn Träger, die Zelte, Verpflegung und Küchenausrüstung tragen. Zehn Dollar verdienen die Männer am Tag. Ein guter Lohn in einer Gegend ohne Bergtourismus. Sonst müssen sie nach Skardu oder Hunza, um einen Job als Träger zu bekommen.

Der Karakorum ist weitgehend unbekannt. Viele Gipfel über sechstausend Meter haben keinen Namen oder wurden nie bestiegen. Allein die Anreise zum Fuß der Berge ist vielen zu beschwerlich. Nur wenige Bergsteiger und Abenteurer reizt es, diese Strapazen auf sich zu nehmen. Alpine Infrastruktur gibt es nur an den »gefragten Gipfeln«, also dem K2, am Gasherbrum, Broad Peak oder Rakaposhi.

Es geht von Machaloo steil nach oben. Tagsüber ist es sehr heiß. Das kann sich aber schnell ändern, wenn Wolken aufziehen und vor allem wenn es windig wird. Die Träger starten schwer beladen mit zwei Stunden Rückstand, haben uns aber bis Camp 1 locker überholt und bei unserer Ankunft schon die Zelte aufgebaut.

Wir sind eine gemütliche Expedition und steigen in drei Etappen von 2300 auf 4700 Meter. Fida will das so. Nach der langen Anreise seien 800 Höhenmeter pro Tag genug für uns. Es geht jäh nach oben, jeder Fehltritt kann schwerwiegende Folgen haben. Auch Übernachtungen ab 4000 Meter Höhe verträgt nicht jeder. Aber Fida kümmert sich um uns und achtet auf Anzeichen von Höhenkrankheit. Wenn ich schlapp zu machen drohe, ist er immer in der Nähe, mahnt mich, ruhig zu atmen und nur so schnell zu gehen, dass ich nicht aus der Puste komme. Diese entspannte, sanfte Art ist schon etwas Besonderes. Fida meint, die Menschen seien hier so friedlich und freundlich, weil sie am Rande Pakistans in ihrer ganz eigenen Welt lebten.

»Die wenigsten Menschen kennen diese Gegend hier«, sagt er, »aber wenn wir in die großen Städte Pakistans reisen, werden wir gern aufgenommen und haben einen guten Ruf als Arbeitskräfte. Wir gelten als anständig und äußerst diszipliniert. Wer etwas Böses tut, fällt auf, denn jeder kennt hier jeden. Deswegen traut sich bei uns in den Bergen auch niemand, etwas Böses zu tun!«

Geografisch gehört Baltistan eigentlich zu Ladakh und Kaschmir. Es gibt einen tibetischen Anteil an der Bevölkerung, und ihre Sprache ist mit der tibetischen verwandt. Es sind oft einfach nur diese völlig unsinnigen Grenzziehungen, also letztendlich postkoloniale Erblasten, die Entwicklung und Fortschritt hemmen. Eine zusammenhängende, ungeteilte Region Kaschmir, Ladakh, Baltistan mit offenen Grenzen und Pässen wäre kulturell und geografisch eine der tollsten Hochgebirgsregionen der Erde mit großen Entwicklungsmöglichkeiten. Aber davon sind wir weit entfernt. Es gibt zwar sanfte Annäherungen des pakistanischen Präsidenten Sharif an Indien, doch es steht zu vermuten, dass besonders die Militärs beider Länder starkes Interesse daran haben, die jahrzehntelangen Grenzkonflikte am Gären zu halten.

Die ganze Zeit sind wir auf unserem Trek allein und sehen keinen einzigen Bergsteiger. Lediglich zwei Ziegenhirten kreuzen unseren Weg. Dabei werden von Camp zu Camp immer mehr Berge und ein gigantisches Panorama sichtbar.

Gesänge

Wir sind auf über 4000 Meter Höhe, und die Träger stimmen in der Abendsonne einen beschwörenden Gesang an. Die letzten Tage waren anstrengend, und die Männer bereiten sich nun ihre eigenen, sehr gehaltvollen Speisen zu. Wir sind im Hochgebirge und weit weg von jeder Zivilisation. Die Männer singen in Balti, einem lokalen Dialekt, und wir verstehen natürlich kein Wort, spüren aber, dass ihnen ihr Gesang viel bedeutet. Das Lied wirkt demütig, wie eine Huldigung an die Natur. Alle sind eng zusammengerückt. Es wird kalt, und man scheint die Nähe der anderen zu suchen.

Fida erklärt mir die Bedeutung des Gesangs, denn Balti versteht selbst Tayyab nicht. »Was die Männer singen, ist eigentlich ein heiliges Gedicht, eine Art Gebet an die Geister und Dämonen dieser wunderbaren Gegend. Es soll das Land, die Tiere und uns beschützen. Sie machen das auch für euch Gäste, das ist ein alter Brauch.«

Die Männer essen Joghurt mit Bergkräutern und dazu mit Käse und Öl geschmolzene frische Butter. So was verträgt man nur als Träger großer Lasten mit hohem Kalorienverbrauch. In den Tagen des Aufstiegs hat sich Vertrauen zu diesen warmherzigen Menschen entwickelt. Über ihre Sitten und Traditionen können wir uns aber leider nur mit Fida unterhalten. »Unsere Bärte und Kopfbedeckungen haben mit al-Qaida und den Taliban nichts zu tun«, stellt er klar. »Diese Sitten sind viel, viel älter als diese terroristischen Gruppen.« Aber er weiß natürlich auch, dass die Vorurteile im Westen gegen Bärte und muslimische Kopfbedeckungen nach dem 11. September mehr geworden sind, und so wirkt er eher beschwörend.

»Wir fühlen uns eher den asketischen Sufis verbunden und pflegen die Traditionen unserer Väter. Es ist eine Sunna des Propheten, ein Brauch, seinen Kopf zu bedecken. Davor muss sich niemand fürchten, und hoffentlich wird es auch nirgendwo falsch verstanden.«

Wie Fida das ausdrückt, klingt es sehr schön; allerdings hat sich in den letzten fünfundzwanzig Jahren viel verändert. In den Achtzigern war Pakistan eindeutig amerikaorientiert. Wer konnte, schickte seine Kinder auf amerikanische Schulen, sogar die Mullahs taten dies. Die Armee kopierte amerikanische Uniformen und Umgangsformen, die Intelligenz orientierte sich an Frankreich, die Hochschulen an deutscher Kultur und Technik. Das ist heute anders.

Das Sein bestimmt das Bewusstsein. Wer jahrelang in Saudi-Arabien arbeitet, fünfmal am Tag betet und von der sunnitischen Religionspolizei überwacht wird, führt diese Sitten auch in seiner Familie ein – und ist als Ernährer Vorbild einer ganzen Sippe. Die Autos kommen heute aus Japan, die Technik und die Ingenieure aus China, die Weltanschauung aus Katar und den Emiraten. Das Konzept der Sufis, die Orientierung an mystischen Heiligen, die Kultur der Schreine mit den früher so typischen Derwischfesten und der einzigartigen Kultur der Khusras, der einst so offen geduldeten Gemeinschaft der Transsexuellen, all dies ist Vergangenheit. Die Talibanisierung des Alltags hat Schluss gemacht mit diesen Ikonen pakistanischer Lebensart.

Jahrelang hatte ich Filme zu diesen Themen gedreht und die liberalen Seiten des Islam hervorgehoben. Heute werden Transsexuelle jedoch verfolgt und die Kultur der Schreine mit Bombenattacken bedroht. Der orthodoxe Islam ist auf dem Vormarsch, und China hat Amerika als wirtschaftliches Vorbild abgelöst. Großbritannien und Kanada haben die größte pakistanische Exilpopulation, und Deutschland ist berühmt für seine Schengen-Visa und die verlockenden Asylmöglichkeiten. Baltistan ist nichtsdestotrotz schön.

Zeigen sich die Giganten?

Plötzlich ist es so weit: Knapp über 4700 Meter ist die gesamte Bergkette des Karakorum mit allen vier Achttausendern sichtbar. Hier herrscht auch im Sommer Nachtfrost, und hinter jedem Felsvorsprung kann sich ein Schneefeld verstecken, auf dem man abrutscht. Man kann auch tagelang hier hochsteigen und dann vierzehn Tage nur Wolken sehen. Aber wir haben Glück, das Wetter ist gut.

Fida war auch lange nicht mehr hier oben. Dabei ist die Welt der ganz hohen Berge für ihn viel mehr als nur eine Landschaft. Sie ist seine Heimat und seine Identität. Er erklärt uns, was diese riesigen Berge für ihn und die Menschen hier bedeuten. »Sie bringen uns Glück«, meint er strahlend und verweist auf die Einkommensquelle durch den Tourismus. Er kennt noch die Zeiten, wo viele an Bergsteigern aus Europa oder Amerika verdient haben – als Träger, Fahrer, Bergführer oder als Köche. Baltistan ist nun mal sehr abgelegen, und es gibt keine Fabriken oder sonstigen Jobs.

Aber die Berge sind mehr als nur ein Arbeitsbeschaffer. Sie sind Teil der Identität der Menschen. »Wenn jemand fragt, woher ich komme, dann antworte ich: ›Da, wo der K2 ist‹, und jeder weiß Bescheid.«

Vom Bergtourismus profitieren jedoch nicht nur die Menschen, die unmittelbar an den Expeditionen beteiligt sind, sondern ebenfalls jene Berufe, die mit Bauen und Instandhaltung zu tun haben, mit Straßenbau und Luftverkehr. Auch das Kunsthandwerk und die lokale Kultur, Musik, Tanz, Folklore werden davon positiv beeinflusst. Man knüpft Kontakte, bekommt neue Anregungen, lernt ein anderes Denken kennen. Allerdings ist kaum eine Branche sensibler als der Tourismus. Unglücke, Katastrophen, Kriege oder Imageprobleme können das Geschäft von heute auf morgen einbrechen lassen.

Auch viele Regionen in Europa haben sich ausschließlich über den Bergtourismus entwickelt – und das rasant: Die Schweiz, Österreich, Bayern, Norditalien, die Seealpen waren, bevor die Urlauber kamen, bettelarm. Die Menschen dort mussten früher in die Welt ziehen, um Arbeit zu finden.

Ähnlich ergeht es den Menschen in Baltistan, die gezwungen sind, in die Städte oder gar ins Ausland zu ziehen. Es sei denn, es geschieht ein Wunder und es kommen so viele Besucher zu ihnen, dass Handel und Gewerbe florieren. Auch wenn wir in Europa das Entstehen neuer Skigebiete, Gondelbahnen und Straßen in den Alpen mittlerweile aus ökologischen Gründen kritisch betrachten, wären ähnliche Entwicklungen in den Bergregionen Pakistans wahrlich ein Geschenk für die Menschen.

Landschaftsschutz, Artenvielfalt und Ähnliches hängen entscheidend mit dem Wohlstand und den zur Verfügung stehenden Mitteln zusammen. Der Mensch lernt augenscheinlich nur aus Fehlern. Nordpakistan hat da schon einiges hinter sich, doch bieten die Schönheit und die Vielfalt der Natur immer noch immense Möglichkeiten.

Die schönste Moschee der Welt

Fida war schon früher religiöser als die anderen Pakistani, die ich kenne. Wenn die Küchenarbeit fertig war, hat er in Sehwan bei den Derwischen sein Gebet verrichtet. Bei einer kurzen Rast oder im Zug versuchte er immer die Gebetszeiten einzuhalten oder zumindest die Gebete nachzuholen. Als wir nun den höchsten Punkt unserer Route mit Blick auf das Panorama des Karakorum erreichen, ist es wieder so weit.

Fida hat sich in Richtung der Kaaba nach Mekka orientiert und verrichtet wie gewohnt sein Mittagsgebet. Für die Zwiesprache mit seinem Gott hat er sich einen der schönsten Orte Baltistans ausgesucht, eine natürliche Moschee auf etwas mehr als 4700 Meter Höhe, vor einer der imposantesten Gebirgsketten der Erde.

Der Koran schreibt nicht vor, wo der Gläubige sein Gebet zu verrichten hat. Aber die Gebetsrichtung nach Mekka muss stimmen und natürlich die Geisteshaltung: Der Gläubige soll frei von Heuchelei seine Andacht verrichten.

Der lange Weg hat sich gelohnt. Wir haben den Karakorum vor uns, wie man ihn selten sieht. Die meisten Menschen vermuten die höchsten Berge der Erde im Himalaja. Aber neben den fünf Achttausendern liegen hier auch noch dreiundsechzig weitere Gipfel über 7000 Metern. In Wahrheit ist der Karakorum das höchste Gebirge der Welt; erdgeschichtlich ist die Gebirgsformation indes noch ein vergleichsweise junges Faltengebirge.

Der Chogori, auch K2 genannt und zweithöchster Berg der Welt, ist zu sehen. Der Gasherbrum II und der Broad Peak aus einem seltenem Blickwinkel. Ich bin einfach nur glücklich und dankbar, den weiten Weg nicht umsonst gekommen zu sein. Wir empfinden keine Euphorie, eher Demut. K2, Broad Peak, Gasherbrum I und II liegen teils in Pakistan, teils in China. Sie können von beiden Ländern aus bestiegen werden. Wir blicken direkt ins Reich der Mitte. Ob wir es auch dahin schaffen?

Wir klettern wieder den steilen Weg hinab ins Camp auf 4000 Meter Höhe. Bergab durch Schnee und Geröll ist es für mich schwieriger als bergauf. Wieder haben wir extremes Wetterglück. Ich hätte mich auch nicht beschweren dürfen, wenn wir hier einige Tage hätten warten müssen. Fida ist ausgeglichen und beschwingt. Er spürt mein Wohlbefinden und weiß: Seine Berge haben sich von ihrer schönsten Seite gezeigt. Auch Tayyab tut die Expedition gut. Tag für Tag geht es ihm besser, auch wenn er noch nicht ganz wieder der Alte ist.

Wir haben eine holprige zweitägige Rückfahrt vor uns, bis wir wieder den Karakorum Highway erreichen und nach Hunza kommen. Ich erkläre mich freiwillig bereit, hinten auf dem Gepäck im Pick-up zu sitzen. Da habe ich meine Ruhe und kann den Indus genießen. Den Kopf habe ich als Schutz vor Sonne und Staub mit einem Tuch bedeckt – jetzt sehe ich auch aus wie ein Taliban.

Auf der Fahrt denke ich viel an Fida: Er hat mir sehr geholfen und dabei nicht ans Geld gedacht, sondern nur die tatsächlich anfallenden Kosten berechnet. Seine kleineren Kinder habe ich gesehen, seine Frau zeigt auch er mir nicht. Wir sind eben noch in Baltistan. Als er hört, dass ich ein Buch schreibe, schickt er mir 2014 noch eine Nachricht: In Japan habe man ihn jetzt eingebürgert, und er heiße nun Taro. In Wahrheit würde er aber lieber in Baltistan bei seiner Familie sein und sein Geld mit den Bergen verdienen.

Christliche Getränke und schreckliche Rache

Ich bin gründlich eingestaubt und durchgerüttelt von dem Ritt auf der Ladefläche des Pick-up. Die Landschaft wird wieder grüner. Wir fahren an Pappeln und Aprikosenbäumen vorbei und kommen dann endlich zum Wahrzeichen der Region, dem Fort von Hunza. Bis ins letzte Jahrhundert hinein lebte hier der Mir von Hunza, der Fürst des kleinen Volkes der Hunzakuc. Das Hunza-Tal war ein Nadelöhr nach China und somit ein guter Ort, um Zölle einzutreiben oder Reisende auszurauben.

Um Hunza ranken sich viele Legenden. Beispielsweise gibt es das Gerücht, hier würden die ältesten und gesündesten Menschen der Welt leben. Doch das ist nicht bewiesen. In Hunza werden mehrere völlig verschiedene Sprachen wie Burushaski oder Whaki gesprochen. Hunza liegt außerdem im Herrschaftsbereich des Aga Khans. Die Bewohner sind Ismailiten, also Angehörige einer liberalen schiitischen Glaubensrichtung, was auch die Kultur und die Umgangsformen der Hunzakuc prägt.

In den Achtzigerjahren war die Gegend ein beliebtes Reiseziel. Seit dem Beginn des Krieges in Afghanistan verirrt sich allerdings kaum noch jemand hierher.

Wir sehen Frauen und Mädchen in der Öffentlichkeit. In Chilas und Baltistan hatten wir über Wochen keine einheimische Frau zu Gesicht bekommen. Außerdem haben wir ein schönes Hotel mit wunderbaren Terrassen und Sechstausendern direkt vor der Nase. Ein herrliches Gefühl, wenn man nach einem Trek und langer Rüttelfahrt verstaubt in ein gutes Hotel kommt und sich wieder die Weihen der Zivilisation angedeihen lässt. Am Abend sitzen wir draußen auf der Veranda, genießen das letzte Licht auf den Bergen und essen beste pakistanische Gerichte. Außerdem weist mich Tayyab darauf hin, dass es »christian water« gäbe. Ein Feiertag: Nach achtzehn Tagen Pakistan gönne ich mir nun ein echtes, kaltes Murree-Dosenbier aus der gleichnamigen von den Briten 1860 gegründeten Brauerei. Nur Christen dürfen das in Pakistan offiziell erwerben.

Am nächsten Morgen lassen wir es langsam angehen. Wir wollen uns das Fort ansehen und einige Bekannte besuchen. Es herrscht eine seltsame Stimmung. Die Leute reden miteinander, und besonders die Shop-Besitzer wirken unruhig, palavern oder telefonieren. Tayyab nimmt mich beiseite und berichtet von Gerüchten in den Frühnachrichten. Es seien Leute erschossen worden am Nanga Parbat. Noch wissen wir nicht, ob in Fairy Meadows oder an der Diamir-Seite. Erst heißt es, betrunkene Russen hätten randaliert, aber langsam sickert die Wahrheit durch.

Einen Tag später entnehme ich einem Artikel auf tagesschau. de die Einzelheiten. »Einen Tag nach den tödlichen Schüssen auf elf Bergsteiger am Basislager des Nanga Parbat in Pakistan hat die Polizei zwanzig Verdächtige festgenommen. ›Die Fahndung nach den Angreifern ist in vollem Gange‹, versichert der Sprecher des Innenministeriums, Umer Hameed Khan, in Islamabad. ›Wir erwarten noch weitere Festnahmen.‹«

Immer wieder ändern sich die Angaben aus den unterschiedlichen Medien über die Herkunft der Todesopfer. Es soll sich um drei Ukrainer, zwei Chinesen, einen Amerikaner chinesischer Herkunft, zwei Slowaken, einen Litauer und einen Nepalesen handeln. Auch ein pakistanischer Helfer sei getötet worden. Die pakistanischen Taliban (TTP) bekennen sich zu der Tat. Sie sprechen von einer Racheaktion für die Tötung ihres Vizechefs Wali ur Rehman, der Ende Mai bei einem US-Drohnenangriff im pakistanischen Grenzgebiet zu Afghanistan getötet worden war. Zuvor hatte bereits die sunnitisch-extremistische Gruppe Jundullah im Netz die Verantwortung für den Überfall übernommen.

Der Schock sitzt tief. Vor einer Woche waren wir noch dort. Bisher hatte es noch nie Anschläge auf Touristen oder Expeditionen in Pakistan gegeben. Auch gezielter Terror gegen Ausländer war tabu. In den Zeltlagern und Camps war es immer friedlich zugegangen, und jeder hatte sich sicher gefühlt. Nun werden

Touristen von der Armee ausgeflogen und die Nanga-Parbat-Region gesperrt. Jedem Teppichhändler, Tour-Operator, Expeditionsausrüster oder Hotelier von Chilas bis Skardu und Karimabad ist klar, dass damit die Saison beendet ist, bevor sie angefangen hat. Wenn zwanzig schwerbewaffnete Taliban den ganzen Karakorum Highway hochfahren können, Bergführer kidnappen und auf fast fünftausend Metern ein Camp mit schlafenden Bergsteigern in Stücke schießen, ist auch das letzte Vertrauen in die pakistanische Obrigkeit dahin.

Ich frage Tayyab und Rüdiger, ob wir unsere Reise abbrechen und nach Hause fliegen sollen, aber beide wissen, dass dies mein Ruin wäre. Trotzdem überlege ich, ob ich das vor meinen Kindern und meiner Frau noch verantworten kann. Wir haben uns an viele schlimme Nachrichten gewöhnt, weil sie in der Zeitung stehen oder via Fernsehen oder Internet verbreitet werden. Wenn man aber so nahe dran ist, verändert sich die Betroffenheit. Wir haben selbst gerade eine Woche in den hohen Bergen am Nanga Parbat und oberhalb von Machaloo in Zelten geschlafen, und die Vorstellung, einfach wehrlos im Schlafsack erschossen zu werden, erfüllt uns mit Grauen.

Aufgeben oder weitermachen?

Den Schock werde ich lange nicht los. Ein Jahr später steht in dem offiziellen Bericht einer pakistanischen Untersuchungskommission, dass zwei hochrangige Talibankämpfer aus Afghanistan in Burkas, also in Frauenkleidern, nach Chilas gekommen seien und dort eine Gruppe von Sektierern rekrutiert hätten. Das Ganze soll sich so abgespielt haben: Die Taliban legten die Burkas ab und stiegen zusammen mit den Pakistanis in den Uniformen einer paramilitärischen Einheit auf den Berg. Ihr Ziel sei die Entführung eines Mannes chinesisch-amerikanischer Abstammung gewesen. Der habe sich aber gewehrt, worauf die Angreifer kurzerhand die gesamte Bergsteigergemeinschaft, Mitglieder dreier Expeditionen, exekutiert hätten. Nach der grauenvollen Tat haben die Männer dann in den umliegenden Dörfern Unterschlupf gefunden. Vieles in diesem Bericht wirkt widersprüchlich und lückenhaft; außerdem erklärt er den Terror nicht.

Die Stimmung in Karimabad ist niederschmetternd. Der Anschlag trifft die ganze Region schwer, moralisch und finanziell. Tayyab hat sich beruflich längst umorientiert und setzt mittlerweile auf Teambuilding-Reisen, die Firmen in Pakistan bei ihm buchen. Auf die Einnahmen aus Trekking- und Bergsteigerexpeditionen kann er sich nicht mehr verlassen. Wir sitzen bei Didar Ali, einem Teppichhändler und alten Bekannten: Er ist ein kluger Mann und erzählt uns, dass er sich den großen Interessengruppen hilflos ausgeliefert fühlt. Er sei von der schrecklichen Tragödie tief berührt; persönliche Schuld treffe ihn zwar keine, aber das sei natürlich nur ein schwacher Trost. Er werde weitermachen wie bisher. Was bleibt einem wie ihm auch schon anderes übrig?

Ich greife zum Handy, das hier in Pakistan bestens funktioniert, weil man es möglichst störungsfrei abhören möchte, und leiste mir ein längeres Telefonat mit meiner Frau und den Kindern. Danach steht für mich fest, dass ich weitermache. Aufgeben kommt nicht infrage.

Ich hatte mich auf Hunza sehr gefreut und geplant, hier einige Geschichten zu drehen. Denn das Leben der Ismailiten ist eine so andersartige Welt voller ungelöster Rätsel. Wie kommt es zum Beispiel, dass manche Menschen hier blaue Augen haben? Die einen halten sie für Überbleibsel der Völkerwanderung, die anderen für Nachfahren der Alexanderheere.

Oder die Sprache, die dort gesprochen wird: Niemand weiß so recht, wie das Burushaski in den Karakorum gekommen ist. Es ist tatsächlich eine ungewöhnliche Sprache, da sie mit keinem lebenden Idiom verwandt ist; Burushaski besitzt lediglich typologische Ähnlichkeiten mit anderen isolierten Sprachen, etwa dem Baskischen. Und das Zahlensystem wiederum baut auf der Zwanzig auf, was es sonst auch nur im Baskischen gibt. Die benachbarten Sprachen Wakhi und Shina sind dardischen bzw. persischen Ursprungs und ohne jede Beziehung zum Burushaski.

Auch die Ismailiten und ihr Oberhaupt umgibt eine geheimnisvolle Aura: Der Aga Khan gilt als einer der reichsten Männer der Welt, und seine deutsche Exfrau, die »Begum«, eine frühere Stewardess, kennt man aus der *Gala* im Wartezimmer beim Zahnarzt. Der Aga Khan wird als direkter Nachfahre des Propheten angesehen, und seine zwanzig Millionen Anhänger verteilen sich auf fünfundzwanzig Länder und sind eine Minderheit unter den anderthalb Milliarden Muslimen auf der Welt.

Wie alle wichtigen Leute hatte auch der Prophet Mohammed Probleme mit der Nachfolge, und so starb er, ohne eine Regelung getroffen zu haben. Die meisten Muslime – die Sunniten – berufen sich auf den Kalifen Abu Bakr. Die bei Weitem weniger zahlreichen Schiiten jedoch wählten den charismatischen Schwiegersohn und Vetter Mohammeds Ali ibn Abi Talib zu ihrem Führer. Der Begriff Schiit kommt von »schi'at Ali« und heißt so viel wie die »Partei Alis«.

Die Ismailiten wiederum sind eine Abspaltung der Schiiten, wobei es widersprüchliche Darstellungen gibt, wie es dazu kam und welche Rolle der Imam Ismail dabei spielte. Die Geschichte ist äußerst spannend: Angeblich sollen die Assassinen, eine mittelalterliche Auftragsmörderagentur, ihre Hände im Spiel gehabt haben; andererseits scheint die Neigung der Ismailiten zu Geheimlehren zu dem Schisma geführt zu haben.

Anhänger des Aga Khans müssen den Zehnten ihres Einkommens an ihren Imam abgeben. Dem Großvater des jetzigen Aga Khans wiederum war es gelungen, durch geschickte Geldanlage unglaubliche Reichtümer anzuhäufen. Davon profitiert auch das Land: Besonders in den Bergregionen Süd- und Zentralasiens wurden außergewöhnliche Projekte in Sachen Naturschutz verwirklicht, neue Schulen oder andere Bildungseinrichtungen ins Leben gerufen, alte Bausubstanzen bewahrt. Wenn irgendwo in der Region etwas Sinnvolles geschieht, ist zumeist der Aga Khan mit seiner Stiftung beteiligt. Auch an einem jüngst auf die Beine gestellten Projekt mit einheimischen Frauen, von dem uns Didar Ali erzählt und das uns unweigerlich neugierig macht.

Frauenhelden

Vor allem Aga Khan III. hat sich bei allen Verdiensten den Ruf eines extravaganten Lebemanns erworben; er war viermal verheiratet und galt als Playboy. Einer seiner Söhne, Prinz Ali Khan wiederum, war in zweiter Ehe mit der amerikanischen Schauspielerin Rita Hayworth verheiratet, die damit die Stiefmutter des 49. Imams der Ismailiten, Prinz Karim Aga Khan IV., war. Auch dieser ist dem weiblichen Geschlecht zugetan und fördert Frauen, wo er nur kann.

In Hunza arbeiten Frauen sogar in Handwerksbetrieben, was in Pakistan sehr ungewöhnlich ist. Dieser Betrieb hier stellt Möbel her und wird von der Aga-Khan-Stiftung unterstützt. Die Frauen, die wir treffen, sind Schreinerinnen oder erlernen gerade diesen Beruf. Sie bekommen einen geregelten Lohn ausgezahlt und tragen so zum Lebensunterhalt ihrer Familien bei.

Während man in vielen Bergregionen Pakistans Frauen nicht einmal zu Gesicht bekommt, gehen sie im Rest des Landes sehr wohl einer Arbeit nach. Meist sind sie in sozialen Berufen tätig – als Lehrerinnen etwa – oder aber im Kunstgewerbe als Teppichweberinnen. Schreiner hingegen sind in Pakistan in der Regel Männer. Wir werden als Freunde Didar Alis im Sekretariat freundlich empfangen. Die Arbeiterinnen selbst kümmern sich nicht weiter um uns.

Eine der Frauen mit einer strengen Brille hat hier augenscheinlich das Sagen. Sie heißt Amina und bildet aus. Selbstbewusst und ohne Hemmungen unterhält sie sich mit uns auf Urdu. Augenscheinlich ist es nicht das erste Mal, dass sie mit Fremden zusammen ist. »Wir sind Ismailiten, und der Aga Khan, unser Imam, gibt uns Frauen gerade alle Freiheiten«, verkündet sie mit großer Überzeugung. Amina weiß sehr wohl, dass es bei anderen muslimischen Glaubensrichtungen nicht so tolerant zugeht. Ein wenig wirkt sie, als würde sie einen Trupp Botschaftsgattinnen zum Nachmittagstee empfangen und das Projekt vorstellen. »Dass Frauen einen eigenen Beruf haben, wird bei uns gefördert. Wir können Schreinerinnen, LKW-Fahrerinnen oder Pilotinnen werden, als Bäuerinnen in der Landwirtschaft arbeiten oder in die Armee gehen. Ismailitinnen dürfen alles, solange es irgendwie machbar ist.«

Der zunehmende Einfluss der Taliban schränkt die Möglichkeiten von Frauen in Pakistan zunehmend ein. In Hunza jedoch scheint die Welt noch in Ordnung zu sein. Das Reich des Aga Khans wurde immer gern als Insel der Seligen für islamische Frauen bezeichnet. Und da ist in der Tat etwas dran. Eines darf man dabei jedoch nicht vergessen: Wenn Frauen in Männerberufen arbeiten, bedeutet dies aber auch für die Ehemänner eine Veränderung. Viele Prozesse werden so im Kleinen ausgelöst, die weitaus schwieriger zu bewältigen sind, als Löcher zu fräsen und Kanthölzer zu bearbeiten.

Andere Frauen wagen es nach einer Weile ebenfalls, mit mir zu sprechen. Gulshan zum Beispiel war am Anfang noch scheu; wenn ich etwas von ihr wissen wollte, rannte sie weg und versteckte sich. Beim dritten Mal klappte es dann.

»Hier in Hunza«, erzählt sie, »werden die Frauen, die studiert haben, meist Lehrerinnen. Wer einen einfachen Schulabschluss hat, kann nur mit Handarbeiten, mit Stickereien oder Teppichknüpfen, etwas Geld verdienen. Deshalb ist dieses Projekt so einmalig, weil wir hier erstmals einen richtigen Beruf erlernen können. Das spricht sich auch in den Dörfern herum, sodass immer mehr Interessierte zu uns kommen. Wir Frauen möchten nämlich nicht immer nur zurückstehen!«, meint Gulshan am Ende entschieden.

Dann ist der Bann gebrochen, und die anderen Frauen treten auf mich zu. Sie tragen farbenprächtige Kleider und Kopfbedeckungen und haben interessante Gesichtszüge. Nirgendwo auf der Welt würde man sie für Pakistani halten. Das Völkergemisch in Hunza ist sichtlich anders als im Rest des Landes.

Eine Frau im lila Sari und mit einem weißen Schal will offensichtlich etwas loswerden: »Mein Mann arbeitet hart, verdient aber nicht viel. Mit dem Geld, das ich beisteuere, kommen wir zum Glück über die Runden. Mir gefällt die Arbeit, und Anerkennung in der Familie kriege ich so auch!«

Eine Freundin von Gulshan traut sich nun ebenfalls, doch sie spricht so leise, dass der Dolmetscher ganz genau hinhören muss: »Mein Vater ist Fahrer von Beruf, und ich verdiene dazu. Das Geld ist für die Ausbildung meiner Geschwister. Wir Frauen hier haben einen guten Ruf als gewissenhafte Schreinerinnen. Wir sind besser als die anderen Firmen in der Stadt!« Insgesamt sammeln wir schöne Gesichter und sprechen offen mit Frauen, was zu den schwersten journalistischen Aufgaben in den Bergen Pakistans gehört. Eine unerwartet unkomplizierte Begegnung in einem islamischen Land.

Die Möbel werden an Schulen und Kindergärten geliefert, und es spricht sich besonders bei Botschaften und Hilfsprojekten herum, wer sie gefertigt hat! Wenn man sich die Mühe macht und sich die Projekte der Aga-Khan-Stiftung in Zentral- und Südasien anschaut, kann man nur staunen und sich freuen. Vielleicht sollte man dem Aga Khan die ganzen Entwicklungshilfebudgets übertragen. Was dort geschieht, ergibt immer Sinn und wird von der Bevölkerung akzeptiert. Gesundheitswesen, Bildung, Erziehung, Architektur und Ökologie sind die großen Themen der weltweit operierenden Stiftung. In Karimabad gibt es auch eine Universität, die vom Aga Khan unterhalten wird, sowie weitere interessante Projekte. Dabei bleibt der Aga Khan immer dezent im Hintergrund. Er vermeidet politische Schlagzeilen, die seiner Stiftung schaden könnten.

Ein Highway wird zum Gebirgssee

Weiter geht die Reise nach Nordosten in Richtung der chinesischen Grenze. Der Karakorum Highway wird zur Sandpiste. Pakistan ist ein großes Land, China ein Riesenreich, und wir reisen auf dem einzigen Verbindungsweg.

2010 kam es hier zu einem verheerenden Erdrutsch, der ganze Dörfer und auch die Straße verschüttete. Die Geröllmengen bildeten einen Damm und stauten den Hunza-Fluss auf einer Länge von sechsunddreißig Kilometern auf. Aus dem Karakorum Highway wurde der Attabad-See, der viele Dörfer überflutete und Existenzen vernichtete.

Seitdem muss hier jeder seine Fracht auf Boote umladen: Ein eigenständiges Fährgewerbe ist entstanden. In Passu, am anderen Ende des Sees, werden die Güter dann wieder auf andere Laster umgeladen. Die Männer, die hier auf 2000 Meter Höhe als Fährleute arbeiten, waren vor dem Erdrutsch noch Bauern in den Dörfern, die der See verschluckt hat.

Iftakar, unser Fährmann – er sieht aus wie ein Europäer –, erzählt uns seine Geschichte. Er hat Sommersprossen, helle Haare, einen dicken Bauch und gutmütige blaue Augen. Wir unterhalten uns am Anleger. Ganz wohl ist mir nicht. Gleich hinter uns wird ein Laster mit Sprengstoff verladen. »Der Erdrutsch hat den Karakorum Highway an dieser Stelle blockiert und unsere Häuser verschüttet. Dann staute sich das Gletscherwasser und hat so diesen See geschaffen.«

Fünfhundert Häuser seien kaputt gegangen, von der Regierung hätten die Eigentümer für jedes zerstörte Haus 600000 Rupien, also knapp 5000 Euro Entschädigung erhalten. Für viele in dieser Gegend ist dies ein Jahresgehalt. Wieder legt ein Boot an und spuckt eine Ladung in Schals gehüllter Männer aus. »Manche, wie ich«, erzählt Iftakar weiter und schaut dabei auf das Wasser, »haben sich davon diese Boote gekauft und mit dem

Fährgeschäft angefangen. Irgendwie müssen wir ja unsere Familien ernähren.«

Staunend beobachten wir, wie unsere Jeep verladen wird. Zwei querliegende Bretter über dem Schiffsrumpf sollen ausreichen, um so ein tonnenschweres Gefährt sicher über den See zu bringen? Wir haben da so unsere Bedenken. Pakistani gelten als Weltmeister im Improvisieren. Klappt das Verfahren, sieht man keinen Grund, etwas zu ändern oder gar zu verbessern. Der Fortschritt hat es deswegen schwer in diesem Land. Bekommt das Boot allerdings Schlagseite, wird niemand und nichts den Jeep davon abhalten, ins Wasser zu fallen. Wir fragen Iftakar, den Bootsmann, nach der Sicherheit.

»Alles bestens«, antwortet der, »bisher gab es hier noch keinen einzigen Unfall.« Er fügt hinzu, dass er für den Fall der Fälle sogar ein paar Schwimmwesten an Bord habe. Wenn es stürmt oder der Wellengang zu hoch ist, stelle er außerdem den Fährbetrieb freiwillig ein, versichert er uns. »Es gibt in Karimabad eine offizielle Stelle, die je nach Wettervorhersage den Transport erlaubt oder verbietet!« Später löst dieser Satz immer großes Gelächter aus, denn die Überfahrt kommt im Film so wagemutig und gefährlich herüber, dass niemand an den Nutzen von Schwimmwesten glaubt, die ohnehin keiner trägt.

Am Attabad-Stausee herrscht reges Treiben. So groß die Katastrophe auch war, der See ist für die lokale Infrastruktur ein Segen und außerdem ein einmaliges Naturschauspiel im sonst so wasserarmen Karakorum.

Der Laster mit dem Sprengstoff gehört zu einer chinesischen Baufirma, es handelt sich wohl um den Sprengtrupp für den Tunnel. Gleich daneben wird ein Pick-up mit Hunderten junger Hühner verladen. Wir haben einen schönen heißen Tag erwischt, im Winter jedoch ist die Überfahrt in der schneidenden Kälte mehr als unangenehm.

Der schönste Männerberuf der Welt

Wir haben Glück: Mit knatterndem Diesel, Fähnchen und herrlichen Signaltönen fahren wir über den kristallklaren Stausee. Es ist traumhaft schön. Von den 1300 Kilometern auf dem Karakorum Highway legen wir immerhin sechsunddreißig auf dem Seeweg zurück – wer hätte das gedacht! Der Jeep steht tonnenschwer und schräg auf zwei Brettern; die Räder sind mit kleinen, flachen Steinen blockiert. Ich trage die Kopie unseres »belichteten Materials«, eine orangene Festplatte, am Mann, falls die Konstruktion doch nicht halten sollte, und fühle mich richtig wohl am Rande der Welt. Auch unser Fährmann macht ganz den Eindruck, als genieße er den erstrebenswertesten Männerberuf der Welt.

Irgendwann wird es diese anachronistische Idylle nicht mehr geben. Aber vielleicht hat sich dann anderswo ein See aufgestaut, sodass Iftakar sein Gewerbe beibehalten kann. Er hat sich einen Autositz vor seinen Steuerstand gebaut und ihn mit Decken behängt. Seine Signalhörner sind wie Orgelpfeifen nebeneinandermontiert; mit ihnen kann er die unterschiedlichsten Töne hinausblasen, und wenn er das macht, grinst er breit mit seinem Schnauzbart und seinen blauen Augen – wie ein großer Junge.

Ab und zu muss er den Gaszug des offenen Bootsmotors nachziehen, ansonsten gibt er nur Laut, wenn Gegenverkehr kommt. Der Himmel ist blau und spiegelt sich im Wasser wider. Die Szene erinnert mich an Werner Herzogs »Fitzcarraldo« mit Klaus Kinski, wo ein Schiff über einen Berg gezogen wird, was ähnlich surreale Wahnsinnsbilder erzeugt, die allerdings mit erheblich größerem szenischen Aufwand geschaffen wurden.

Wir hingegen sind in der Realität. Wenn der Erdrutsch nicht so vielen Menschen Leid gebracht hätte, müsste man die Region Upper Hunza zu dieser Attraktion beglückwünschen. Trotzdem:

Der ungesicherte Stausee ist natürlich auch eine Gefahr. Man bastelt zwar an dem natürlichen Damm herum und bessert hier und da etwas aus, aber wenn er jemals bersten sollte, würde das bis hinunter ins Industal zu einer Katastrophe führen.

So ein Staudamm hat zwangsläufig auch Auswirkungen auf die Wirtschaft und auf den Warenverkehr. Keine Frage. In Passu und Shimshal, auf der anderen Seite des Sees, haben sich die Preise vervielfacht. Für jeden Transport muss man einen halben Tag einplanen. Früher dauerte das eine halbe Stunde. Güter, die über den Khunjerab-Pass nach China gebracht wurden, sind jetzt nicht mehr konkurrenzfähig, und umgekehrt verteuern sich Importe aus China.

Natürlich brodelt auch hier die Gerüchteküche wie so oft in Pakistan: Der Erdrutsch sei künstlich herbeigeführt worden, heißt es; der Damm diene dazu, die Warenströme zu kontrollieren und damit auch den Nachschub für Afghanistan. Amerika wolle damit den Einfluss Chinas verringern. Aber das ist alles Blödsinn.

Geologen hatten den Erdrutsch fast auf den Tag genau vorhergesagt, und der chinesische Einfluss scheint danach eher stärker geworden zu sein. Nicht nur in wirtschaftlicher Hinsicht. Als die Nahrungsreserven im Winter knapp wurden, hat China einige Dörfer im Karakorum kostenlos mit Lebensmitteln versorgt.

Wer weiß, vielleicht tritt Pakistan dieses entlegene Gebiet irgendwann auch an China ab. In Kasachstan wurde ein Fluss an China verkauft und in Tadschikistan ein großes Stück Land. Ethnisch sind die Übergänge in dieser Region ohnehin fließend. Diesseits und jenseits der Grenze leben Tadschiken, Kirgisen und Uiguren. Die Menschen in Hunza und Shimshal sind den Völkern in Xinjiang näher als den Belutschen und Sindhis im Süden Pakistans. Gleiches gilt für die Uiguren und die Han-Chinesen.

In Usbekistan, Kasachstan, Kirgisistan, Tadschikistan, Pakistan und Nepal ist der chinesische Einfluss immens gestiegen. Dasselbe gilt für viele afrikanische Staaten. China produziert täglich viele junge Ingenieure, die weltweit zum Einsatz kommen. Die Geschäftsmodelle sind ähnlich. Man liefert die Infrastruktur, bildet Polizisten aus, liefert Waren und Waffen. China erhält im Gegenzug von den Regierungen der Länder Bohrkonzessionen, Schürflizenzen sowie Öl- und Gasfelder. Streng genommen sind das die Methoden, die schon die Britische Ostindien-Kompanie angewandt hat. Erst kommen die Ethnologen, Missionare und Botaniker und kundschaften ein Land aus. Dann baut man Straßen, beutet die Rohstoffe aus und liefert dafür eigene Waren. »Und bist du nicht willig, so brauch' ich Gewalt!«, lautet dann unter Umständen die nächste Stufe der Eskalation. Zumindest Missionare schickt China keine, doch der ökonomische Expansionsdrang des Riesenlandes ist auf der ganzen Welt zu beobachten.

Ende 2015 beenden die Chinesen den Straßentunnel, der die gefährliche Überfahrt auf dem Stausee von nun an überflüssig macht. Eine Meisterleistung der Ingenieure aus dem Reich der Mitte, der den Weg von Gilgit nach Shimsal um einen Tag verkürzt und Ruhm und Ansehen Chinas in Pakistan gewaltig erhöht.

Aus den Staaten, die einst der UdSSR angehörten, informiert mich regelmäßig meine engagierte Kollegin Dagmar Schreiber, die in Almaty lebt und gern Briefe schreibt. Hier berichtet sie über eine Reise nach Kirgisistan, wo die Schneeleoparden mehr oder weniger vor der Ausrottung stehen. Auch in Kasachstan sind Umwelt und Tierarten gefährdet. Dort protestieren Naturschützer vehement gegen ein geplantes Skigebiet, das massive Eingriffe in das Ökosystem am Altai-Gebirge zur Folge hätte.

Lieber Hajo,

gestern bin ich aus der kirgisischen Hauptstadt Bischkek zurückgekommen, von einer internationalen Konferenz zur Rettung der Schneeleoparden. Tatsächlich gab es mehrere Momente auf dieser Veranstaltung, wo man hoffnungsvoll glauben konnte, es sei noch nicht zu spät zur Rettung dieser herrlichen Tiere. Der Präsident Kirgisistans, Almasbek Atambajew, hat mit einer zauberhaften und aufrüttelnden Rede alle berührt – es gab wohl keinen, der danach nicht wirklich einen Beitrag hätte leisten wollen zum Kampf gegen Wilderei und den Handel mit Fellen. Kirgisische Naturschützer zeigten stolz Bilder von Schneeleoparden, die vom NABU gesponserte Fotofallen hoch oben im Gebirge an der chinesischen Grenze gemacht hatten: Der König der Berge guckt direkt in die Kamera! Auch dieser Begeisterung konnte sich keiner entziehen, und ich habe mir in diesem Moment nur gewünscht, dass es keine Hacker unter den gut organisierten Wilderern gibt, die an diese Positionsdaten gelangen könnten.

Jedenfalls bin ich in Bischkek auch aufgetreten – ich bin einfach auf die Bühne hoch und habe mir das Mikro geschnappt, um allen zu sagen, in welcher Gefahr sich die seltenen Tiere auch im Nachbarland Kasachstan befinden. Denn das riesige neue Skigebiet, von dem ich Dir geschrieben habe, soll bis in den Nationalpark Ile-Alatau hineinreichen, bis hoch an die Gletscher des Tienschan an der Grenze zu Kirgisistan, wo es nur noch zwei oder drei Paare dieser einzigartigen, vom Aussterben bedrohten Großkatze gibt. Ich habe auf unsere Bürgerbewegung hingewiesen und alle darum gebeten, unsere Petition an den kasachischen Präsidenten Nasarbajew zu unterzeichnen. Darin fordern wir dazu auf, diese Erschließungspläne fallen zu lassen und stattdessen auf Ökotourismus zu setzen. Der Präsident hat darauf trotz Tausender Unterschriften noch nicht geantwortet! Aber außer ihm kann niemand in diesem autokratischen Land solch ein Großprojekt stoppen.

Jedenfalls hat mein Auftritt offenbar das Maß vollgemacht. Der kasachische »Umwelt«-Minister, ein schwerreicher Geschäftsmann aus der Ölbranche, der ebenfalls auf der Veranstaltung anwesend war, muss sich wohl beschwert haben über die neuerliche Einmischung einer deutschen »Öko-Tussi« in die »inneren Angelegenheiten« des Landes. Wie auch immer, eine andere Aktivistin teilte mir heute mit, dass gestern zur Primetime im kasachischen Staatsfernsehen öffentlich Anklage bei der Staatsanwaltschaft gegen mich erhoben wurde, wegen »Anstiftung zu sozialem Unfrieden«. Ich musste erst mal lachen, so absurd erschien mir das. Aber Sweta lachte nicht. Sie meinte, darauf stünden bis zu zwölf Jahre Lagerhaft. Vorausgesetzt natürlich, dass der »Tatbestand« erwiesen ist. Nun warte ich hier auf die Vorladung. Kenner des kasachischen Rechtssystems meinen, ich solle schnellstens meine Koffer packen und nach Berlin zurückfliegen.

Ich bleibe hier. Ich habe mir nichts vorzuwerfen.

Summa summarum: Die Skigebietslobby ist mächtig und webt ihr Spinnennetz im Hintergrund. Und sie fürchtet jeden Protest. Deswegen müssen die Drahtzieher des zivilen Widerstands – solche renitenten Leute wie ich – jetzt weg. Dann könnten sie das ganze herrliche Gebirge hemmungslos mit Skipisten, Golfplätzen, Chalets, Casinos und Asphaltstraßen zupflastern.

Ade, Schneeleopard? Lieber Hajo, Du würdest mir doch auch raten, *nicht* klein beizugeben, oder? Kennst Du Leute, die gegen ähnliche Projekte kämpfen? Mit denen man sich zusammenschließen kann? Wir können doch nicht tatenlos zusehen, wie nach den Alpen jetzt auch noch der Himalaja und seine Ausläufer »verpistet« werden?

Tengri hilf! Gruß Dagmar

Eine nette Familie

China ist jetzt ganz nahe, aber wir wollen vorher noch ein Hochgebirgsdorf besuchen, das nach wie vor vergleichsweise ursprünglich ist und zu dem wir gute Kontakte haben. Rüdigers Assistent ist aus Shimshal. Er heißt Majid Mehdi, ist ruhig und verlässlich und hat sich das Know-how schnell angeeignet – er macht einen prima Job. Außerdem ist er kräftig und schleppt Stativ, Kamera, Objektive und Batterien in Windeseile an die gewünschten Orte. Er freut sich auf zu Hause und auch darauf, uns seine Familie vorstellen zu können.

Kurz vor der chinesischen Grenze liegt eines der ganz abgelegenen Dörfer im Karakorum. Erst seit 2003 führt eine Straße nach Shimshal. Davor musste man drei Tage dorthin wandern. Es erfordert viel Aufwand, die Piste einigermaßen befahrbar zu halten. Das Gebirge ist jung und in Bewegung. Die Pässe liegen höher als dreitausend Meter.

Wir haben Schaufeln und Brechstangen dabei, die bei Steinschlag zum Einsatz kommen sollen. Einmal ist es dann tatsächlich so weit: Ein Felsblock blockiert die Straße. Links geht es tief hinunter, und alles wirkt bröckelig. Hilfe ist nicht in Sicht, und umdrehen können wir auch nicht. In Handarbeit rücken wir dem Steinklotz zu Leibe, angespornt von dem Wunsch, hier bloß nicht übernachten zu müssen. Eine Ahnung kommt auf, was hier beim Bau der Piste los war.

Die Shimshalis selbst haben die Straße gebaut, und viele Menschen haben dabei ihr Leben verloren. Es ist eine raue und entlegene Gegend umgeben von 6000 und 7000 Meter hohen Bergen. Die Winter dauern hier ein halbes Jahr, und die Gletscher reichen bis in die Dörfer. Die Wasserscheide am Shimshal-Pass teilt den Abfluss des Wassers: Auf der einen Seite strömt es zum Tarim-Becken, der größten Beckenlandschaft Zentralasiens, auf der anderen zum Indischen Ozean.

Die Menschen in Shimshal sind freundlich und offen. Kulturell sind wir eigentlich nicht mehr in Pakistan, eher in Tadschikistan. Der Karakorum beherbergt verschiedene Kulturen. In Shimshal spricht man neben der Landessprache Urdu hauptsächlich den persischen Dialekt Whaki.

Die Überlebensfähigkeit des Dorfes hängt von der Landwirtschaft und den Yakherden ab. Im Dorf selbst gibt es nur Ziegen und Schafe, die Yaks hingegen werden auf Hochweiden in 5000 Meter Höhe gehalten. Ihr Käse sichert im Winter das Überleben. Die Bewohner Shimshals hausen mit ihren Tieren in kleinen Gehöften, die Felder schließen sich direkt an ihre steinernen Hütten an. Ihre Lebensweise ist notgedrungen karg und auf das Klima abgestimmt.

Majid Mehdis Familie lebt seit Generationen dort. Im Sommer findet er normalerweise einen Job bei Expeditionsteams. Aber im Moment gibt es da nicht viel zu tun. Wenn der 42-Jährige zu Hause ist, sammelt er Holz für den Winter, hält das Haus instand, bestellt die Felder und holt die Milch für den Yakkäse von den Hochweiden. Jede Arbeit ist hier oben beschwerlich und anstrengend. Alles muss getragen werden. Auf uns wirkt das wie ein herrliches Leben, umgeben von wunderbarer Natur: kein Fluglärm, keine Abgase, keine Umweltverschmutzung, gesunde, selbst angebaute Lebensmittel, Tiere, die ohne Chemie und Hormone aufwachsen. Doch das Leben ist hart: Von Oktober bis Mai ist hier alles gefroren. Was in den Sommermonaten nicht verdient wird, fehlt im Winter.

Frau Mehdi kümmert sich um die Haustiere und die jüngeren Kinder. Ist ihr Mann im Sommer auf einer Expedition, bleibt auch die gesamte schwere Arbeit an ihr hängen. Selbst das Hüten der Yaks in 5000 Meter Höhe wird wechselweise von den Frauen des Dorfes übernommen.

Die Mehdis laden uns in ihr Haus ein. Die Einrichtung ist schlicht. Geschlafen wird auf dem Boden. Es gibt Getreidefladen als Zwischenmahlzeit. Sie sind durchtränkt mit einem schmackhaften Aprikosenöl und geschmolzener Butter. Die Speise deckt den Kalorienbedarf von Schwerstarbeitern, und die Mehdis sind trotzdem dünn, um nicht zu sagen hager. Eine der Töchter ist zu Besuch. Sie geht sonst in Hunza zur Schule. Außer ihr und dem kleinen Jungen haben die Mehdis noch zwei weitere Mädchen, die in Gilgit eine Ausbildung machen.

Vor dem Interview spüre ich, dass Majid etwas Lampenfieber hat. Doch als ich meine erste Frage stelle, ist es plötzlich, als hätte der Mann schon lange auf diesen Moment gewartet. Ernsthaft und gefasst erzählt er fließend auf Urdu, was ihn bewegt. »Shimshal ist wunderschön, aber das Leben hier oben ist nicht einfach. Die neue Straße erleichtert zwar vieles, sie ist aber ständig kaputt und muss von uns repariert werden.«

Hinter ihm weht das kniehohe Gras im Mittagswind. Mehdi redet weiter. »Früher haben wir alles mühsam von Passu hier hochtragen müssen. Drei Tage lang war man unterwegs. Heute dauert das im Jeep drei Stunden. Klar, es gibt viele neue, positive Veränderungen. Doch viele Probleme bleiben.« Die Kinder sind herangerückt, und die Töchter lächeln, sichtlich stolz auf den eloquenten Papa. »Die Berge rundherum sind kahl«, erklärt er, »das heißt, alles, was wachsen soll, muss bewässert werden. Und Holz gibt es auch nicht genug, vor allem im Winter. Die wenigen Bäume hier im Dorf haben unsere Vorfahren gepflanzt. Sie werfen aber zu wenig Holz ab.«

Majid redet völlig unverkrampft in die Kamera, so als hätte er nie etwas anderes getan. Ein echtes Naturtalent. Wir fühlen uns hier wohl. Die Mehdis sind alle nett und warmherzig. Mir fällt auf, dass Majids Frau blaue Augen hat. Auch zwei ihrer Kinder haben dies von ihr geerbt. Nichts Ungewöhnliches in tadschikischen Dörfern.

Natürlich bekommen wir nur eine Ahnung von den Härten des Lebens hier oben. Frau Mehdi braucht allein eine halbe Stunde, um die Wäsche zum Fluss zu tragen. Vom Einseifen, Reiben und Auswringen der Kleidungsstücke ganz zu schweigen. Auch im Sommer ist das Wasser eiskalt. Im Winter muss es eine grausame Tortur sein, hier zu waschen. Im Sommer kann man die Wäsche am Fluss in die Büsche hängen und trocknen. Im Winter geht das nicht. Dann muss sie die schweren, nassen Kleidungsstücke zurück ins Haus schleppen. Würden die Dorfbewohner in die nächste Stadt ziehen, hätten sie es sicher leichter.

Jedoch fühlen sich die Shimshalis als eigene Ethnie. In anderen Tälern werden andere Dialekte gesprochen, und nicht alle Einwohner dort sind so liberal wie sie. Um ihre eigene Identität zu wahren, nehmen sie eben auch das Waschen im Fluss bei eisiger Kälte in Kauf und leben wie ihre Vorfahren.

Frau Mehdi ist der Mittelpunkt der Familie und die Einzige, die fast immer im Haus anzutreffen ist. Sie spricht nur Whaki, den persischen Dialekt ihrer Vorfahren. Damit wir sie verstehen können, muss die Tochter ihre Worte in Urdu und Tayyab dies wiederum ins Englische übersetzen. Mutter und Tochter rücken für das Gespräch eng aneinander, sie sind aufeinander angewiesen.

»Meine Mutter macht sich oft Sorgen, wie sie das alles schaffen soll, wenn sie allein ist. Sie muss den Haushalt machen und auf fünf Kinder aufpassen. Das ist anstrengend. Wenn Vater nicht da ist, muss sie ja auch noch Holz aus den Bergen holen.«

Mittendrin läuft Frau Mehdi eine Träne über die Wange, es hat sie bewegt, was ihre Tochter übersetzt. »Am meisten Sorgen macht sich meine Mutter aber, wenn Papa mit den Expeditionen unterwegs ist. Es gibt hier keine Möglichkeit, mobil zu telefonieren, und es ist schwer, ihn dann zu erreichen. Oft wissen wir lange Zeit nicht, ob und wann Papa zurückkommt!«

Die Kleinen spielen mit Stöcken und Seilen, wie Kinder es in Europa vor fünfzig Jahren getan haben: ohne technische Geräte und Computerspiele. Für derlei hätte man hier ohnehin kein Geld. China ist jedoch nicht weit. Wenn der Einfluss des Riesenreichs weiter steigt, werden auch in Shimshal die modernen Zeiten schnell einziehen. Was Vater Mehdi als Bergführer bei den Expeditionen verdient, legt er für die Ausbildung der Kinder zurück. Es gibt Schulen in Shimshal. Wer allerdings für seine Kinder eine bessere Zukunft will, muss sie später auf die Universität nach Hunza oder Lahore schicken. Das ist hauptsächlich ein finanzielles Problem, selbst wenn es staatliche Schulen sind, die wenig Geld kosten. Mehdi muss dafür schwer schuften.

»Ich denke nicht an mich dabei. Ich möchte nur, dass meine Kinder auf eine gute Schule gehen.« Darüber haben wir schon oft während der Reise gesprochen, und Mehdi wiederholt ein weiteres Mal seine Überzeugung, dass er Bildung für wichtig halte, dass sie die Zukunft der nächsten Generation sichere. »Meine Kinder sollen selbst entscheiden, was sie studieren möchten. Das ist hoffentlich das Beste für ihre Zukunft. Es ist meine Aufgabe, ihnen die Ausbildung zu ermöglichen, die ihnen im Leben weiterhilft.«

Den ganzen Tag wird das Getreide an der Luft getrocknet und sorgsam vor gierigen Ziegen und frechen Vögeln geschützt. Jetzt füllen Mehdi und seine Frau das Getreide in einen Sack.

Im Winter rauben dann wieder viele kleine Nager den Familien die Vorräte. Mäuse sind eine Plage im Hochgebirge und eigentlich nicht in den Griff zu bekommen. Mehdi trägt das Getreide einige Kilometer zur Dorfmühle. Seit Generationen wird das so gemacht.

Den ganzen Winter über wird hier ein Mühlstein von einem Gletscherbach angetrieben und verarbeitet das Korn zu Mehl für Roti. Was für uns archaisch und idyllisch wirkt, bedeutet für Mehdi schwerste Arbeit, und das jeden Tag und das ganze Leben. Er weiß, dass er in Lahore das Mehl im Supermarkt kaufen könnte. Dort bräuchte er sich nicht so zu schinden. Trotzdem lässt er sich nicht darauf ein.

Aber auch in Shimshal ändern sich die Zeiten. Das alte Familien- und Clansystem löst sich zunehmend auf. Die Aufgaben waren früher klar verteilt: Manche Dorfbewohner haben auf den Feldern gearbeitet, die anderen mussten sich um das Vieh und die Hochweiden kümmern. Andere reisten nur herum, um Handel zu treiben. Heute ist das anders, bekennt Mehdi.

»Die Männer gehen fort, in die großen Städte, wo sie Arbeit finden. Vor allem im Sommer sind viele von ihnen gar nicht mehr hier, dann lassen sie Haus und Hof und Frau und Kinder allein.«

Alles, was wir im Dorf beobachten, deutet darauf hin, dass die Strukturen bald noch stärker aufbrechen werden. Es gibt Bewohner, die nach vielen Jahren im Ausland wiederkommen und richtig reich geworden sind. Das kann auch Unfrieden schaffen. Es gibt hervorragende Bergführer, die am K2 arbeiten und dort gutes Geld verdienen. Allerdings sterben jedes Jahr auch Shimshalis am Berg. Am K2 ist das Bergsteigen mittlerweile ähnlich kommerzialisiert wie am Everest. Oft werden in der Saison mehrere Expeditionen hintereinander an einem Tag zum Gipfel gebracht. Das hat am 1. August 2008 zu einer schweren Katastrophe mit elf Toten in wenigen Stunden geführt und mehreren Nachbarn von Mehdi den Tod gebracht. Während in Nepal die Geschäfte am Berg fest in der Hand der Sherpas sind, unterbieten sich die Träger und Bergführer in Pakistan, weil zu wenig Arbeit da ist.

Mehdi hatte im Anschluss an unsere Tour einige Aufträge. Er sollte Trekkinggruppen von Shimshal zum K2 bringen. Das ist ein sehr langer und selten begangener Trek. Nach dem tödlichen Überfall am Nanga Parbat jedoch wurde das Projekt auf unbestimmte Zeit verschoben. Mehdi weiß nicht, wie er jetzt finanziell über die Runden kommen soll, und macht sich Sorgen. Er ist allerdings nicht der Typ, der jammert und klagt oder uns um Unterstützung bittet.

Der Abschied von der Familie Mehdi fällt uns schwer. Ich hätte Majid gern auch für das weitere Projekt verpflichtet, aber es wäre zu schwierig geworden, für ihn Visa für China und Indien zu bekommen. Während ich nach Deutschland zurückkehre und logistische Vorbereitungen für die zweite Etappe unserer Tour treffe, erreicht mich mit längerem Abstand ein Brief von Tayyab, in dem er mich über die Mehdis auf dem Laufenden hält. Die Probleme der Familie sind nicht weniger geworden.

Salam, mein lieber Bruder Hajo,

vor einigen Wochen war ich vierzehn Tage in Hunza, um ein Trekkingprojekt vorzubereiten. Als wir in Karimabad ankamen, begrüßte uns unser gemeinsamer Freund Mehdi mit frischen Kirschen aus seinem Tal. Er hat eine schwierige Zeit hinter sich. Wie Du weißt, ist er ja auch teilweise beim Federal Food Department beschäftigt, und mit denen gibt es andauernd Probleme. Vergangenen Herbst brachte die Behörde siebenhundert Säcke mit Weizen in sein Dorf, um diesen im Winter an die Bewohner zu verkaufen. Die Säcke wurden im Innenhof der Moschee gelagert. Ein paar Tage später kamen die Chinesen und verteilten Kohle und Getreide kostenlos an die Dorfbewohner. Notrationen, die als Nachbarschaftshilfe gedacht waren. Das machen sie in der Gojal-Region, seit es den Staudamm gibt. Natürlich freut sich jeder über die kostenlose Versorgung, und niemand hat mehr Interesse daran, staatlich subventionierten Weizen zu kaufen.

Im März wurde Mehdi nun aufgefordert, das durch den Verkauf eingenommene Geld abzuliefern, und er konnte nur antworten, dass nichts verkauft worden sei. Vor Kurzem schickte die Regierung eine Abordnung, die den Vorfall untersuchen sollte. Sie stellte fest, dass die Hälfte der Säcke fehlte beziehungsweise unbrauchbar war. Dafür machen sie jetzt Mehdi verantwortlich und wollen den Fall zur Anzeige bringen. Mehdi betont zwar, dass er nichts damit zu tun habe, doch er kriegt richtig Druck. Ich habe ihm geraten, den Dorfvorstand um Hilfe zu bitten, denn allein machen sie ihn fertig.

Passiert ist Folgendes: Das chinesische Getreide ist sehr hell, und man kann keine guten Chapatis daraus machen. Deswegen haben sich die Dorfbewohner einfach ein wenig bei dem staatlichen Getreide bedient, ohne zu bezahlen, versteht sich, und es mit der chinesischen Spende gemischt. Niemand will im Nachhinein natürlich dafür noch etwas Geld herausrücken, und Mehdi kämpft nun an zwei Fronten – gegen die Forderungen der Behörde und die Zahlungsunlust der Dorfbewohner. Kein leichter Stand.

Am nächsten Tag haben wir auf Booten den Attabad-See überquert und waren überrascht über das Tempo der chinesischen Ingenieure, die an dem zwanzig Kilometer langen Tunnel arbeiten, der den Karakorum Highway nach fast fünf Jahren wieder öffnen soll.

Auf der anderen Seite des Sees hat uns Rehmat Karim, bei dem Du auch nach der Überfahrt zum Essen warst, aus Passu abgeholt, um uns nach Shimshal zu bringen. Die Strecke war für Jeeps so weit befahrbar. Die Yaks für die Hochweiden am Pamir waren gerade in große Höhen gebracht worden, und die Geleitmannschaft war zurückgekehrt. Die meisten waren junge Bergführer, und unsere Gespräche drehten sich um die Expeditionen und Trekkinggruppen in diesem Jahr und die beklemmenden Statistiken. Wir kamen nach einigem Rechnen zu einem traurigen Ergebnis: Vor fünfzehn Jahren, also vor den Ereignissen des 11. September, zog es noch relativ viele Bergsteiger und Touristen aus dem Ausland in diese Region, doch ihre Zahl ist seitdem mehr als drastisch geschrumpft – auf nur noch ein Prozent. Ist das zu fassen! Wir waren alle still, denn jeder wusste, dass der dunkle Geist der Terrorattacke am Nanga Parbat noch lange Zeit die Gegend weiter verwünschen würde.

Zurück in Lahore stieg ich aus dem klimatisierten Jeep in die schwüle Hitze, und es kam mir vor wie ein Schritt ins Feuer. Es war an diesem Tag fünfzig Grad heiß – ein Riesenunterschied zu den wunderbaren Tagen in den Bergen. Ich bin heilfroh, dass mittlerweile der Monsun eingesetzt hat. Ab und zu rufen Bekannte an und fragen, ob und wann Du wiederkommst. Prinz Atta von Chitral zum Beispiel hat mir von Schneeleoparden in seinem Dorf erzählt, die Du Dir unbedingt ansehen sollst. Er hat mir versichert, mehrere dieser prächtigen Tiere von seinem Schlafzimmerfenster in Garam Chashma aus gesehen zu haben. Das wäre doch was!

Beste Grüße an Deine Frau Ulrika und die Kinder
Tayyab

TEIL IV

Neuer Reisepass

Eigentlich hätten wir nur fünfzig Kilometer weiter fahren müssen und am Khunjerab-Pass über die Grenze gehen können. Aber mit einem pakistanischen Journalistenvisum nach Xinjiang zu reisen, könnte Probleme geben. Außerdem ist die beste Reisezeit für Tibet der Herbst. Wir treten also die dreitägige Rückreise von Shimshal nach Islamabad an und fliegen nach Hause. Ich lade das Filmmaterial im Schneideraum auf den Computer und beginne mit dem Schnitt der ersten Folge.

Nebenher organisiere ich mir einen Zweitpass – ohne Journalistenvisa. Von der Visastelle des chinesischen Generalkonsulats in Frankfurt bekommen wir unsere neuen Pässe anstandslos zurück und können nun zumindest nach China einreisen. An den Genehmigungen für Tibet und Xinjiang arbeitet ein chinesisches Reisebüro. Damit tun wir nichts Illegales, wecken aber auch keine schlafenden Hunde. Für das Indienvisum nehmen wir ebenfalls die Zweitpässe, weil pakistanische Journalistenvisa auch in Indien problematisch sein können. Generell hat allerdings China die höchsten Standards bei der Visavergabe, fordert biometrische Passbilder und eine Menge Reisedetails.

Beinahe so streng ist Indien, das seinem Nachbarland Pakistan regelmäßig unterstellt, terroristische Anschläge wie den in Mumbai zu unterstützen. Am 26. November 2008 richteten Terroristen in der indischen Metropole ein Blutbad an: Luxushotels, Krankenhäuser, Cafés und ein Bahnhof waren von Schießereien und Explosionen getroffen worden. 101 Menschen wurden bei der Anschlagsserie getötet, über 200 verletzt.

Fünfeinhalb Jahre später, im Juni 2014, kommt es dann zu einem heftigen Feuergefecht auf dem Flughafen von Karatschi. Talibankämpfer und Sicherheitskräfte beschießen sich sechs Stunden lang, 28 Menschen sterben. Man findet indische Waffen bei den Angreifern. Augenscheinlich nutzen all die Kontrollen und Reisebestimmungen nichts, wenn organisierte Kräfte operieren, die vermutlich Deckung genießen und logistisch unterstützt werden.

Anfang September 2013 treffe ich mich wieder mit Rüdiger am Flughafen zum nächsten Abschnitt der Reise entlang der vierzehn höchsten Berge der Welt. Eigentlich habe ich einen cleveren, weil kürzeren Flug über Astana in Kasachstan nach Xinjiang gebucht, aber am Schalter der Air Astana erfahren wir, die Maschine habe Verspätung. Also würden wir unseren Anschlussflug verpassen. Deswegen werden wir auf China Southern nach Beijing umgebucht und haben von dort dann noch drei Inlandsflüge, bis wir endlich in Kashgar landen. Eine Weltreise!

Ich fliege seit dreißig Jahren nach China und Tibet und habe mir abgewöhnt, mich zu wundern, wenn immer wieder alles neu aussieht. Die Flughäfen in Beijing und Shanghai sind wahrscheinlich mit Singapur und Hongkong die modernsten der Welt. 1984 gab es in Beijing nur ein Touristenhotel, und in Tibet konnte man außer im Zelt nur in Armeecamps übernachten. Auch in Kashgar, Hotan und Yarkant war ich damals auf meiner Rückreise vom Kailash. Das waren zu dieser Zeit noch völlig rückständige Orte, wo das Leben auf den Straßen stattfand und die Menschen in Scharen zusammenliefen, wenn sie Langnasen wie uns sahen.

Auf der Strecke Beijing–Urumtschi–Aksu–Kashgar erleben wir indes nur modernste Flughäfen, beste Flugzeuge und hervorragenden Service auch in der Economy Class. Außerdem nimmt niemand Notiz von uns. Überwacht werden wir sicherlich, denn für Chinesen ist eine Reise durch Xinjiang und Tibet etwas sehr Befremdliches; sie halten Uiguren und Tibeter für gefährliche Menschen, vor denen man sich in Acht nehmen muss. Wenn Pakistan der strapaziöseste Teil der Reise war, kommt jetzt der riskanteste. Wir sollten nicht auffällig werden, vor allem darf in Tibet und Xinjiang nichts passieren, was zur erneuten Sperrung der Region führt. Aber das liegt nicht in unserer Hand.

Chinesische Verhältnisse

Wir waren insgesamt vierundzwanzig Stunden im Flugzeug, als wir endlich in Kashgar eintreffen. Abgesehen von einer Tasche ist auch das Gepäck gut angekommen, und diese Tasche kommt zwölf Stunden später nach. In China geht nichts verloren, was eine Gepäcknummer hat. Unser Guide heißt Aziz – so möchte ich ihn zumindest in diesem Buch nennen. Er ist erfahren und ein guter Freund von guten Freunden. Aziz ist Uigure – die Kultur seines Volkes wollen wir auf unserer Reise näher kennenlernen. Wir haben uigurische Fahrer, essen in uigurischen Restaurants und übernachten wann immer möglich in muslimischen Hotels. Würden wir mit Han-Chinesen unterwegs sein und an deren Plätze reisen, wäre dies eine ganz andere Tour.

Xinjiang ist ein Autonomes Gebiet im äußersten Westen der Volksrepublik China. Noch 1984 lebten dort nur wenige Han-Chinesen. Der größte Bevölkerungsanteil entfiel auf die Uiguren und die Minderheiten der Kasachen, Tadschiken, Huis, Kirgisen und Mongolen. Heute sind mindestens die Hälfte der Einwohner Xinjiangs Han-Chinesen. Dieser Trend hat sich durch den Fund gigantischer Erdgas- und Erdölvorkommen sowie den Reichtum an Mineralien, Seltenen Erden und Edelsteinen wie Gold und Silber verstärkt. Kontrolliert wird das Land von etwa einem Siebtel der chinesischen Bevölkerung, denjenigen, die über gute Kontakte zur Zentralregierung verfügen. Dieses sogenannte Bingtuan-Korps besteht aus reich gewordenen früheren Soldaten, die noch mehr Han-Chinesen ansiedeln und die lukrativen Geschäfte unter sich aufteilen.

Die Uiguren hingegen haben das Gefühl, von den Geschäften ausgeschlossen zu werden und an der Ausbeutung der Reichtümer des Landes nicht teilzuhaben. Deswegen kommt es immer wieder zu Aufständen, die viele Opfer fordern und die Gefängnisse füllen. In Xinjiang sind aus diesem Grund, aber auch wegen der Nähe zu Kaschmir viele Soldaten stationiert. So ist mein Informationsstand, als wir in Kashgar ankommen. Vor vier Jahren war ich das letzte Mal da, und seither hat es wieder zahlreiche blutige Aufstände gegeben. Auch in anderen Ländern protestieren die Uiguren für ihre Rechte, und immer wieder werden dabei Anschläge auf chinesische Einrichtungen verübt. Uiguren gibt es überall auf der Welt – einige sitzen sogar in Guantánamo ein.

Glücklicherweise machen wir keinen politischen Film, denn das wäre ein schwieriges Unterfangen und würde vermutlich massenhaft Probleme nach sich ziehen. Aziz weist uns darauf hin, dass es in Xinjiang eine Beijing-Zeit und eine Kashgar-Zeit gibt, die sich um zwei Stunden unterscheiden. Wir treffen unsere Verabredungen in Kashgar-Zeit und fahren am nächsten Tag in Richtung pakistanischer Grenze nach Tashkurgan. Ich gehe nicht davon aus, Erinnerungen an das alte Xinjiang auffrischen zu können. Das wäre zu riskant. Ich will hier nur heil durchkommen und ein paar gute Aufnahmen machen – und dabei die Verhältnisse im Land vorsichtig dokumentieren.

Dabei müsste ich mir eigentlich all diese Sorgen gar nicht machen. Europäern gegenüber werden die Chinesen nicht so schnell das Gesicht verlieren, selbst wenn die Gäste sich hauptsächlich für das uigurisch geprägte Xinjiang interessieren und nicht für die neu angesiedelten Han-Chinesen aus dem Süden des Reichs der Mitte. Solange man nicht auffällig wird, kann einem nichts passieren; und wenn doch, ist der Aufenthalt in China schnell beendet.

Die Stadt der Motorroller

Aus dem Hotelfenster in Kashgar kann ich eine der größten Mao-Statuen Chinas sehen, davor schlängelt sich lautlos eine nicht enden wollende Schlange von Motorrollern. Das sind hier allesamt E-Roller, woran man sich erst gewöhnen muss – man hört sie einfach nicht. Positiv für die Umwelt ist das natürlich, die Luftverschmutzung ist hier folglich kein so dringendes Problem wie etwa in Beijing oder Shanghai. Vor uns sind Hochhäuser zu sehen, breite Straßen, Leuchtreklamen und die Lichterspiele einer großen Stadt. Aber ich weiß, dass es irgendwo auch noch eine Altstadt geben muss, mit Moscheen, Handwerkermärkten, einheimischen Waren, Lokalen und Basaren. Da wollen wir auf dem Rückweg von Tashkurgan hin. Am Sonntag findet dort nämlich der berühmte Viehmarkt statt.

Wir sind wieder auf dem Karakorum Highway. Vier Jahre sind für die jüngeren chinesischen Verhältnisse eine lange Zeit – die Straße wirkt wie frisch hergerichtet: Flüsterasphalt, Straßenschilder, Leitplanken, Geschwindigkeitsbeschränkungen und Radarkontrollen. Darauf donnern lange Kolonnen mit Schwerlastern, die beladen sind mit Erzen, Mineralien, Kristallen und allem, was man systematisch aus den Bergen herausschälen und nutzen kann. China ist unersättlich.

Direkt am Karakorum Highway liegt der 7509 Meter hohe Muztagata und spiegelt sich im Karakul-See – ein Heiligtum der Turkvölker, an dem man eigentlich eine Nacht bleiben sollte. Aber mir schwebt etwas ganz anderes vor. Wir wollen weiter nach Tashkurgan, wo einst der Film »Drachenläufer« gedreht wurde, und diesen tadschikischen Ort in Xinjiang mit unserem tadschikischen Dorf Shimshal in Pakistan vergleichen. Denn Tashkurgan hat sich im Vergleich zu Shimshal dramatisch gewandelt. Noch 2008 im Winter war dieser Ort »Chinas Wilder Westen« gewesen und bestenfalls ein Außenposten der zivilisierten Welt. Der Schnee lag meterhoch, und man konnte von dort den Tian Shan, Kunlun, den Karakorum und den Hindukusch sehen. Außerdem liefen in den Straßen die Frauen in ihren traditionellen Trachten mit farbigen, meist roten oder weißen Kopftüchern herum. Mittlerweile ist hier viel geschehen.

Von den Nomadenweiden aus hat man zwar immer noch einen großartigen Blick auf die historische Festung. Die Straßen indes sind jetzt neu, breit und bestens beschildert. Es gibt Ampeln, Radarfallen und Verkehrsschilder, sogar für Eselskarren. Ganze Straßenzüge sind abgerissen und wiederaufgebaut worden, und überall hängen wie landesweit üblich Straßenlaternen im chinesischen Einheitsstil. Auf der Nomadenwiese sind Holzwege und eine Freilichtbühne entstanden. Man geht nur auf künstlichem Schwingboden über das Gras, und alles ist so neu und wie aus dem Ei gepellt, dass mir der Atem stockt. Die Frauen tragen immer noch tadschikische Trachten. In den Hotelzimmern liegen Kondome auf den Nachttischen; sie werden bei der Abreise nachgezählt und gegebenenfalls in Rechnung gestellt.

Eine schöne neue Welt auch für die hier lebende Minorität der Tadschiken in China. Für die Touristen hat man eine Siedlung aus Jurten und Holzhäuschen gebaut, die aussehen wie die Gartenhäuschen aus unseren Baumärkten, und die Bühne deutet auf große Konzerte und Massenveranstaltungen an diesem für die Nomaden einstmals so einzigartigen Ort hin. Ich kann nicht verbergen, dass mir das staubige, heruntergekommene, wilde Tashkurgan vergangener Besuche besser gefallen hat, und ein wenig sehne ich mich nach Shimshal und Machaloo zurück. Aber natürlich weiß ich auch, wie überheblich das ist, und ich erinnere mich an die vielen Bausünden der Siebzigerjahre in Deutschland mit Hochstraßen durch Altstädte, mit Hochhausparks, Wohnghettos und Uferbebauungen.

»Vater aller Eisberge«

Am Morgen drehen wir noch ein wenig im Zentrum der Stadt, die zirka 50 000 Einwohner hat, und versuchen tadschikische Gesichter aufzunehmen. Mein Eindruck verstärkt sich: Alles wirkt überdimensioniert, wie ein zu groß gekaufter Konfirmandenanzug, in den man erst hineinwachsen muss. Vermutlich plant man auch hier, mehr Menschen aus Zentralchina anzusiedeln.

Die tadschikische Bevölkerung ist eigentlich nomadischen Ursprungs. Im Grasland vor der Stadt sieht man denn auch weit entfernt Herden und einige Jurten. In der Stadt fallen uns viele Männer mit tadschikischem Äußeren auf, mit langen Haaren und roten Quasten darin. Sie scheinen allerdings ohne Arbeit zu sein.

Von der Yuan-Dynastie bis zur Ming-Dynastie hatten in China oft die nationalen Minderheiten das Sagen. Derzeit jedoch herrschen die Han-Chinesen, die mit über 90 Prozent den größten Anteil an der Gesamtbevölkerung der Volksrepublik China stellen. Sie bestimmen auch das Wirtschaftsleben. Sie sprechen allerdings unterschiedliche Sprachen und stimmen nur in einer gemeinsamen Schrift überein. Immer wenn wir in Restaurants oder Hotels am Weg mit Uiguren oder Tadschiken in Kontakt kommen, spüren wir deren Frustration. Die großen Geschäfte machen die Chinesen, heißt es. Die Han-Chinesen fördern Öl und Gas, sie besitzen die Industrien, und sie siedeln immer mehr Menschen aus Zentralchina in Xinjiang an.

Shimshal und Tashkurgan haben nur noch wenig miteinander gemeinsam. Was vermutlich daran liegt, dass man Tashkurgan nicht mehr als tadschikisches Gebiet erkennt. Auch das Grasland ist nicht mehr Nomadengebiet, sondern ein Freizeitpark mit ein paar Tieren. Die Straßen erinnern nicht an ein Hochgebirgsdorf auf über 3000 Meter Höhe, sondern an eine moderne Stadt. Die anmutigen, traditionell gekleideten Tadschikinnen wirken in einem modernen Geschäftsviertel seltsam deplatziert. Aber vielleicht bin ich ohnehin parteiisch, weil ich die Stadt mit der einzigartigen Kulisse vor vier Jahren im Winter im Schnee erlebt habe. Dort habe ich mit einem Mitarbeiter der Produktionsfirma gesprochen, die den »Drachenläufer« drehte. Ich mag den Film sehr, weil er zu den wenigen gehört, die Mentalität und Lebenswirklichkeit in der Region unprätentiös einfangen.

In Xinjiang wird sich auch weiterhin vieles wandeln, und das mit Plan und Hintergrund: Tashkurgan soll eine Metropole werden und Eindruck machen. Auch bei den Tadschiken in Pakistan und Tadschikistan soll Tashkurgan einmal als das bedeutendste Zentrum gelten. Wenn die Tunnels und Baumaßnahmen am Karakorum Highway in Pakistan erst einmal fertiggestellt sind, werden Handel und Verkehr zunehmen und Tashkurgan wird auch von der anderen Seite leicht und schnell erreichbar sein. Der riesige noch leer stehende Busbahnhof deutet darauf hin, dass man in Zukunft von einem gewaltig wachsenden Verkehrsaufkommen ausgeht. China treibt die Entwicklung der Region mit Macht und erheblichen finanziellen Mitteln voran.

Wir setzen unsere Reise auf der »Straße der Achttausender« fort. Von Tashkurgan sind es 400 Kilometer nach Kashgar, und nach drei Stunden erreichen wir unser nächstes Ziel: den Muztagata. Er ist zweifellos der imposanteste Berg im Pamir, auch wenn er »nur« 7509 Meter hoch ist. Dafür ist er aber auch ein Pilgerort: ein spiritueller Magnet für die Turkvölker und der letzte wichtige Berg auf unserem Weg nach Tibet. Genauso wie beim Kailash lässt sich seine wahre Größe und Bedeutung nicht nach Höhenmetern messen. Es gäbe sinnvollere Kategorien wie zum Beispiel die kulturelle Bedeutung, die ein Ort für die dort lebenden Völker hat.

Im 19. Jahrhundert hatte Sven Hedin, der schwedische Asienforscher, dessen Bücher unsere Großväter alle verschlungen haben, den Berg zwar nicht bestiegen, aber seine europäischen Leser für den dritthöchsten Berg im Pamir begeistert. In seinem 1900 in Gotha erschienenen Buch *Die geografisch-wissenschaft-*

lichen Ergebnisse meiner Reisen in Zentralasien 1894–97, schlägt sich seine Begeisterung nieder:

> *Die Sonne ging unter, und ihr Purpurschein erlosch auf den West-hängen des Muztagata. Als der Vollmond über der Zinne der Felswand an der Südseite des Gletschers aufstieg, trat ich in die Nacht hinaus, um eines der großartigsten Schauspiele zu bewundern, die ich je in Asien gesehen habe. Die ewigen Schneefelder auf der höchsten Kuppe des Berges, das Firnbecken, das den Gletscher speist, und seine höchs-ten Regionen badeten im Silberschein des Mondes, aber wo der Eis-strom in seiner tiefen Felsrinne lag, herrschte nachtschwarzer uner-gründlicher Schatten, über die gewölbten Schneefelder zogen weiße dünne Wolken, und man glaubte die Geister des Berges zu sehen, die im Freien ihre Tänze aufführten. Ich stand so hoch wie der Gipfel des Chimborazo oder des Mount McKinley und höher als der Kilimand-scharo, der Montblanc und alle Bergspitzen dreier Erdteile; nur die höchsten Gipfel Asiens und der Anden waren höher. Bis zur Spitze des höchsten Berges der Erde, des Mount Everest, fehlten noch 2600 Me-ter. Aber ich glaube dennoch, dass das Bild, das sich vor mir entrollte, an wilder, phantastischer Schönheit alles übertraf, was ein Sterblicher auf Erden erblicken kann.*

Die Begeisterung Hedins ist mehr als berechtigt. Ich habe den Muztagata mehrmals besucht, auch im Winter, und er ist tat-sächlich so etwas wie der Inbegriff eines Berges, der »Vater aller Eisberge«, wie er aus dem Uigurischen übersetzt heißt.

Vor der Reise hatte ich meine langjährige Schweizer Freundin Margrith darum gebeten, mir Tipps für die extreme Höhe zu geben. Denn über 6000 Meter ist jeder Schritt mühsam und anstrengend. Sie hatte den Muztagata in meinem Alter noch bestiegen und sich dafür speziell vorbereitet. Auch über den Schneegipfel selbst wusste sie einiges zu berichten.

Gruezi Hajo,

Du fragst nach meiner Vorbereitung? Ich habe folgende Tipps erhalten, als ich danach gefragt habe:
»Liebe Margrith, hast Du denn das *Viagra* auch nicht vergessen?«, schrieb mir ein österreichischer Professor, den ich um Tipps für die Ernährung während meiner Muztagata-Expedition gebeten hatte. Als ich diese Mail vor meinem Computer im Büro las, musste ich schallend lachen. Ich Ignorant wusste noch nicht, dass Viagra in der Höhe als mögliche »Steig-Hilfe« für Alpinisten angeboten wird. Später ließ ich mich in den Schweizer Bergen von Bergführern belehren, dass dieses Mittel sogar einmal bei einer Everest-Expedition im Rahmen einer Studie eingesetzt wurde. Eine Anzahl von Bergführern erhielt Viagra zum Testen und die andere Hälfte ein Placebo. Noch Jahre danach werden in den Schweizer Berghütten Anekdoten um die »Viagra-Expedition« feilgeboten.

Wie komme ich auf die Idee, mit sechsundfünfzig Jahren einen 7500er besteigen zu wollen? Mit einundzwanzig war ich auf meinem ersten Gipfel in Nepal, dem 5663 Meter hohen Tent Peak im Annapurna Sanctuary. Damals hieß es einfach, auf die Zähne beißen, sich konzentrieren, die Steigeisen im Couloir sorgfältig platzieren, dem Bergführer und den Sherpas vertrauen.

Diesmal vertraute ich jemandem, den Du ebenfalls kennst: Sufi Tabib, der Sufimeister aus Usbekistan. Für ihn zählt vor allem die körperliche Fitness, die er durch Atemübungen und Gymnastik perfektioniert – auch mithilfe der asiatischen Kampfkunst. Von Mystik und Ekstase hält er nicht viel, er bleibt mit beiden Füßen auf dem Boden, und dies empfiehlt er auch allen anderen.

Der Muztagata ist für die Kirgisen ein heiliger Berg. Wo ein Berg ist, daher kommt auch Wasser. Der Himmel nährt die Erde. Der Berg schenkt das Wasser, den Fluss, aus dem Mensch und Tier trinken und in dem die Kleider und Kinder gewaschen werden.

Die ungewöhnliche Form des Berges, er scheint in zwei Teile geteilt zu sein, gab einer chinesischen Legende Stoff. Die Geschichte berichtet, dass eine hübsche Prinzessin auf dem Berg wohnte. Sie war in den Schneeprinzen verliebt, der auf dem zweithöchsten Berg der Welt, dem K2, lebte. Dieser erwiderte ihre Liebe und zog sodann zu ihr auf den Muztagata. Der Vater der Prinzessin billigte diese Romanze jedoch nicht und zerteilte den Berg mit einem Stock in zwei Teile, um das Liebespaar zu trennen. Die Prinzessin trauerte und vergoss in ihrem Kummer viele Tränen, die sich in Gletschereis verwandelten. Noch heute glänzt am Muztagata das Eis aus den Tränen der Prinzessin.

Nicht der überwältigende Anblick des Muztagata hat die Menschen dazu bewogen, an seinem Fuße zu bleiben, sondern sein nie versiegender Wassernachschub für das karge Land. Wer hat sie je gezählt, die Völkersippen, die sich im Verlauf der Jahrhunderte, von der Seidenstraße her kommend, im Schatten des Muztagata niedergelassen haben.

»Es treibt den feiner Besaiteten aus dem persönlichen Dasein heraus in die Hochgebirgslandschaft, wo der weite Blick durch die stille, reine Luft gleitet und sich ruhigen Linien anschmiegt, die für die Ewigkeit geschaffen scheinen«, verkündete kein Geringerer als Albert Einstein, und so erging es auch Sufi Tabib, als er seinen Wunsch, nach China zu reisen, realisierte. Er nahm seinen Sohn Ulugbek mit, einen kräftigen jungen Mann, der mit knapp zwanzig Jahren bereits zentralasiatischer Champion im Kickboxen war. Ich durfte die zwei Usbeken begleiten, weil ich als Reisebürofrau auch die Tore zu den notwendigen Visa öffnen kann, denn das ist sehr schwer für die Usbeken.

Wir begannen unsere Vorbereitung am Karakul-See, nicht weit von Kashgar, zweimal am Tag trainierten wir. Am Morgen machten wir Atemübungen und Gymnastik. Ich wunderte mich, warum wir nicht eine Stufe zackiger voranschritten, es wäre für mich durchaus auch auf der Höhe von 3600 Metern möglich gewesen. Doch Sufi Tabib ermahnte immer wieder, wir sollten auf die genaue Ausführung der Bewegungen achten und nicht auf Geschwindigkeit und Leistung. Jede einzelne Übung achtsam und in Harmonie mit dem Atem zu machen bringt eine erhebende Stimmung und einen klaren Kopf. Müdigkeit habe ich in diesen Tagen nie gespürt. Am Nachmittag haben wir uns dann auf die Kampfkunst verlegt, altes Wissen aufgefrischt, neue Übungen dazugelernt. Dabei spürte ich unweigerlich die Höhe, weil ich sofort kurzatmig wurde.

Dann kam der große Tag. Wir wollten den Hang des Muztagata hinaufsteigen, so weit wir kommen würden. Wir mieteten ein Pferd, der Sohn unseres Wirtes sollte uns begleiten.

Bald mussten wir das Pferd zurücklassen. Als wir weiter über die großen Steinblöcke stiegen, sagte mir Ulugbek nur kurz: »Margrithapa, diese Steine sind gefährlich.« Er meinte damit, konzentriere dich,

Schwester. So versuchte ich, von einem großen Stein auf den nächsten zu treten und ja nicht aus Sufi Tabibs Rhythmus zu fallen. Es wird berichtet, dass in dieser Höhe so etwas wie ein High, ein leichtes Gefühl des Fliegens, im Kopf entsteht. Mir erging es jedenfalls so. Sufi Tabib trat mit sicherem Schritt von einem Stein auf den nächsten, ich hinterher. Ulugbek musste sich zwischendurch bücken und nach Luft ringen, auch am Abend klagte der Junge über Kopfschmerzen. Dann erreichten wir die Schneegrenze und stiegen über dazwischenliegende Steine noch so weit, wie es möglich war. Anhand unserer Karte konnten wir errechnen, dass wir auf 6000 Meter angekommen waren.

Dort setzte sich Sufi Tabib auf einen Stein und rezitierte mit kräftiger Stimme Koransuren. Unser kirgisischer Begleiter war tief beeindruckt. Er hatte noch nie so locker Gäste auf 6000 Meter begleitet und dabei noch eindrücklichen Koransuren gelauscht, die er selber noch nie gehört hatte.

Dieses Erlebnis zeigte mir, dass ich noch immer fit bin und leicht auf die höchsten Gipfel steige, und dies *ohne Viagra im Gepäck!*

Herzliche Grüße aus Zürich
Margrith

Viehmarkt und Schachspieler

In der Nähe von Kashgar kommen wir an einem Stausee mit einem Kraftwerk vorbei. Als wir anhalten, drängen Steinhändler aus kleinen Blechbaracken und bieten recht aggressiv ihre Waren an. Dies ist kein Dorf, sondern ein kleiner Markt in unwirklicher Umgebung. Sie tragen lange Mäntel und Fellmützen gegen die Kälte, die hier schnell einsetzen kann. Aziz redet amüsiert mit ihnen und meint, sie würden nur lamentieren und seien Schlitzohren.

Wir unterhalten uns mit einem der Männer. Er hat einen weißen Kirgisenhut auf, und trotz seiner jungen Jahre fehlen ihm viele Zähne. »Früher war das ein gutes Geschäft mit den Jadesteinen, da kamen noch Fremde. Heute kommen nur noch wenige Ausländer, und die kaufen nichts. Die einzigen Kunden hier sind die Han-Chinesen, aber die kennen sich bestens mit Jade aus.« Dabei lacht er, und die anderen Händler um ihn herum tun es ihm gleich. An Zwischenhändler würden sie die Ware jedoch nicht abgeben; da würden sie lieber zwei Tage lang selbst zu den großen Märkten in Yarkant und Hotan fahren.

Nomaden lebten hier längst keine mehr, meint er noch. Wir suchen nämlich nach Bildern, die man Xinjiang zuordnen kann und die nicht chinesisch anmuten. Das ist gar nicht so einfach. Überall werden alte Gebäude abgerissen und dafür moderne Hochhäuser errichtet. Doch hier und da findet man zum Glück noch etwas.

In Kashgar zum Beispiel wird jeden Sonntag ein großer Viehmarkt abgehalten, ein herausragendes Ereignis im Leben fast aller Turkvölker: Kamel, Schaf, Esel oder Pferd sind immer noch sehr wichtig für die Existenz der Menschen. Noch wichtiger jedoch ist das Zusammenkommen. Bei den Herden oder in der Jurte ist man für sich, doch auf den Märkten trifft man sich und tauscht sich aus.

Die Tiere stammen aus den Bergdörfern oder auch von weiter weg, aus Kasachstan oder Pakistan. Sie werden in Lastern oder großen Viehwaggons zum Markt geschafft, auf Kleintransporter oder Motorräder verladen. Manche Händler gehen zu Fuß, die Tiere im Schlepptau. Der Ruf eines Händlers ist entscheidend, niemand hier kann sich Betrug mit kranken Tieren leisten. Das würde sich herumsprechen.

Die Preise für Fleisch und gute Tiere sind hoch, es lohnt sich, zu warten und zu handeln. Kashgar ist eine Wüstenstadt; tagsüber wird es sehr heiß. Erfrischungen finden reißenden Absatz. Zur Bewirtung der Kunden werden gern Melonenstücke gereicht. Uiguren lieben es, Speisen am offenen Feuer und unter freiem Himmel einzunehmen. Das ist ihre Welt. Unübertroffen sind die Teigtaschen, gefüllt mit Speckstückchen: Samsas, im Steinofen gebacken.

Der Viehmarkt ist ein Ereignis für die ganze Familie. Es gibt Neuigkeiten, man trifft Freunde und Verwandte und darf auch als Kind schon mal eine selbst gemachte Limonade schlürfen. Wie alle Turkvölker vom Bosporus bis nach China haben sich die Uiguren neben der Tierzucht auf den Handel mit Obst und Gemüse spezialisiert. In dieser Branche gibt es kaum chinesische Konkurrenz. Eine Überlebensstrategie also, die auch im sinisierten Xinjiang weiterhin erfolgreich ist. Es herrscht den ganzen Tag über ein ständiges Kommen und Gehen. Verkaufte Tiere werden zu ihrem neuen Besitzer gebracht. Ladenhüter müssen wieder zurück in die Heimat. Unaufgeregt geht jeder seiner Beschäftigung nach.

Rund um die Heytgah-Moschee hat sich ein Stück altes Kashgar erhalten. Die Moschee ist eines der größten islamischen Gotteshäuser Chinas. Die Uiguren gelten als dem Sufismus zugewandt, also dem gemäßigten, mystischen Islam. Die Chinesen sehen das anders. Sie haben viel Militär in Xinjiang stationiert.

Kashgar war immer schon ein großer Basar entlang der Seidenstraße gewesen, eines der bedeutendsten Handelszentren für Waren aller Art. Marco Polo schrieb einst, dass der Ort an der Kreuzung mehrerer Handelsrouten liege; die Bevölkerung be-

Eines der imposantesten Teilstücke der Reise: Vom tibetischen Lhasa nach Nepal führt die »Straße der Freundschaft«. Über 800 Kilometer lang geht es an mehreren Achttausendern vorbei.

Der einzige Achttausender im Westhimalaja: Der Nanga Parbat ist mit
8125 Metern der neunthöchste Berg der Welt. Er gehört zu Pakistan.

Ausgebrannte Busse am Karakorum Highway auf der Höhe von Chilas. Hier
wurden zwanzig schiitische Muslime Opfer eines Terroranschlags.

Der Karakorum Highway hinter Karimabad: Ein Erdrutsch verwandelte die einzige Verbindungsstraße nach China in einen 36 Kilometer langen Stausee.

Überquerung des Attabad-Stausees (rechts: Kameramann Rüdiger Kortz; links (mit Sonnenbrille): Aufnahmeleiter Tayyab Syed)

Maui Khan (mit weißem Bart) ist 104 Jahre alt und hat die Erstbesteigung des Nanga Parbat durch Hermann Buhl noch erlebt.

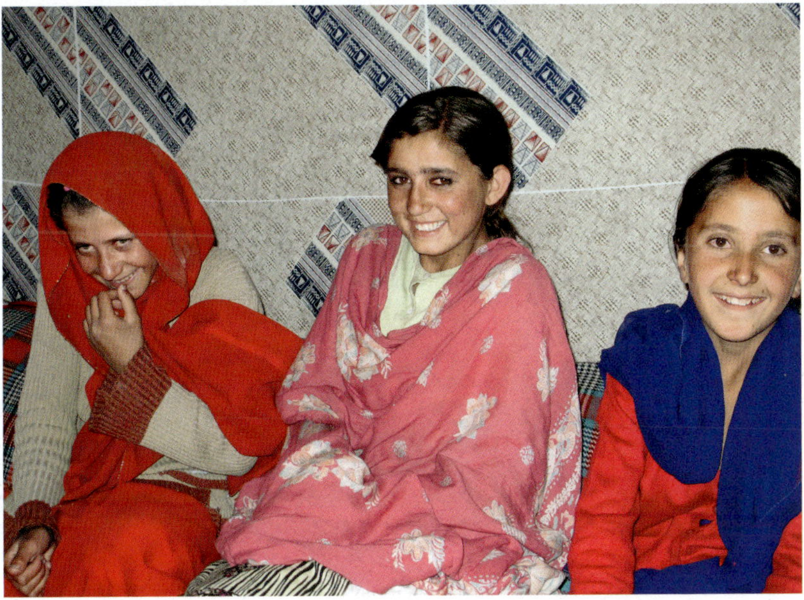

Mädchen in Shimshal. In der Mitte eine Tochter der Familie Mehdi mit Freundinnen

Safrez betreibt eine Lodge in Fairy Meadows am Nanga Parbat.

Muhammad Fida, unser Bergführer in Machaloo

Gebetsfahnen am Himalaja von tibetischer Seite aus gesehen

Der Potala in Lhasa unter chinesischer Flagge. Einstmals der Regierungssitz der Dalai Lamas ist der Riesenpalast heute ein streng bewachtes Museum.

Etwas in Wolken zu erahnen sind der Mount Everest, Makalu, Shishapangma, Lhotse und Cho Oyu.

Alle Arten von Nüssen und Rosinen werden auf dem Wochenmarkt in Kashgar in Xinjiang feilgeboten.

Kirgisische Jurten am Muztagata in China, mit knapp 7500 Metern einer der imposantesten Eisklötze im Pamirgebirge

Mausoleum der Herrscher des Yarkant in Xinjiang. Das islamische Yarkant-Khanat wurde im 16. Jahrhundert von Sultan Said gegründet.

Unsere Expedition hat am Fuße des Cho Oyu in Tibet in über 5000 Meter Höhe die Zelte für die Nacht aufgeschlagen.

Hinweisschild zu einem Guesthouse in Tibet. Von hier aus kann man die Basislager des Shishapangma, Cho Oyu und Mount Everest erreichen.

Wetterwechsel auf dem Dach der Welt: Hier liegt die Ebene schon auf über 5000 Meter Höhe.

Anfahrt zum Shishapangma (8027 m) auf einer Schotterpiste: Der kleinste der Achttausender gehört zu China.

Das Rombuk-Kloster ist mit 5200 Metern über Null das höchstgelegene Kloster der Welt. Im Hintergrund ist der Mount Everest zu sehen.

Susmita Maskey ist Schauspielerin und besteigt Berge: Die junge Nepalesin war bereits viermal auf dem Gipfel des Mount Everest.

Frauen dreschen und trocknen Reis in Bhaktapur im Kathmandu-Tal.

Sadhus am großen Hindutempel Pashupatinath in Nepal. Die Männer haben sich einem religiösen, asketischen Leben verschrieben.

Eine Leiche wird zur Verbrennung vorbereitet.

Kloster Diskit im indischen Ladakh: Hier erleben wir eine Feuerpuja und die Übergabe eines Sandmandalas an die Natur.

Im Chitwan-Nationalpark kennt sich Schukran besonders gut aus. Er führt Fremde durch den Dschungel.

Lama Yapo Yonam gehört der Nyingmapa-Sekte an und leitet das Pemayangtse-Kloster in Pelling im indischen Sikkim.

Der Dalai Lama begrüßt bei einer Klostereinweihung im indischen Bundesstaat Himachal Pradesh Kinder und Würdenträger.

Kinder im Pin Valley in Spiti schauen einer Schauspielertruppe zu. Denn viel Abwechslung gibt es hier ansonsten nicht.

»Für ein freies Tibet!«: Lama Nawang in Mustang kämpft für eine bessere Wasserversorgung in Sam Dzong und anderen tibetischen Dörfern.

Shigatse in über 4000 Meter Höhe: Hier stehen dem kurzatmigen Besucher bei Bedarf im Hotel Sauerstoffflaschen zur Verfügung.

Der dritthöchste Berg der Welt: Der Kangchendzönga zeigt sich von Pelling aus nach elf Tagen im Regen von seiner schönsten Seite.

Mr. Prem (mit Stirnband) spielt mit unserer Expeditionsmannschaft Karten, um die Stimmung angesichts des schlechten Wetters zu heben.

Über den Wolken: Lagerplatz bei unserem Kangchendzönga-Trek auf 4500 Meter Höhe

Teeernte an den grünen Hügeln Darjeelings: Der Tageslohn der Pflücker liegt bei 2 Euro. Der Tee gilt als einer der feinsten der Welt.

Das Sortieren der wertvollen Teeblätter geschieht per Hand. Für diese Arbeit werden nur sehr erfahrene Arbeiterinnen eingesetzt.

An einer Haltestelle der Darjeeling-Bahn kann man Ferngläser mieten, um den Kangchendzönga ins Visier zu nehmen.

In Paschupatinath im Kathmandu-Tal: Der Priester Narendra bei einer Zeremonie, die mich zum Hindu machen soll.

Der Teebaron Rajah Banerjee stellt uns stolz unterschiedliche Sorten vor.
Ihm gehört in vierter Generation die älteste Teefabrik Darjeelings.

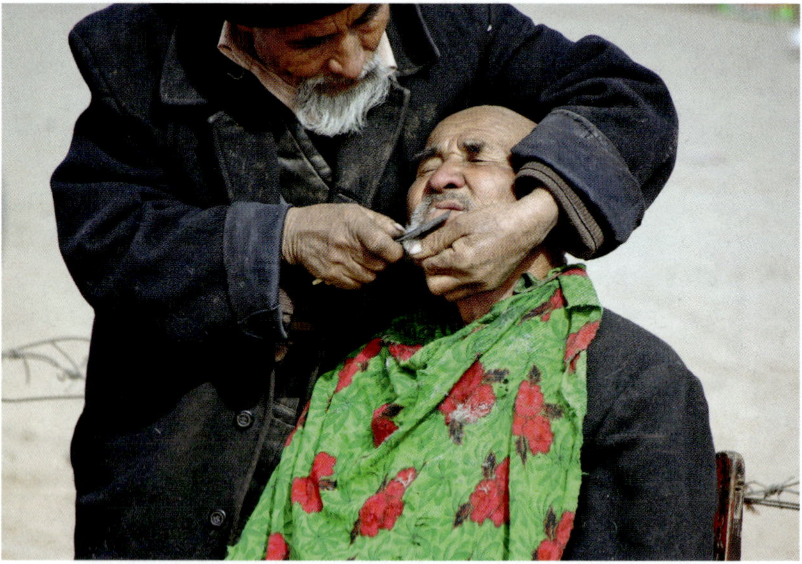

Rasur ohne Schaum auf dem Viehmarkt in Kashgar (Xinjiang): Barttracht und
eine gute Rasur sind äußerst wichtig für die Uiguren.

Tempelfest in Gangtok (Westbengalen) im Rahmen der großen Durga Puja zu Ehren der Göttin Durga

Die Uiguren kochen am liebsten im Freien. Ihre Mahlzeiten nehmen sie selbst bei großer Kälte draußen auf Märkten zu sich.

Lama Nawang in Mustang entwirrt Gebetsfahnen, die typisch sind für die tibetische Hochebene. Sie haben die Farben Blau, Weiß, Rot, Grün und Gelb.

treibe bevorzugt Gewerbe aller Art. Viele Händler waren damals schon weltweit unterwegs.

Die Uiguren frequentieren den Basar gern; Seidenstoffe kauft man immer noch ausschließlich hier. Die Häuser in der Altstadt sind aus Ziegeln, und vieles geschieht auf offener Straße. Chinesen sieht man hier kaum. Die Uiguren essen ausschließlich in ihren Restaurants und kaufen nur bei muslimischen Händlern. Die Fronten sind starr.

Die Zünfte haben in der Altstadt ihre eigenen Straßen wie bei uns im Mittelalter. Die Schreiner, die Metzger, die Gemüsehändler genauso wie die Metallbearbeiter und Scherenschleifer. Ein wenig ist hier die Zeit stehen geblieben. Im restlichen China muss alles modern und neu sein. Das Viertel der Zünfte in Kashgar rund um die Heytgah-Moschee wirkt dagegen wie ein Museum.

Ich begebe mich zu einer verwunschenen Adresse, an der ich schon öfter war: ein Laden mit orientalischen Instrumenten, uigurischen Dombras und Rubags, Geigen, Tamburinen. Ein Geheimtipp für Freunde der Musik der Turkvölker. Die Brüder Emin Haji und Muhamad Tursun betreiben diesen Laden und bauen die Instrumente. Wären wir in Istanbul, würde man die beiden für Türken halten. So wie ich kommen immer wieder Musikliebhaber aus der ganzen Welt und interessieren sich für die Einflüsse der Sufimusik.

»Wir werden immer wieder gefragt, ob das Instrumente der Sufis seien und ob wir ihre Musik spielen«, erzählt mir Emin Haji. So genau wissen das die beiden Brüder selbst nicht. »Bestimmt hat es Einflüsse auf die traditionelle uigurische Musik gegeben, aber nicht nur von den Sufis. Die uigurische Musik hat ihren eigenen Ursprung. Aber wahrscheinlich hat sie einige Gedichte und Weisheiten der Sufis einfach aufgenommen.«

Es gibt nicht mehr viele Instrumentenbauer in Xinjiang, und auch die Brüder drücken sich natürlich vorsichtig aus. Religion ist seit vielen Jahrzehnten ein heikles Thema in China. Darüber redet man nicht gern. Früher haben Touristen die Instrumente als Souvenir gekauft. In den letzten Jahren galt Kashgar jedoch nicht mehr als gefahrloses Ziel für Reisende. Auch die Uiguren selbst interessierten sich lange nicht für ihre kunstvollen Traditionen.

Das jedoch hat sich komplett geändert. »Von 1990 bis 2000 waren die jungen Leute nur daran interessiert, westliche Musikinstrumente zu erlernen und westliche Musik zu hören. Niemand wollte die alten Instrumente der Steppennomaden Chinas hören«, formuliert der andere Bruder und ergänzt durchaus erfreut, »heute ist es genau umgekehrt: Es ist wieder in Mode, traditionelle Instrumente zu spielen, warum auch immer!« Ganz so ahnungslos, wie sie tun, sind die Brüder nicht. Sie reden aber nur über ihre Instrumente und nicht über die Politik und den erstarkten Nationalismus der Uiguren.

In dem Laden war ich vor sechs Jahren schon einmal. Nur Haji Emin erinnert sich noch daran. Damals hatte ich Sufimusiker aus der Türkei und einen Wiener Professor für Musiktherapie kennengelernt, die sich mit altorientalischen Instrumenten befassten: Der Professor ließ Patienten zu therapeutischen Zwecken mit der Dombra, einem lautenähnlichen Zupfinstrument, und der Rebab, einem Instrument mit nur einer Saite, bespielen. Das ist nichts Neues: Schon Abu Ali Sina – Avicenna, wie man ihn gemeinhin nennt, also der »Medicus« – hatte in großem Umfang musikalische Heiltherapie betrieben und diese Instrumente bei bestimmten Krankheitsbildern eingesetzt.

In vielen alten Reiseberichten liest man auch von den Schachspielern in den Straßen von Kashgar. Es gibt sie immer noch. Schach kommt, so sagen Forscher, aus Indien, Persien und China. In einer Handelsstadt wie Kashgar war das Spiel sicher früh bekannt. Man trifft sich in den Hinterhöfen am späten Nachmittag. Dann zahlt man seinen Beitrag, spielt oder studiert das Spiel der anderen.

Jeder Treffpunkt hat seinen Schachmeister, und nur der darf Auskunft geben. »Schach ist hier ungemein populär«, erzählt uns der Mann mit lichtem Haar. Sein Alter ist schwer zu schätzen, er müsste aber jenseits der siebzig sein. »1870 gab es die erste Generation von Meisterspielern aus Kashgar, allen voran der berühmte Herr Mollam. Heute stellen wir immer noch die besten Spieler von ganz Xinjiang. Bei den Meisterschaften in Chochek haben wir letztes Jahr wieder gewonnen!«

Bei dem Zusammentreffen der Schachspieler ist die Luft tabakgeschwängert. Fast jeder raucht. Meist stecken Filterzigaretten in ihren faltigen Mündern und zwischen den abgearbeiteten Fingern. Manche drehen sich auch ihre Zigaretten. Die Männer haben weiße Bartstoppeln oder dünne Schnauzer. Auf den Köpfen tragen sie Schiebermützen, die sie beim Nachdenken hin- und herdrehen.

Wenn es Nacht wird, gehen die Uiguren gern auf die Straße und essen ihre bevorzugten Speisen. Als besondere Delikatesse gilt Hammelhirn. Überhaupt scheint es kaum etwas zu geben, was nicht verzehrbar ist. Auf dem Nachtmarkt gibt es Spieße mit allerlei Leckereien, Pansen, Linsenpaste, Innereien. Viele Spezialitäten der uigurischen Küche sind bei uns gänzlich unbekannt oder werden jedenfalls nur sehr selten gegessen. Man liebt hier Rindfleisch in Bärlauch mit Chilischoten und selbst gemachten Nudeln, Teigtaschen gefüllt mit Lamm und Kohl oder uigurisches Kebab.

Die Uiguren hängen an diesen Speisen. Pansen findet bei uns nur noch als Hundefutter Verwendung. Hier sind Innereien bezahlbar und richtig zubereitet durchaus genießbar. Endlich sehen wir auch, wie man Spaghetti mit der Hand herstellt. Eine Frau tut dies sorgsam und mit rasender Geschwindigkeit. Erst zieht sie die Teigfäden, und dann rollt sie die langen Schnüre in Form einer Acht um beide Handgelenke und schleudert sie kunstvoll. Kein Wunder, dass dies Marco Polo so nachhaltig beeindruckt hat.

Der chinesischen Obrigkeit sind Zusammenkünfte im Halbdunkel nicht geheuer. Ganz in der Nähe patrouilliert Polizei in Schutzkleidung und überwacht das Geschehen.

Ein schwerer Stand

Wir wollen weiter nach Tibet. Uiguren und Tibeter haben in China zwei Dinge gemeinsam: Sie leben in sogenannten Autonomen Gebieten, die aber keinesfalls autonom sind. Und in beiden Fällen fürchten die Chinesen die nomadische Lebensart der Menschen, ihre Religiosität und ihre Bereitschaft zur Rebellion.

Mittlerweile leben über hundert Millionen Muslime in China – fast so viele wie in Indien. Außerdem grenzt China an fünf muslimische Länder, nämlich Pakistan, Afghanistan, Tadschikistan, Kirgisistan und Kasachstan. Außer dem Islam gibt es kaum ein religiöses Element in China, die meisten Chinesen haben gar keine Religion, und der Buddhismus ist eher eine Weltanschauung.

Verschiedene Menschenrechtsorganisationen haben das Vorgehen der chinesischen Zentralmacht gegen die uigurische Minderheit immer wieder verurteilt. Beijing dagegen versucht genauso wie Russland in seiner Tschetschenienpolitik einen Zusammenhang zwischen Islam und Terrorismus zu konstruieren und diesen, besonders nach dem 11. September, zum Vorwand für ein rabiates Eingreifen gegen die uigurische Bevölkerung zu nehmen.

Unter der Hand bekommen wir so viel mit, dass eines eindeutig ist: Was sich in Xinjiang abspielt, hat mit bloßen Demonstrationen nichts mehr zu tun. Es gibt Aufstände, Massenverhaftungen, Folter und Attentate, von denen wir erfahren und über die Menschenrechtsvereinigungen Schreckliches berichten. Da ist nichts harmlos: Es ist wohl eher ein Bürgerkrieg, von dem die Welt allerdings kaum Notiz nimmt.

Natürlich führe ich keine Interviews über dieses Thema, sondern suche mir bewusst harmlose Themen wie Steine oder Instrumente. Wir erhalten aber auch so deutliche Botschaften. Die

Menschen, die wir auf der Straße ansprechen, wollen nicht im Bild zu sehen sein und weder im Fernsehen noch in einer Zeitung erkannt werden. Sonst bekomme man zu Hause Besuch und müsse eventuell zur Umerziehung, sagen sie. Vor allem in den Gefängnissen geht es grausam zu, und die Welt schweigt.

Ich habe mich immer für Minderheiten interessiert, nicht nur für die Tibeter. Auf meinen Reisen habe ich mit eigenen Augen gesehen, was aus den Indianern Nordamerikas geworden ist, was aus den Indios in Mexiko, Chiapas und Guatemala, was aus den Māori und Aborigines und den Bewohnern der Langhäuser in Borneo. Alle Naturvölker waren relativ machtlos gegen die Neuankömmlinge aus Europa gewesen, die Reichtum und Wohlstand suchten und die in ihrem Geschäftsgebaren und ihrer Bewaffnung überlegen waren.

Die Uiguren kann man allerdings nicht als Naturvolk bezeichnen. Sie leben als zentralasiatische Ethnie in Xinjiang und sind nicht rückwärts gewandt, sondern sehr erfolgreich im Geschäftsleben, sofern sie daran partizipieren können. Wenn es jedoch stimmt, dass noch mehr Chinesen in Xinjiang angesiedelt werden sollen, dann können die Uiguren mit ihren acht Millionen Menschen zu den Indianern ihres Landes werden. In Tibet ist die Sinisierung ja schon erfolgreich vollzogen worden.

Augenscheinlich ist der Zusammenhalt der Uiguren größer als bei anderen Ethnien. Sie sind international vernetzt und haben eine starke Orientierung nach Zentralasien, wo der kulturelle Reichtum ihres Volkes weitergetragen und am Leben erhalten wird.

Außerdem hat die chinesische Gesellschaft zunehmend eigene Probleme. Umweltskandale, Korruption, die Raffgier der Eliten sowie die Unzufriedenheit einer zunehmend wohlhabenderen Schicht von Menschen könnten die Gründe dafür sein. Überall erfahren wir unter der Hand, dass es auch in der chinesischen Gesellschaft brodelt. Vor allem gebildete Gesprächspartner spekulieren, dass die nächste Revolution in China eine bürgerliche sein wird. Eine solchermaßen gewandelte Gesellschaft müsste dann auch anders mit den Menschen umgehen.

Die Uiguren selbst sollte man auch nicht unterschätzen. Der Versuch, ihre Bevölkerungszahl durch Geburtenkontrolle zu verringern, ist noch nicht geglückt, und sie haben sich im Lauf der Jahre an die subtilen wie rigorosen Repressalien der Zentralmacht gewöhnt und versuchen, damit umzugehen. Auch Mandarin sprechen mittlerweile viele uigurische Geschäftsleute. Außerdem haben sie einen Glauben und Werte, denen sie unerschütterlich anhängen und die ihnen Halt geben.

Wüste des Todes

Die »Straße der Achttausender« führt auf dem Weg in den Himalaja durch die Wüste Taklamakan. Sie ist 300 000 Quadratkilometer groß und bedeckt zwei Drittel der Landfläche Xinjiangs. Während Sven Hedin die Durchquerung der Taklamakan in seiner 1927 begonnenen Expedition wie manch anderer beinahe nicht überlebt hätte, fahren wir im 21. Jahrhundert trotz Sandsturms auf sicheren chinesischen Straßen.

»Platz ohne Wiederkehr« oder »Wüste des Todes« nennt man die Taklamakan. Besonders gefährlich sind die Wanderdünen und der Wind. Man kann an manchen Stellen versinken oder im Sandsturm die Orientierung verlieren. Immer noch ist die Taklamakan voller Schätze und Geheimnisse: versunkene Städte, jahrtausendealte Mumien von Menschen indoeuropäischer Abstammung, gewaltige Erdölvorkommen und geheimnisvolle Orte am Rande der Wüste.

Wir nähern uns nach einer Tagesreise über 700 Kilometer der Millionenmetropole Hotan und stoßen plötzlich, noch vor der Stadt und mitten in der Wüste, auf seltsame Fahnen. Die Taklamakan wird dadurch noch unheimlicher. Der Ort wird offenbar von Menschen besucht, denn die Fahnen sind neu. Bei näherem Hinsehen entdecken wir einfache Flaggen in Weiß, Grün oder Schwarz, wie sie von islamischen Derwisch-Orden benutzt werden. Andere Fahnen sind von Hand mit Mantras und Windpferden bedruckt und weisen tibetische Schriftzeichen auf; es handelt sich also um tibetische Gebetsfahnen. Auf jeden Fall sind wir hier an einem Ort, an dem Menschen zusammenkommen, beten, vielleicht speisen und Rituale abhalten.

Obwohl Tibet noch weit ist, haben wir in dieser Einöde erste Spuren des Buddhismus entdeckt. Wo bestimmte Religionsformen nicht gelitten sind, zieht man sich eben in die Wüste zurück.

In früheren Epochen reichte Tibets kultureller und religiöser Einfluss bis tief nach China hinein.

Was hier genau geschieht, erfahren wir nicht. An vergleichbaren Gebetsstätten in Asien gedenkt man mystischer Heiliger. Wahrscheinlich ist dies hier auch der Fall. Oft sind solche Orte uralt und wurden von der Bevölkerung schon vor der Ankunft der großen Religionen als animistische Kultstätten genutzt.

Das Herrscher-Mausoleum in Yarkant, das ebenfalls auf unserer Route liegt, deutet auf einen anderen Einfluss in der Geschichte Xinjiangs hin. Die Nachfahren des mongolischen Großkhans Timur errichteten hier Anfang des 16. Jahrhunderts das islamische Khanat Yarkant. Neben den buddhistischen Einflüssen aus Tibet waren also genauso die islamisch-mongolischen Einflüsse prägend.

Religiös bedeutsame Plätze wie dieser waren während der Kulturrevolution in Vergessenheit geraten. Sie wurden bestenfalls als öffentliche Bedürfnisanstalten genutzt. Heute haben die Heiligengräber der großen Khane der Vergangenheit wieder ihren Platz als wichtige Denkmäler Chinas und werden besucht.

Sie zu finden ist allerdings zunehmend ein Problem: Rundherum wachsen wahnwitzig schnell die chinesischen Großstädte mit ihren Wolkenkratzern. Die Minarette, einst die höchsten Bauwerke der islamischen Kultur, fristen nur noch ein Schattendasein. Die Kräne der Hochhausbaustellen rücken auch hier immer näher.

Es ist Freitag, und das wichtigste Gebet der Woche in der Moschee von Hotan ist vorbei. Die Männer strömen erregt von den Worten ihres Imam aus der Moschee. Ein hochbrisanter Moment auch für uns Vorbeireisende.

Die Besiedlung Xinjiangs mit Han-Chinesen, die Ausbeutung der Bodenschätze und die Bedrohung ihrer Kultur haben die Uiguren radikalisiert und religiöser gemacht. Die blutigen und verlustreichen Aufstände gegen die Zentralmacht brachten fast jeder Familie Tote und Verhaftete. Nie waren hier die Freitagsgebete so gut besucht wie jetzt. Während Rüdiger im Getümmel dreht, werde ich ausgiebig von einem jungen Mann in westlicher

Kleidung befragt, warum ich hier sei und was ich beruflich mache. Er spricht gut Englisch und weicht mir nicht von der Seite. Er passt ganz einfach nicht an diesen Ort, und es ist unschwer zu erraten, was er hier macht.

Ich würde Vorträge an Schulen halten und Bücher schreiben, erzähle ich ihm, denn schließlich hätten wir viele Muslime in Deutschland, das Interesse an muslimischer Kultur sei deshalb groß. Das scheint ihn zu überzeugen. Er bleibt aber trotzdem in meiner Nähe, obwohl wir Aziz dabeihaben, und er tut das sicherlich in jemandes Auftrag. Vermutlich gibt es hier auch Überwachungskameras, das kennen wir bereits aus Kashgar.

Vor der Moschee werden Speisen angeboten, und fliegende Händler bieten ihre Waren feil. Ich spüre eine Spannung in der Luft, die sich aber nicht entlädt. Die Männer tragen allesamt Bärte und Kopfbedeckungen und sind traditionell mit weißen Käppis zum Freitagsgebet gekommen. Wir nehmen keinen Kontakt zu ihnen auf, weil ich vermute, dass sich der junge Mann genau dafür interessieren würde.

Stein der Götter

Überall in Hotan, Kashgar oder Yarkant, aber auch auf dem Land, sieht man in den großen Flussbetten Steinsucher. Das ist kein Volkssport der Uiguren, sondern eine wichtige Einnahmequelle, denn sie suchen nach einem wertvollen Edelstein: Jade. An den Ufern gibt es Märkte, und jeden Monat kommen Tausende Händler und Sammler zusammen, um ihre Steine anzubieten.

Die Stimmung auf dem Markt von Yarkant ist sehr eigen, betont gelassen und entspannt. Jeder packt seine Ware vor sich aus und besprüht die Steine in regelmäßigen Abständen mit Wasser. Dann kommen über Tag Tausende kleine und später auch große Händler und schlendern von Anbieter zu Anbieter. Sie tun erst einmal sehr gelangweilt, bis sie dann doch Interesse zeigen, die Steine genau beäugen und mit Taschenlampen anleuchten. Anschließend wird ein Angebot gemacht, und der Verkäufer nickt oder schüttelt emotionslos den Kopf. Es geht augenscheinlich nicht nur um das Geld, da steckt auch eine Lebenshaltung dahinter, die über den orientalischen Handelsgeist hinausgeht.

Jade findet man im Umfeld von Vulkanen und in erdbebengefährdeten Regionen wie nördlich des tibetischen Plateaus. Der Kult um den Stein der Götter ist in China achttausend Jahre alt – er war schon in der Antike ein Luxusobjekt. Jade war und ist als Schmuckstein gefragt, aber auch in der alternativen Medizin und esoterischen Lebensanschauung. Es gibt heute noch Jade-Kaiser, die von dem Großen Ho abstammen, einem chinesischen Kaiser, der mit dieser Abgrenzung vor tausend Jahren seine Dynastie festigen wollte; es gibt die konfuzianische Jade-Ethik, die festlegt, welche Gesellschaftsschicht berechtigt ist, welchen Stein zu tragen, und außerdem noch allerlei esoterische Vorstellungen. So galt Jade bei den Hippies der 1960er- und 1970er-Jahre etwa als »Stein der Weisen«.

Die Händler und Interessenten wirken alle wie Kenner und Fachleute. Schauen und stilles Bewundern scheinen wichtiger als schnödes Geschäft. Allerdings gibt es in jeder Familie hier einen Spezialisten für Jade, und manch unscheinbarer Marktbesucher ist in Wahrheit »steinreich«.

Für viele hat Jade eine spirituelle Bedeutung, andere glauben den Wert in der Lichtdurchlässigkeit zu erkennen und durchleuchten die Steine mit Taschenlampen. Zunehmend besuchen auch chinesische Händler und ihr Gefolge den Markt. Für uns Unkundige ist es schwer zu glauben, dass hier Millionenwerte buchstäblich auf dem Boden liegen und vielleicht im Laufe des Tages den Besitzer wechseln. Uns ist allerdings unklar, woran man den Wert eines Stücks Jade bemisst, er wird jedenfalls nicht einfach in Karat oder dergleichen gemessen. Wir befragen einen Händler danach. »Der Stein, auf den Sie gerade gezeigt haben, ist 200 000 Yuan wert«, erklärt er uns, das sind über 30 000 Euro. »Ein Stück Gold vom gleichen Gewicht kostet nicht annähernd so viel. Das geflügelte Wort hier lautet: Gold hat seinen Preis, Jade ist ohne Preis.«

TEIL V

Zickzack nach Chengdu

Mit dem Besuch in Tashkurgan und am Muztagata sowie mit der Querung der Taklamakan-Wüste haben wir die Höhepunkte Xinjiangs erlebt. Kashgar, Hotan und Yarkant liegen mit vielfältigen Eindrücken hinter uns. Nun wird es spannend. Lässt man uns nach Tibet hinein? Noch habe ich die Permits nicht und auch keinerlei Nachricht, ob es klappen wird. Wir haben auch in Xinjiang nicht erzählt, dass wir nach Tibet wollen, sondern nur gesagt, dass wir von Kathmandu aus nach Hause fliegen werden. Das ist tatsächlich unser Plan B, wenn wir das Permit in Chengdu nicht bekommen.

Wir haben zwei Flüge vor uns, zunächst nach der letzten Fahretappe am Rande der Taklamakan von Aksu nach Urumtschi. Dann von dort nach Chengdu, der Hauptstadt Sichuans. Von dort soll es tags drauf nach Lhasa weitergehen, der Hauptstadt Tibets. Aziz begleitet uns bis Urumtschi, wo wir uns herzlich von ihm verabschieden.

In Urumtschi erleben wir das auch hier äußerst angespannte Verhältnis zwischen Uiguren und Chinesen. Die Stadt ist auch nach den Gewaltorgien 2010 immer wieder Schauplatz heftig eskalierender Kämpfe gewesen. Überall in der Millionenmetropole patrouillieren schwer bewaffnete Trupps der chinesischen Armee.

Wir wohnen in einem uigurischen Hotel und essen auch in einem uigurischen Restaurant. Der Unterschied zu chinesischen Lokalitäten ist gewaltig. In Hotan hatten wir in einem chinesischen Hotel übernachtet. Abends gab es dort Karaoke-

Veranstaltungen. Viele junge Frauen, in kurzen Röcken, mit hohen Schuhen und auffällig geschminkt, begehrten Einlass; den Eingang kontrollierten Uniformierte. Für Geld produzierten sich die Mädchen dann beim Karaoke und wurden anschließend von chinesischen Kunden in die Separees eingeladen. Dort kommt es offenbar gegen Geld zu Dienstleistungen unterschiedlicher Art, wobei meist auch harter Alkohol im Spiel ist. Das geht die ganze Nacht so, und häufig gehen die Gelage auf den Zimmern weiter. Sodom und Gomorrha.

In uigurischen Hotels gibt es dagegen weder Alkohol noch Karaoke, stattdessen Tee und Kopftücher. Neben dem Bett liegen Gebetsteppich und Koran. Im muslimischen Teil Urumtschis pulsiert des Nachts das Leben auf völlig andere Weise. Man geht einkaufen, essen und unterhält sich, treibt Handel und ist gesellig. Die Kaufhäuser sind beleuchtet. Allerdings stehen an jeder Ecke chinesische Soldaten mit gruseligen Schlagstöcken, die aussehen wie Totschläger. Sie tragen automatische Waffen und rohrartige Werfer, aus denen vermutlich Reizgasgranaten abgefeuert werden können. Dazu kommen schwere Helme und große Schutzschilde.

Die Fahrt zum Flughafen am nächsten Morgen wird zur Geduldsprobe. Urumtschi platzt aus allen Nähten und ist auf dem besten Weg, eine Megacity zu werden. Volkswagen hat hier ein Werk eröffnet, das als riskantester Standort des gesamten Konzerns gilt und angeblich ein Zugeständnis an die Zentralregierung darstellt, um im Osten die Genehmigung für ein noch größeres Werk zu erhalten. Die Verkehrsanbindung ist hervorragend. Durch Urumtschi führt die große Eisenbahnlinie von Almaty nach Beijing.

Der Flug nach Chengdu ist schon unser siebter Inlandsflug in China, und so ist uns die Prozedur vertraut. Sprengstofftester nehmen Staubproben an den Kameras, Batterien dürfen nicht ins Handgepäck, und an jedem Durchleuchtungsgerät die Schuhe an- und auszuziehen ist uns zur Routine geworden. Der Sicherheitsfanatismus der Chinesen orientiert sich an japanisch-amerikanischen Maßstäben. Der Flug von Urumtschi nach Chengdu dauert vier Stunden. China ist groß, und der Himalaja ruft!

Wir dürfen nach Tibet

In den Achtzigerjahren wurden die meisten Flugverbindungen von Chengdu nach Tibet von der staatlichen Airline CAAC angeboten. Manchmal reiste ich allerdings auch von Chengdu aus mit dem Jeep nach Lhasa, aber das dauert mehrere Tage. Die CAAC hatte sehr eng bestuhlte Flugzeuge; für uns großgewachsene Langnasen waren das geradezu Bonsaisitze. In Chengdu musste man damals noch aufs Rollfeld zu den Flugzeugen laufen.

Später, als die Lufthansa immerhin zeitweise Direktflüge nach Kathmandu anbot, führte die Reise nach Tibet von Nepal über die Grenzstadt Zhangmu. Oft war die Straße dorthin aber wegen Erdrutschen nicht befahrbar, und dann musste man doch wieder über Kathmandu nach Chengdu. Den Ort selbst habe ich als größere Kleinstadt in Erinnerung mit leckerem, scharfem Sichuan-Essen und urigen Feuertopfrestaurants, deren Tische feste Vertiefungen für den heißen Sud haben.

Ich war zwanzig Jahre nicht mehr in der Hauptstadt Sichuans gewesen und komme nun aus dem Staunen nicht heraus. Schon der Flughafen ist so groß und großzügig und dabei so modern, dass selbst Frankfurt nicht mehr mithalten kann.

Wir werden von einem jungen Chinesen abgeholt. Allein auf der Fahrt ins Hotel zähle ich drei Dutzend Porsche Cayennes in der scheinbar trendigen, da bevorzugten Farbe Weiß.

Chengdu hat mittlerweile sechzehn Millionen Einwohner und ist im Unterschied zu den Großstädten Xinjiangs teilweise interessant gebaut und futuristisch. Der Guide hat unsere Tibet-Permits, die er mir lächelnd und auch stolz präsentiert. Mit Xinjiang und Tibet hätten wir uns die gefährlichsten Gegenden Chinas ausgesucht, meint er: »Tough trip!« Wir bekommen also endlich unsere Papiere! Allerdings erst am nächsten Morgen, damit wir sie nicht verlieren oder liegen lassen. Das Dokument ist wichtig und kurzfristig nicht zu ersetzen.

Das Hotel liegt im Zentrum Chengdus, hat zwei Dutzend Stockwerke und mindestens fünf Sterne. Leider haben wir kaum Zeit, es zu genießen. Der Wecker wird morgens um vier klingeln, weil die Flüge nach Lhasa immer vor Sonnenaufgang abgehen. Ich kann mich nur kurz draußen umsehen. Faszinierende Ladenpassagen, geschmackvoll, sehr frequentiert, und dazu Restaurantstraßen mit allen Köstlichkeiten dieser Erde. Nur modern gekleidete Menschen und hübsche Frauen, die Gucci, Valentino und Armani bevorzugen. Freundlich ist man auch: Ein wildfremder Chinese rennt mir Hunderte Meter hinterher und bringt mir die Key-Code-Karte meines Hotelzimmers, die mir offenbar aus der Hosentasche gerutscht ist, bevor ich den Verlust auch nur bemerke.

Am Flughafen überreicht uns am nächsten Morgen der Guide die Permits mit unseren Namen unter biometrischen Fotos und Passnummern. Er weist uns darauf hin, dass die Sicherheitskontrollen für Flüge nach Lhasa noch strenger seien als anderswo.

Später im Flugzeug werden wir dann für unser frühes Aufstehen belohnt und erleben den Sonnenaufgang über dem tibetischen Plateau. Der Himmel ist wolkenlos, und es herrscht eine Sicht bis zum Mount Everest. Nach all der Unsicherheit im Vorfeld nimmt die Faszination dieses Landes mich sofort wieder in Besitz.

Ein Riesenpalast

Im Flughafengebäude in Lhasa werden wir mehrmals kontrolliert, zum Schluss von besonders gründlich vorgehenden Soldaten der Volksbefreiungsarmee. Um 2014 nach Tibet zu reisen, braucht man ein chinesisches Visum, ein Permit für Tibet, ein weiteres »Alien Permit« speziell für Ausländer, einen Fahrer sowie einen Guide und reservierte Unterkünfte. Täglich muss man sich bei der Polizei melden, das Fahrzeug wird alle zwei Stunden kontrolliert. Für Bergtouren im Hochgebirge sind weitere Genehmigungen erforderlich.

Dasselbe gilt übrigens auch für Tibeter oder Mönche aus dem benachbarten Autonomen Gebiet Xizang und anderen Regionen. Sie müssen Anträge auf ein Permit stellen und nachweisen, dass sie ein Hotel haben und die Reise bezahlt ist. Außerdem wird nur ein bestimmtes Kontingent zugelassen. Zu viele Mönche und Tibeter zur gleichen Zeit mag man hier nicht haben.

Unsere Begleiterin für die nächsten Wochen ist Dölma. Sie behängt uns mit Khatas, den weißen Begrüßungsschals. Ich freue mich ganz tief drinnen, dass das noch mal geklappt hat mit Lhasa. Lange hatte es nicht so ausgesehen.

Auf der Fahrt vom Flughafen in die Stadt erzählt mir Dölma, es regne in Lhasa in letzter Zeit ungewöhnlich viel. »Deshalb kann man mittlerweile auch anderes Getreide als Gerste anbauen und sogar Melonen ziehen. Temperaturen von dreißig Grad auf 3800 Metern sind keine Seltenheit mehr«, erzählt sie. Das sind in der Tat drastische Veränderungen. Dann weist sie darauf hin, dass wir uns auf fast 4000 Meter Höhe befänden und zu den Basislagern von Everest, Shishapangma und Cho Oyo wollten, also auf über 5000 Meter. »Trinkt deshalb in den nächsten Tagen keinen Kaffee, Tee oder Alkohol«, verordnet sie und weckt damit mein Bedürfnis nach Ungehorsam. »Das schadet der Anpassung an die Höhe«, meint sie ernst. Außerdem sollen wir viel Wasser trinken.

Am Nachmittag ist sie damit beschäftigt, die Papiere fertig zu machen, und wir laufen in der Zwischenzeit in der Stadt herum. Auf die strengen Sicherheitsvorkehrungen sind wir von unserem Guide vorbereitet worden: Vor dem riesigen Potala-Palast, dem offiziellen Regierungssitz des Dalai Lamas, gebe es Schleusen, wo man wie auf dem Flughafen einer Leibesvisitation unterzogen werde; außerdem durchsuche und durchleuchte die Polizei natürlich das Handgepäck.

Davon hatte ich schon gelesen. Der Hintergrund sind Selbstverbrennungen als Protest gegen die Sinisierung Tibets; diese Selbstverbrennungen finden bevorzugt vor dem Potala statt, weil er als Residenz der Dalai Lamas eine der wichtigsten Pilgerstätten des tibetischen Buddhismus und gewissermaßen das Symbol der tibetischen Kultur ist. Man sucht deshalb an den Schleusen nach Brandbeschleunigern.

Wir wohnen fußläufig zum Potala in einem kleinen tibetischen Hotel mit Innenhof, worüber wir sehr froh sind. In Lhasa gibt es auch viele große und teure Hotels, aber die werden nicht von Tibetern betrieben.

Dölma ist Anfang fünfzig und sehr wach und bemüht. Sie wird nicht den Fehler machen und uns Dinge erzählen, die ihren Vorgesetzten nicht genehm wären. Guide in Tibet zu sein ist ein gefährlicher Job. Macht der Gast einen Fehler oder erfährt er Dinge, die er nicht hören soll, ist immer zuerst der Guide derjenige, der zur Rechenschaft gezogen wird. Das gilt natürlich besonders für tibetische Fremdenführer.

Ich habe mir vorgenommen, nicht alles und jedes in Lhasa mit früheren Zeiten zu vergleichen. Das fällt mir gar nicht so schwer, denn von den historischen Bauten einmal abgesehen erinnert nichts mehr an früher.

Lhasa ist heute eine chinesische Metropole mit tibetischer Vergangenheit. Immer mehr Chinesen arbeiten hier und dominieren das Geschäftsleben. Tibet ist reich an Mineralien, Erzen, Uran und Erdöl. Nutznießer seien die Chinesen, sagt man uns in den Gesprächen, die wir bei zufälligen Begegnungen führen. Das Warenangebot ist westlich orientiert, die Preise sind für viele Tibeter zu hoch, die Produkte unerschwinglich.

Ein Zeichen für den Epochenwandel in der heiligen Stadt des Buddhismus sind die Steakhäuser, die man nun überall sieht. Es wurde in Tibet zwar auch früher schon Fleisch gegessen, doch sorgsam als Momos in Teigtaschen gepackt. Steakhäuser, in lateinischen Buchstaben angepriesen, sind neu in der heiligen Stadt. Lhasa soll attraktiv für Touristen sein. Bei wohlhabenden Chinesen gilt es als schick, hier zu heiraten und vor dem Potala für das Hochzeitsfoto zu posieren. Eine Stimmung wie in einem buddhistischen Disneyland, auch für Mönche aus anderen Regionen, die als Touristen hierherkommen.

Im alten Tibet lebten in den großen Klöstern Lhasas Zehntausende Mönche. Heute sind es in der Klosterstadt Sera gerade mal noch einige Hundert. Sie sind wie in den anderen ehemaligen Großklöstern Lhasas Angestellte des Klosters und beziehen Gehalt. Sie dürfen erst mit achtzehn Jahren eintreten und werden sorgfältig auf ihre politische Zuverlässigkeit hin überprüft. Erst dann können sie sich dem Studium der buddhistischen Gelehrsamkeit und Rhetorik widmen.

Die Klöster finanzieren sich wie Museen aus den Eintrittsgeldern der Besucher. Während der Saison rollen jeden Nachmittag die Busse an, und die Touristen dürfen das Schauspiel des öffentlichen Rhetoriktrainings eingehend fotografieren.

Dölma kommt kurz ins Hotel und bespricht mit uns den morgigen Tag. Wir wollen den Potala besuchen, sie teilt uns aber mit, dass in dessen Innenräumen keine Filmkameras erlaubt sind.

Am nächsten Tag bedienen wir uns eines kleinen Tricks. Wir verwenden eine sehr hochwertige Videokamera, die aussieht wie ein Fotoapparat. Viele chinesische Touristen benutzen Kameras derselben Marke, teilweise auch mit langen Teleobjektiven, weshalb wir nicht weiter auffallen.

Der Potala liegt 130 Meter über der Stadt und ist riesig. Etwa 350 Meter erstreckt er sich in Ost-West-Richtung und weitere 300 Meter in Nord-Süd-Richtung. Über dreizehn Stockwerke sind sage und schreibe 999 Räume verteilt. Die Anlage wird sehr gut instand gehalten; selbst die steilen Treppen nach oben sind stilvoll restauriert. Allerdings ist die Verweildauer in den zugänglichen Räumen begrenzt, man wird quasi hindurchgescheucht. Vieles habe ich noch aus früheren Jahren in Erinnerung, aber Bilder des 14. Dalai Lama sieht man keine mehr. Dieser floh während des Tibetaufstands 1959 nach Dharamsala, wo er seither residiert.

Überall gibt es Kameras, auch an allen Treppen, Außenhöfen und Dächern. An den Pilgerwegen um den Djokhang-Tempel und am Bhakor sind an jedem Laternenpfahl Kameras angebracht. Dasselbe gilt mit Sicherheit für das Touristenviertel, in dem wir wohnen. Vermutlich gibt es keinen Quadratmeter in der City, der nicht überwacht wird. Irgendwo sitzen Tag und Nacht Security-Leute und studieren die vielen Bilder. Schöne neue Welt in Lhasa.

Vom Potala aus hat man einen herrlichen Blick auf Lhasa. Eine normale chinesische Stadt mit Hochhäusern, Riesenrad und Vergnügungsparks, aber verkehrstechnisch so angelegt, dass niemand nach Lhasa kommt, der nicht dort hinkommen soll. Die Zufahrtsstraßen sind durch einen hochmodernen Kontrollabschnitt gesichert, vergleichbar einer Demarkationslinie.

Die berühmte Eisenbahnstrecke nach Lhasa wurde mittlerweile bis Shigatse, der zweitgrößten Stadt Tibets, verlängert. Bei jedem Tunnelbau, so erzählt uns ein Mann in einem Souvenirladen, werde nach Gold- und Edelsteinadern gesucht und alles Wertvolle mit Zügen Richtung Festland gekarrt. Chinesen, die sich in Lhasa oder Tibet ansiedeln, erhalten Vergünstigungen wie Steuerfreiheit oder preiswerte Wohnungen. Zunehmend finden es auch chinesische Touristen interessant, nach Lhasa zu kommen. Der Potala ziert sogar einen Yuan-Schein, und seit der Annexion Tibets kann China sich immerhin damit rühmen, Anteile am höchsten Berg der Welt zu haben. Das passt gut zum erstarkten Selbstwertgefühl der Nation.

Wenn ich aus meinem Hotelfenster schaue, blicke ich geradewegs auf eine meterhohe Plakatwand. Eine Jeanswerbung zeigt einen Asiaten mit Waschbrettbauch und Augen, die europäisch aussehen und das Werk eines plastischen Chirurgen sind. Nach chinesischer Sitte werden in Lhasa jetzt auch morgendliche Tai-Chi-Meditationen für Tibeter angeboten. Angeleitet werden diese Übungen von chinesischen Angehörigen der Provinzregierung. Der Volkssport der Chinesen ist eigentlich eine alte Kampfkunst mit positiver Wirkung auf die Gesundheit. Die Übungen finden direkt neben dem Potala-Palast statt, was dem Ganzen eine besonders demonstrative Note gibt. Aus dröhnenden Lautsprechern wird Musik gespielt. Eine ältere Frau hat augenscheinlich die spirituelle Dimension des Ganzen noch nicht ganz verinnerlicht: Sie telefoniert die ganze Zeit während der Übungen. Wer hier als Tibeter mitmacht, zeigt öffentlich sein Einverständnis mit den chinesischen Gepflogenheiten.

Die tibetischen Pilger hingegen umrunden ein ums andere Mal den Potala. Dazu murmeln sie leise das Mantra »Om mani padme hum«, was so viel heißt wie der Juwel im Lotus, und drehen die Gebetsmühlen. Daran hat sich auch nach fast sechzig Jahren Abwesenheit des Dalai Lama nichts geändert.

Wir erfahren vieles über den tibetischen Alltag. Die Menschen sprechen uns von sich aus an und erzählen von ihrem Leben, außerdem machen wir unsere eigenen Beobachtungen. Die Spritpreise werden laufend erhöht, und tibetische Fahrer basteln an ihren Motoren herum, um den Verbrauch zu senken. Das ist doppelt hart für die Tibeter, denn in ihrer Provinz wird Öl gefördert und in die chinesischen Industriezentren geleitet. Als Benzin kommt es dann zurück und kostet viel Geld, wenn man keine Vergünstigungen genießt.

Die Bürgerkomitees, die aus Parteimitgliedern bestehen, entscheiden viel. Wer darf welche Schule besuchen, wer darf Mönch werden, wer bekommt Arbeit oder erhält Aufträge von der Provinzregierung. Bei all diesen Dingen werden die Tibeter benachteiligt und systematisch ihrer Chancen beraubt, so wird es uns von verschiedenen Quellen berichtet. Wer sich der chinesischen Lebensart annähert, hat es vielleicht leichter, aber wer weiß das schon so genau. Auf jeden Fall brodelt auch in Lhasa der Kampf zwischen tibetischen und chinesischen Restaurants und Hotels, zwischen chinesischen und tibetischen Fahrern und Guides, zwischen chinesischen Läden und tibetischen Anbietern.

Klöster zu säkularisieren und jungen Leuten erst mit achtzehn die Möglichkeit zu geben, Mönch oder Nonne zu werden, halte ich nicht für verwerflich. Aber dass die Tibeter ihrer Chancen beraubt werden durch die Ansiedlung einer ethnischen Mehrheit, die systematisch begünstigt wird, das muss zwangsläufig zum Untergang der tibetischen Kultur oder zur Revolte führen. Dennoch kann ich mich auch in Lhasa der Faszination durch die Wirtschaftskraft Chinas nicht entziehen. Keine andere Macht der Erde errichtet in 4000 Meter Höhe solche Städte, Eisenbahnlinien und Flughäfen. In zwei Jahren wird statistisch gesehen in China so viel gebaut, wie es dem gesamten Bestand an Häusern, Brücken und Straßen in der Bundesrepublik entspricht.

Gebetsmühlen und Mantras

Lhasa ist heute ein durch und durch touristischer Ort. Nach zwei Tagen fahren wir weiter Richtung Südwesten, nach Gyantse. Das liegt ungefähr zweihundert Kilometer entfernt, der Weg dorthin führt über drei hohe Pässe. Dölma hat einen zweiten Wagen organisiert. Der Kleinlaster mit breiten Reifen ist voll beladen mit mehreren Zelten, Küchenutensilien, Stühlen, Tischen, Proviant und Matratzen. Wir sind jetzt sechs Leute – eine kleine Expedition. Am ersten Tag benötigen wir noch keine Zelte, denn am Weg gibt es zum Glück Guesthouses. Wir fahren auf guten Straßen, kommen regelmäßig an Checkpoints vorbei, wir sehen Pässe mit Gebetsfahnen und Yakherden mit ihren Hirten.

Auch die Nomaden sind in Tibet nicht mehr wirklich frei. Sie dürfen sich nur noch in bestimmten Bezirken bewegen. Die Zahl der Tiere wird reglementiert, um die Erosion zu bekämpfen. Außerdem werden zunehmend Kreuzungen zwischen Yaks und Rindern als Herdentiere empfohlen. Diese sogenannten »Dzous« sind effektiver und geben mehr Milch. Obendrein sind sie pflegeleichter als die störrischen Yaks. Statt Pferdchen sind jetzt Mopeds mit chinesischen Fähnchen angesagt. Und auf den Feldern sehen wir Traktoren, aber es gibt auch immer noch kleine Yakkarawanen.

Wir kommen nach einem halben Tag Fahrt in Gyantse an. Die Frauen tragen ihre Schürzen und die Chubas, Mäntel aus Schafsleder. Schon bei meiner letzten Tibetreise 2002 nach Amdo und Kham in Osttibet deutete sich an, dass China Schritt für Schritt die nomadische Lebensweise zurückdrängen und abschaffen will. Fortschritt und Zivilisation sollen auch in den entlegensten Regionen Einzug halten. Mit dem Nomadentum wird jedoch eine Kernsäule der tibetischen Kultur bedroht. Die Kinder sollen in chinesische Schulen gehen, die Männer und Frauen einen festen

Wohnsitz haben und nicht unkontrolliert umherziehen. Das dient auch dem Zweck, den Einfluss der Klöster zu beschneiden. Im alten Tibet brachten vor allem die Nomaden ihre Kinder ins Kloster und versorgten diese dann jährlich bei den Klosterfesten mit großzügigen Spenden und Gaben.

Das bekannteste Kulturdenkmal in Gyantse ist der Kumbum-Chörten; er ist einzigartig in seiner Struktur, ein begehbarer Reliquienschrein, wie es keinen weiteren dieser Größe in Tibet gibt. Junge und alte Menschen umrunden den Kultbau. Auch sechzig Jahre nach der Besetzung durch China sind die Tibeter Anhänger ihrer Religion geblieben. Bauherr war einst der lokale Fürst und Großgrundbesitzer von Gyantse. Doch diese Art feudaler Ordnung ist Vergangenheit. Heute gehört das Land dem Staat, und der Chörten hat den Status eines Museums.

Gyantse und der Kumbum-Chörten gefallen mir gut. Die Architektur der Stadt ist in einem sino-tibetischen Stil gehalten, also neue Häuser im tibetischen Look. Besonders der Kumbum-Chörten ist sehr schön in traditionellem Stil renoviert. Ende der Achtzigerjahre gab es einen Trend, tibetische Orte mit weißem Klinker zu sanieren. Davon ist man glücklicherweise wieder abgekommen.

Man ist in Gyantse auch freier und entspannter als am Potala. Wenn ich das gewusst hätte, würden wir hierbleiben und übernachten. Aber unsere Reise ist organisiert, und am Abend müssen wir uns in Shigatse bei der Polizei melden. Hier endet wieder eine Sicherheitszone, und wir benötigen nun auch das »Alien-Permit«, eine besondere Schikane für alle Fremden. Die Fahrer achten darauf, dass wir die große Stadt vor Sonnenuntergang erreichen.

In Shigatse scheint es viel weiterverarbeitende Industrie zu geben. Auch die Bahnlinie hierher ist bald fertig. Das Kloster Tashilumpo ist äußerlich ebenfalls in einem guten Zustand. Tibeter umrunden den Sitz des Pantschen Lama am Abend.

Es ist fast unmöglich, die Situation der Tibeter in China mit der in Indien und Nepal zu vergleichen. Seit der Flucht des Dalai Lama vor nunmehr fast sechzig Jahren wächst jetzt die dritte Generation Tibeter in einem zunehmend von Chinesen kontrollierten Land auf. Die Tibeter in Indien dagegen genießen große Freiheiten und Unterstützung und werden nicht von einem anderen Volk beherrscht. Außerdem leben sie nicht in so großer Höhe und unterscheiden sich deswegen auch schon äußerlich von den in Tibet gebliebenen Tibetern.

Vergleichen wir die gespaltene Situation der Tibeter mit dem geteilten Deutschland, so abwegig das auch sein mag, so hat die DDR ja nur einundvierzig Jahre existiert. Trotzdem haben wir auch mit größtem Aufwand nach einer Generation Wiedervereinigung keine völlige Angleichung erreicht. Es gibt wohl kaum Tibeter außerhalb Chinas, die nach Tibet zurückkehren würden, selbst wenn sie könnten. Eine Verbesserung der Situation wäre nur denkbar, wenn China, Tibet und Nepal sich politisch annähern und die Grenzen sich öffnen oder wenn sich zumindest die Reisemöglichkeiten für Tibeter verbessern würden. Den kulturellen Stätten und religiösen Institutionen käme dann eine noch größere Bedeutung zu, weil sie die Verbindungsglieder darstellen.

Trashilhünpo in Shigatse ist das Kloster des Pantchen Lama, eine Mönchsstadt mit vergoldeten Dächern und der Hauptsitz einer der wichtigsten Autoritäten des tibetischen Buddhismus. Es war im alten Tibet ein bedeutender Ort und ist es bis heute geblieben. Die Menschen umrunden das Kloster wie in alten Zeiten, drehen die Gebetsmühlen und murmeln ihre Mantras. Für ihr Seelenleben ist der Ort wichtig. Das Kloster hat mit unseren Kathedralen etwas gemein: Es ist eine Sehenswürdigkeit, die für viele Besucher eine spirituelle Bedeutung hat, doch es besitzt nicht mehr die Macht vergangener Epochen.

Der Streit um die Anerkennung der Inkarnationen des Pantchen Lama und des Gyalwa Karmapa brodelt weiter. Vom Dalai Lama anerkannte Inkarnationen werden entführt. Die massive Einflussnahme der chinesischen Regierung lässt jedenfalls darauf schließen, dass sie genau weiß, was Sache ist: dass nämlich die Linienhalter der großen Sekten Nyingmapa, Karmapa, Gelupa und Sakypa immer noch großen Einfluss auf die Bevölkerung haben.

Besonders großen Streit gibt es um die Inkarnationen des Pantchen Lama und des Karmapa. Dies ist insofern von Bedeutung, als es nach dem Tod des Dalai Lama Jahre dauern wird, bis eine Inkarnation gefunden und akzeptiert wird. Da die Chinesen ihren Einfluss geltend machen werden, hat der Dalai Lama bereits jetzt angekündigt, die Einrichtung der Dalai Lamas sei überkommen und werde nicht weitergeführt, woran aber niemand wirklich glaubt. Bis dann aber der 15. Dalai Lama ausgebildet und reif für seine Aufgabe ist, kommt dem Karmapa und dem Pantchen Lama eine besondere Bedeutung zu.

Ich bin Orgyen Thrinle Dorje, dem vom Dalai Lama bevorzugten Karmapa, in Dharamsala oft begegnet und zwar an der Seite des Dalai Lama. Der junge Karmapa wurde von Nomaden über Osttibet nach Mustang geschmuggelt und hat von dort Indien erreicht. Ich habe den Eindruck, dass der 14. Dalai Lama große Sympathie für ihn hegt und ihm viel aus seinem »Ozean des Wissens« mitgeben will.

All diese Fragen lassen die Tibeter weltweit nicht kalt. Sie haben zwar kein eigenes Land mehr, aber die Kultur dieses kleinen Volkes ist überall bekannt und durch die Diaspora eher noch stärker geworden. Keine Religion oder Weltanschauung hat in unserer Zeit größere Verbreitung und Bekanntheit gefunden als der tibetische Buddhismus.

Bei einem Rundgang sehen wir an einer Polizeistation grauenhafte Waffen. Lange Stangen mit automatischen Schlingen zum Menschenfangen und überdimensionierte Elektroschocker. So etwas stellt man nur öffentlich aus, wenn Bedarf ist an Abschreckung. Die Chinesen machen keinen Hehl daraus, dass sie keine Mittel scheuen würden, ihre Ziele durchzusetzen.

In Shigatse ist es am Abend kalt und staubig. Im Hotel liegen dekorativ Sauerstoffflaschen unter einem »Welcome«-Schild aus. Immerhin sind wir nur eine Tagesreise vom Everest entfernt und werden auf ungefähr 4000 Meter übernachten. Wir kriegen jedoch genug Luft und sind mittlerweile bestens akklimatisiert.

Kalte Nächte am Chomolungma

Hinter Shigatse wird meine Stimmung immer besser. Wir haben die großen Städte hinter uns gelassen, der Kulturschock Lhasa ist verdrängt. Die »Straße der Achttausender« hat das tibetische Plateau erreicht und nähert sich wieder den höchsten Bergen der Welt.

Seit wir den Karakorum verlassen haben, liegen Tausende Reisekilometer durch den Westen Chinas hinter uns. Der Everest muss bald in Sichtweite sein. Mit Gebetsfahnen abgesteckte Linien deuten auf den Eintritt in einen heiligen Bezirk. Der Blick öffnet sich, und die Gebetsfahnen werden immer zahlreicher. Wir gelangen zu einem Aussichtspunkt, wo jeder Reisende trotz Staub und kaltem Wind anhält. Es ist eine Nebenstraße in vergleichsweise schlechtem Zustand, die noch weiter nach oben führt. Vor meinen Augen erstreckt sich ein gewaltiges Panorama mit dem Mount Everest, dem Cho Oyu, Makalu, Lhotse und Shishapangma. Nach Auffassung der Tibeter versammeln sich hier große Gottheiten und Dämonen. Sie tummeln sich auf den Bergen, und für den Menschen drunten gilt es, mit ihnen Frieden zu schließen.

Wir fahren noch eine Stunde weiter. Es wird immer windiger, staubiger und frischer. Nochmals gibt es eine Straßensperre mit ausgedehnter Kontrolle, und dann sehen wir ihn einsam und erhaben dastehen, einen wunderschönen Berg mit vielen Gesichtern und großer Ausstrahlung: Chomolungma – »Mutter der Erde« nennen ihn die Tibeter. Dagegen klingt sein bei uns geläufigerer Name Mount Everest vergleichsweise banal.

Als wir den Everest am Nachmittag erreichen, ist er zunächst vor klarem Himmel gut zu sehen, wird dann aber immer wieder von Wolkenfeldern verdeckt. Ich war im Winter 1991 schon einmal hier. Damals zeigte sich der Everest fast nie, und wir wären froh gewesen, den höchsten Berg der Welt nur für Minuten so zu sehen wie jetzt.

Während Koch und Fahrer unsere kleine Zeltstadt aufbauen und das Abendessen zubereiten, laufen beide Kameras ohne Pause, und die Stimmung ist gut. Schon im Vorfeld war mir klar, dass ich in Tibet schwierige Bedingungen für meine Dreharbeiten vorfinden würde. Interviews mit Tibetern in China sind nicht ratsam, weil sie meist zu Schwierigkeiten für alle Beteiligten führen, und mit Chinesen will ich in Tibet keine Interviews führen, weil sie kulturell und religiös anders empfinden als die eigentlich hier beheimateten Tibeter. Mich interessieren auch keine westlichen Bergsteiger, denn deren Abenteuer sind hinreichend publiziert. Letztlich treffe ich im späteren Verlauf der Reise in Kathmandu doch eine ungewöhnliche Bergsteigerin: Susmita Maskey, eine junge Frau aus Nepal, die viermal den Everest bestiegen hat und als nepalesische Buddhistin unserer Zeit ganz anders ist als die Bergsteiger, die wir sonst so kennen.

Auf 5200 Meter Höhe führt uns die »Straße der Achttausender« nach Rombuk, zum höchstgelegenen Kloster der Welt. Ein äußerst kalter und ungemütlicher Ort, allerdings mit bester Aussicht: Man blickt direkt auf den Mount Everest.

Für die wenigen Mönche und auch Nonnen hier oben ist die Situation schwierig. Sie müssen zu politischen Fragen schweigen und dürfen nicht auffällig werden. Gleichzeitig ist die geistige Aufgabe des Klosters bedeutend: Es gilt die Reinheit des heiligen Bezirks der Göttin Chomolungma zu bewahren. In die Mönche und Nonnen hineinschauen können wir natürlich nicht. Sie vor der Kamera zu interviewen würde sie gefährden. 1991 war die Situation noch ganz anders. Wir warteten einige Tage, weil das Wetter so schlecht war und der Berg sich nicht zeigte. Damals hatten wir noch einen Beleuchter im Team, dem es langweilig war und der gesehen hatte, dass das Licht im Kloster nicht funktionierte, weil die kleine Solaranlage defekt war. Er begann also, die Anlage zu reparieren und schaffte es mit unglaublichem Geschick, nur per Mimik und Körpersprache, die Mönche in der Wartung ihrer Solaranlage zu unterweisen.

Die waren darüber so froh, dass eine herzliche und vor allem sehr lustige Atmosphäre entstand. Mönche mit Schraubenzieher, die Drähte austauschen, Leitungen legen und dabei von einem Hessisch sprechenden Elektriker angeleitet werden, sind ein seltener Anblick.

Solch ein unbekümmertes Miteinander gibt es nun nicht, und ich bin vorsichtig. Wir wollen unsere Aufnahmen nicht gefährden und auch nicht den Eindruck erwecken, uns ginge es darum, die Lage des Buddhismus und der Menschen zu erkunden. Dabei hätten wir Gelegenheit dazu, denn es ist wenig Betrieb an dieser Seite des höchsten Berges der Welt.

Um sechs Uhr abends geht in Rombuk die Sonne unter, und es wird barbarisch kalt. Dann gibt es zwar noch Suppe und Abendbrot, aber im Essenszelt ist es zu frostig, um sich dort länger aufzuhalten. Im Küchenzelt ist der Gasbrenner an, hier kann man sitzen und schreiben oder mit dem Guide reden. Aber Dölma kümmert sich lieber um ihre Tibeter. Koch und Fahrer sind ganz wichtig auf solchen Reisen, und das weiß jeder gute Guide.

Was tagsüber passiert, scheint für unsere einheimischen Begleiter nicht immer leicht zu sein. Es gibt am Wegrand viele kleine Schikanen, die wir gar nicht mitbekommen. Nur einmal wird kurz eine Geschichte angesprochen, die über den großen Tibet-Freund Richard Gere erzählt wird. Als dieser in einem Interview nach einer Reise Menschenrechtsverletzungen in Tibet ansprach, berief er sich auf die Informationen seines Guides. An der Lage in Tibet veränderte sich dadurch nichts, doch an der Lage des Guides, der den Behörden natürlich bekannt war: Er wanderte für Jahre ins Gefängnis.

Am Morgen erreicht die Sonne das Rombuk-Kloster erst gegen zehn Uhr. Man kann zwar schon ab sechs aufstehen und das erste Morgenlicht auf dem Berg sehen, aber das ist doch eine sehr frostige Angelegenheit. Wir bleiben drei Tage in Rombuk und genießen den Berg und das Kloster. Trotz der spirituellen Bedeutung des Ortes geht es hier fast beschaulich zu.

Später wird mir Susmita Maskey in Kathmandu erzählen, dass die Besteigung des Everest für sie eine spirituelle Reise gewesen sei, dass das Bergsteigen und Klettern für sie etwas Meditatives habe. Die junge Nepalesin betrachtet den Berg Chomolungma als ihre Mutter, der sie sich anvertraut. Das ist ihre Form des Respekts. Allerdings hat Susmita Maskey den Everest nicht von Tibet aus besteigen können, weil China nur wenige Genehmigungen dazu vergibt. Es soll dort keine Demonstrationen oder öffentlichen Protestaktionen geben. Ein Interview, eine tibetische Fahne, ein »Free Tibet«-T-Shirt oder ein Dalai-Lama-Foto reichen, und die Gegend wird einfach wieder gesperrt. Auf der nepalesischen Seite sieht es ganz anders aus, da werden mit höchstem Aufwand über fünfhundert zahlende Gäste im Jahr auf den Everest bugsiert. Das ist für die Gipfeltouristen ein teures Vergnügen, das bis zu 60000 Dollar und mehr pro Kopf kostet.

Hier in Rombuk hingegen ist es zwar kalt, aber idyllisch. Wir freuen uns darüber, dass wir in unseren Zelten direkt beim Kloster schlafen können, ohne den sonst üblichen Rummel eines Basislagers – andernorts ein einträgliches Gewerbe. Auch Susmita Maskey ist nicht glücklich über die Kommerzialisierung auf der nepalesischen Seite.

Sie erzählt später in Kathmandu, die Vorstellung sei zunehmend verbreitet, man könne einfach so Berge besteigen, wenn man nur genügend Geld habe. Man müsse nicht trainiert haben, besondere Kriterien erfüllen, fit und erfahren sein. Stattdessen heiße es nur: Bezahl einfach, und dann kannst du hoch auf den Berg.

Das Kloster habe ich in den Tagen, die wir uns hier aufhalten, mehrmals leicht schnaufend umrundet, den Everest dabei angeschaut und eine spirituelle Verbindung zur heiligen »Mutter der Erde«, Chomolungma, empfunden. Bestimmt war dieses Empfinden aber auch gepaart mit der Erleichterung, dieses große Ziel des Filmprojekts erreicht und umgesetzt zu haben.

Bevor wir nach drei Tagen hier oben aufbrechen, folgen wir einer alten Tradition und bitten die Mönche, eine Puja für uns und unser Reiseglück abzuhalten. Wir entrichten eine Spende, mehr ist nicht nötig, um die Sache in die Wege zu leiten.

Es gibt nicht mehr viele Mönche und Nonnen in Rombuk. In alten Zeiten sollen es fünfhundert gewesen sein. Die Puja für uns nehmen sie sehr ernst. Der Abt hat sich unsere Namen und einige Orte der weiteren Reise aufgeschrieben. Dann beginnt er seinen Singsang, rezitiert die Schutzmantras, und die Mönche und Nonnen stimmen mit ein. Ich gerate in eine besinnliche, introspektive Stimmung. Meine Gedanken fließen, und ich nehme mir die Zeit, dankbar und demütig zu sein für unser bisheriges Reiseglück ohne jede Krankheiten und Unfälle.

Wir versuchen, diese Atmosphäre auf uns wirken zu lassen und Kontakt mit der heiligen Göttin Mutter der Erde Chomolungma aufzunehmen. Möge sie unserer Reise weiterhin wohlgesonnen bleiben.

Ungewöhnlicher Besuch

Das tibetische Plateau ist einmalig. Nirgendwo sonst kann man in wenigen Tagen mit dem Jeep drei Basislager von Achttausendern auf über 5000 Meter Höhe erreichen. Nach unserem Aufenthalt im Kloster Rombuk übernachten wir in einem Guesthouse an der »Friendship Road«, denn so nennt sich der Verbindungsweg durch Tibet nach Nepal offiziell. Danach geht es weiter zum Shishapangma, dem mit 8027 Metern kleinsten der vierzehn Achttausender. Der Name bedeutet »Bereich oberhalb des Graslandes«, und treffender kann man es nicht ausdrücken. Man fährt auf dem Grasland direkt an den Berg heran.

Der Shishapangma hat noch eine weitere Besonderheit: Er ist der einzige Achttausender in China, der nicht zur Hälfte auch Pakistan oder Nepal gehört. Er wird auch der tibetische Achttausender genannt. In den drei Tagen, die wir ihn fotografieren, liefert er ein abwechslungsreiches Schauspiel. Erst ziehen die dicken weißen Wolken auf, wie sie der in Sachsen als Ernst Lothar Hoffmann geborene Anagarika Govinda in dem Kultbuch *Der Weg der weißen Wolken* beschreibt. Dann zieht sich der Himmel zu, und es wird schwarz wie die Nacht. Eine furchterregende Stimmung, als würde gleich der Golem vom Himalaja heruntersteigen. Schließlich ergießt sich ein kräftiger kurzer Regenguss, dem ein Regenbogen über den ganzen Horizont folgt.

Am nächsten Morgen deuten Zirruswolken auf eine Wetteränderung hin. Später dann kündigen sich Wolkenmassen aus dem Golf von Bengalen an, die ein verheerender Zyklon von dort in den Himalaja getrieben hat. Mit beeindruckender Geschwindigkeit drücken wellenartige Wolkentürme wie ein Tsunami über 7000 und 8000 Meter hohe Berge. Eine unglaubliche Stimmung wie aus *Der Herr der Ringe* oder der Trickkiste von George Lucas. Aber es ist real und wird das Wetter im Himalaja wochenlang beeinträchtigen.

Mitten in diesem Spektakel deutet sich Besuch an. Erst nur eine entfernte Staubwolke, wird schließlich eine Autokarawane sichtbar, die aus fünf sehr teuren Jeeps einer Sportwagenschmiede aus Zuffenhausen besteht. Unser Fahrer wird ganz aufgeregt, gestikuliert wild, und Dölma übersetzt, diese Importwagen würden in China zusammen über eine Million Dollar kosten. Die Cayennes werden ordentlich in einer Reihe geparkt, und fünf großgewachsene Chinesen in ausgesucht modischer Sportkleidung steigen aus und geben sich lässig und jovial. In ihrer Begleitung befinden sich fünfzehn junge chinesische Frauen, alle unglaublich hübsch in engen Hosen und bunten, sehr geschmackvollen Blusen, Pullovern und Jacken. Sie tragen teure Sonnenbrillen, Schals und Taschen, und dazu quieken sie ausgelassen und verbreiten gute Laune und Showbusiness-Atmosphäre.

Zwei Kellner reichen Speisen und Champagner in Gläsern. Ein Fotograf mit Assistent setzt die Gesellschaft in Szene; er benutzt teure Kameras, Hasselblad, Leica und Canon mit dicken Objektiven, und sein Assistent hält die Akkulampe mit abgedämmtem Licht.

Einer der Herren steht deutlich im Mittelpunkt; in jeder Bewegung und Geste lässt er daran keinen Zweifel. Vielleicht ist das sein Geburtstag oder ein Firmenevent für ausgesuchte Kunden. Das Ganze hat etwas leicht Absurdes, immerhin sind wir auf über 5000 Meter, und außer dieser merkwürdigen Truppe kommen hier höchstens mal ein paar Yaks vorbei auf dem Weg zu den Camps am Shishapangma. Die Frauen wirken nicht ganz billig, sind aber augenscheinlich nur Dekoration. Das Alphatier posiert mit einer nach der anderen, eine First Lady scheint nicht dabei zu sein. Vielleicht doch der Betriebsausflug einer erfolgreichen Modelagentur? Die feine Gesellschaft ignoriert uns mehr oder weniger, und nach genau einer Stunde ist der Spuk vorbei, und die Gruppe verschwindet in ihren Nobeljeeps wieder im Staub des tibetischen Plateaus. Die sind bestimmt aus Shanghai, vermutet Dölma. Das liegt genau fünftausend Kilometer entfernt.

Touristenpolizei am Cho Oyu

Wir reisen weiter auf der »Friendship Road«. Der Name soll eine freundschaftliche Beziehung zum Nachbarland Nepal suggerieren. Kritiker sehen die Bezeichnung als reinen Propagandatrick, durch den China den Versuch der Einflussnahme auf sein armes Nachbarland kaschieren will. Die Qualität der Höhenstraße ist außergewöhnlich – chinesische Ingenieure haben sie gebaut. Fahren und Schauen sind hier ein Genuss. Unser letztes Ziel in Tibet ist das Basislager des Cho Oyu. Er ist der sechsthöchste Berg der Welt und der westliche Eckpfeiler des Mahalangur Himal, des höchsten Gebirgsmassivs der Erde, zu dem natürlich auch der Everest gehört.

Das Wetter ist stürmisch. Dichte Wolken werden von Nepal hochgetrieben und verhüllen den Cho Oyu zuweilen, verdecken die Sicht auf die »Göttin des Türkis«. Der Cho Oyu gilt bei Alpinisten als »einfacher« Achttausender, doch das Wetter ist dort unberechenbar und birgt Gefahren. Auch für Ausländer gilt hier die Regel, keinerlei politische Äußerungen zu machen. Stecken hier Bergsteiger eine tibetische Fahne ins Eis, werden sie ausgewiesen.

Wir halten uns zwei Tage an einem außergewöhnlich schönen Platz auf, direkt am Gletscherfluss mit bester Sicht auf den Cho Oyu und andere Schneeberge. Auf der Höhe unseres Lagerplatzes gibt es eine Schranke, eine Militärbasis am Hang und einen Posten der chinesischen Mountaineering Association. Hinter der Schranke beginnt eine neue Gebührenordnung. Das heißt, es sind wieder neue Permits und saftige Zahlungen für die Besteigungen über Camp 1 hinaus erforderlich, um hier weiterzukommen. Es gibt Gruppen, die jedes Jahr trainieren und ein Camp höher gehen. Andere wollen nur Akklimatisation und Vorbereitung betreiben. Aber alle müssen ihre Aktivitäten mit der chinesischen Bergsteigervereinigung abstimmen und bezahlen.

In unserer Nähe zeltet eine Gruppe Japaner. Allerdings verlassen sie ihr Lager nicht. Ich schätze mal, sie haben Probleme mit der Höhe oder einen Virus. Wir haben jetzt schon sechs Nächte in über 5000 Meter Höhe geschlafen. Unsere Kondition wird immer besser und auch die Nachtruhe erholsamer. Nur sind die Nächte bitterkalt. Besonders das nächtliche Aufstehen aus dem warmen Schlafsack kostet Überwindung.

Am zweiten Tag bekommen wir Besuch: Ein uniformierter Polizist und ein zweiter in Zivil, beide mit auffallenden, verspiegelten Sonnenbrillen. Der Zivile beginnt einen längeren Disput und will augenscheinlich etwas von uns. Dölma holt all unsere Papiere hervor, zeigt die Genehmigungen vor, ihre Papiere als geprüfter Guide, gestikuliert und argumentiert. Es geht hin und her. Dölma redet und redet, und wir wissen gar nicht, was los ist. Nach drei Stunden ziehen die beiden wieder ab. Das war die Touristenpolizei, klärt Dölma uns auf. Sie hätten ein zusätzliches Dokument gewollt, noch eine Bewilligung aus der Provinzverwaltung in Sheggar. Aber das brauche man nicht.

Ich frage, ob die Polizisten Geld haben wollten, doch Dölma verneint. Ich spüre, dass es hart war für sie, und ich würde sie am liebsten in den Arm nehmen. Hier herrscht jeden Tag ein Kleinkrieg, und es überlebt nur, wer sich nicht unterkriegen lässt. Dölma war vor allem rhetorisch den Chinesen überlegen, zumindest war das mein Eindruck. Ich habe versucht, das Gespräch durch bloßes Beobachten zu begreifen, ohne natürlich den Inhalt verstehen zu können.

Später erklärt mir Dölma, der Herr von der Mountaineering Association habe uns angezeigt, weil uns ein ganz bestimmtes Dokument fehlte. Vermutlich war das nur ein Vorwand. Dölma ließ sich jedenfalls nicht provozieren, obwohl die ganze Sache augenscheinlich bloße Schikane war. Vielleicht wollte die Polizei uns auch nur mal in Augenschein nehmen, oder es war ein bewusster Einschüchterungsversuch gegenüber der tibetischen Trekking-Firma, für die Dölma arbeitete.

Jahrzehntelang verlief nahe unserem Lagerplatz am Cho Oyu vorbei eine Fluchtroute für Tibeter, die über Kathmandu in die

Freiheit wollten. Ein gefahrvoller Weg. Hier erschoss die chinesische Polizei noch 2006 tibetische Flüchtlinge. Die Bilder, die ein Bergsteiger davon machte, gingen um die ganze Welt. Das bedeutete einen großen Gesichtsverlust für China, der viele Funktionäre die Karriere gekostet haben dürfte. Manuel Bauer hatte zuvor die Flucht eines kleinen Mädchens mit ihrem Vater begleitet und damit ebenfalls viel Aufsehen erregt.

Vermutlich hat man gleich danach versucht, diese Route zu unterbinden, und mehr Soldaten eingesetzt. Dass man die Schüsse auf die Nonnen filmen würde und so etwas in unserer Zeit in Sekundenschnelle Verbreitung findet, scheint die Behörden überrascht zu haben. Die Schließung der Region für längere Zeit war die Folge.

Mittlerweile hat China sein Überwachungssystem perfektioniert. Niemand schlüpft hier mehr durch Eis und Schnee.

Durch den Besuch der Touristenpolizei haben wir viel gelernt über die schwierige Situation der Guides. Wir machen alles richtig, wenn wir Dölma schützen und ihr keine heiklen politischen Fragen stellen. Der Bergsteiger, der den Militäreinsatz gegen die Flüchtlinge 2006 filmte und veröffentlichte, handelte mutig und hat damit keine Tibeter gefährdet, sondern eine Schande publik gemacht. Selbst ernannte Freunde Tibets hingegen, die Informationen von ihren Guides veröffentlichen, gefährden diese damit aktiv und machen sich selber schuldig.

So mancher mag das nicht begreifen, aber genauso wie in Xinjiang die Uiguren haben die wenigsten Tibeter einen Pass. Auch wer Arbeit hat und Familie, bekommt deswegen noch lange keinen Reisepass. Das sind Druckmittel in den Händen der chinesischen Behörden, die uns völlig fremd sind, genauso wie das Verweigern von Schul- oder Studienplätzen für Kinder nicht kooperativer Eltern. Das Gespräch mit der Touristenpolizei war dagegen noch vergleichsweise harmlos.

Am Abend gibt sich der Cho Oyu dann endlich wolkenlos. Es ist windstill und deswegen angenehm. Beim Blick zu den Eiswüsten vor dem Pass drängt sich mir allerdings sofort die Erinnerung daran auf, dass hier jahrzehntelang Tausende, ja Zehntausende Flüchtlinge ihr Leben riskiert haben und viele von ihnen dabei umgekommen sind. Ich muss auch an die vielen Bilder aus Dharamsala denken, die ankommende Flüchtlingsgruppen zeigen. Die Menschen waren oft halb verhungert, krank und von der Sonne verbrannt. Sie kamen erst im Flüchtlingszentrum wieder richtig zu sich und freuten sich auf ihre erste Audienz beim Dalai Lama.

Nach dem Essen am Abend reden die Tibeter im Team viel miteinander. Sie lachen und imitieren jemanden. Mir scheint, als ginge es immer noch um die schikanöse Polizei. In zwei Tagen werden wir Tibet verlassen. Dölma wird von Zhangmu aus wieder nach Lhasa zurückfahren. Ich hoffe, dass sie ihre Arbeit behalten kann. Außerhalb Tibets liegen die tibetischsten Regionen im indischen Ladakh, dem Changtang, in Spiti und Dharamsala. Tibeter aus China kennen diese Orte nicht.

Es ist der weitere Verlauf der »Windpferdreise« mit Manuel drei Jahre zuvor, der mir an diesem Abend wieder einfällt und den ich mit Rüdiger noch mal durchlebe und bespreche. Bei den Ereignissen des Tages und der Beschäftigung mit dem Flüchtlingsschicksal der Tibeter und ihrer Exilsituation ist dies kein Wunder.

TEIL VI

Dramatische Flucht

Wir schlafen im Kloster Tabo im indischen Spiti. Vor zwanzig Jahren bei der Kalachakra hatte ich noch mit Tausenden anderen im Freien übernachtet. Alle waren euphorisiert von der Stimmung und der Nähe des Dalai Lama. Kalachakra oder ›Rad der Zeit‹ ist das große Yogatantra des tibetischen Buddhismus, verbunden mit Belehrungen zur Harmonisierung der menschlichen Energiebahnen. Der 14. Dalai Lama hat von seinem Exil aus verschiedene Kalachakra-Einweihungen abgehalten.

Eine der intensivsten Zeremonien hatte hier oben nahe der tibetischen Heimat stattgefunden. Die meisten Menschen waren hochgelaufen oder mit öffentlichen Verkehrsmitteln gekommen. Die Masse der Besucher, insgesamt dreißigtausend, waren einfache Tibeter aus Indien und auch aus Tibet, was damals noch möglich war. Dazu kamen westliche Adepten des Buddhismus aus der ganzen Welt und Fans des Dalai Lama. Alle saßen, und der Dalai Lama hielt zwei Mal am Tag Belehrungen – und dabei veränderte sich die Stimmung. Nach und nach entstand eine schwebende und angenehm betörende Atmosphäre. Mein Interesse am Buddhismus gründete damals darin, einen Weg zu finden, gegen die Geistesgifte Hass, Neid, Unwissenheit und Egoismus anzugehen, und ich übte mich darin unter anderem durch Meditation.

Auch bei einer Kalachakra spielt ein großes Sandmandala eine bedeutende Rolle, das allerdings zunächst nicht gezeigt wird. Während der Kalachakra darf der Pilger das Mandala nicht sehen und soll sich nur hineindenken. Erst ganz zum Schluss darf er es betrachten, bevor es in einem Ritual der Vergänglichkeit zusammengekehrt und in den Fluss geschüttet wird, wie wir es in Diskit erlebt hatten.

Auf mich wirkte die Kalachakra sehr ähnlich wie die Derwischfeste, die ich in Pakistan erlebt habe. In Sehwan Sharif am Indus bekamen die Pilger, wie auch hier, symbolische Wegzehrung in Form von Tsampabällchen und Brot sowie Totems aus roten Bindfäden. Diese banden die Lamas den Pilgern um das Handgelenk, so wie dies die Sufimeister bei den Wanderderwischen getan hatten. Auch Hindupriester pflegen diesen Brauch; man soll die Bänder so lange trage, bis sie von allein abfallen.

Beim Verteilen wurde die Stimmung wild und ausgelassen. Die Pilger balgten sich geradezu um die Gaben. Der Dalai Lama hatte in der Pressekonferenz noch mal eindringlich auf die Verbindung von äußerer und innerer Abrüstung hingewiesen. Doch alles Meditieren für den Weltfrieden hatte nichts genutzt. In den folgenden Jahren weiteten sich die Kriege in Südasien und dem Mittleren Osten aus, und vor allem die Geißel des Terrorismus schritt voran. Zumindest meinem Seelenfrieden und meiner Sinnfindung hatte die Kalachakra gutgetan. Ich hatte kurz davor meine Frau kennengelernt, mit der ich immer noch verheiratet bin und eine Familie habe.

Jetzt schlafen wir in Klausen im Kloster Tabo in Spiti und finden das exotisch. Aber es wird anstrengend, denn des Nachts scheint das Kloster der Treffpunkt ausdauernd kläffender Hundebanden zu sein. Das raubt uns den letzten Nerv. Das eigentliche Problem mit den Hunden, die sich gegenseitig ärgern und den läufigen Hündinnen nachrennen, ist jedoch die buddhistische Religion. Hier werden Hunde weder getötet noch sterilisiert, denn das macht man nicht als Buddhist mit lebenden Wesen. Also packt man sie einfach auf einen Lastwagen und fährt sie ins nächste Dorf. Natürlich ist das keine Lösung, denn sie finden zurück, oder aber ein anderes Dorf schickt eine Lastwagenladung.

Am nächsten Tag bleiben wir noch ein wenig. Manuel besucht einen tibetischen Arzt, und ich schaue mich um. Es gibt einige kleine Guesthouses, die belebt sind. Junge Leute kommen um elf zum Frühstück und bleiben bis in die Nachmittagsstunden sitzen. Sie haben lange Haare, Amulette, Bärte und sind sichtlich nachtaktiv. Sie erinnern stark an die Freaks, die in den Siebzigern in Indien und dann später in Nepal unterwegs waren und letztlich in Poona bei Baghwan landeten. Sie bleiben unter sich und kommen allesamt aus Israel. Augenscheinlich sind sie länger unterwegs und planen, hier zu überwintern. Zweifellos ist es die Generation junger Leute, die nach drei Jahren Militärdienst – für Frauen einundzwanzig Monate – Abstand zu der Gewalt in Nahost haben wollen.

Letztendlich waren in den Siebzigerjahren die Anhänger der Hippiebewegung, deren Eltern in Nazizeit und Krieg aufgewachsen waren, auch auf Abstand zu ihrem Land gegangen und auf Selbstfindung bedacht gewesen. Auf Kontakt sind die jungen Israelis auch nicht aus. Manche grüßen auf Distanz. Die Mädchen sind in Saris gekleidet und oft sehr hübsch, die Jungs haben Motorräder, auf denen sie in Unterhemden und Sandalen umherfahren, manche mit flatternden Tüchern, die sie um die Hüften gebunden haben.

Die Grenze nach Tibet ist nah. Unweit von hier mündet der Spiti-Fluss in den Sutlej, der in Tibet am heiligen Berg Kailash entspringt. Als ich vor zwanzig Jahren der Kalachakra in Spiti beiwohnte, hatte Manuel in Tibet eine besondere journalistische Leistung abgeliefert, die ihn berühmt und in der Szene bekannt machte. Damals funktionierten noch die Flüchtlingsrouten von Tibet nach Dharamsala in Indien. Manuel hatte, um auf das Schicksal der Tibeter aufmerksam zu machen, die Flucht eines kleinen Mädchens mit ihrem Vater durch Eis und Schnee im Himalaja begleitet und daraus eine Fotoreportage gemacht. Im Kloster Tabo mache ich ein langes Interview mit ihm über diese Geschichte. Auch mit dem Abstand zweier Jahrzehnte geht das noch unter die Haut. Nicht nur Manuel kommen bei der Erinnerung daran zuweilen die Tränen.

»1995 habe ich ein sechsjähriges Mädchen, begleitet, wie es mit seinem Vater über den Himalaja, über einen 5716 Meter hohen

Pass geflüchtet ist«, beginnt er seine Geschichte. Es war nicht einfach, unerkannt nach China zu kommen. Dazu musste er einen Vater finden, der seine Familie auseinanderreißt und ein Kind nach Indien bringt. Diese dann auch noch mit beschränkten Sprachkenntnissen auf einer illegalen Flucht nach Nepal zu begleiten war ein riesiges Wagnis.

»Unterwegs ist man dann natürlich unter totalem Druck. Man hat Angst vor einem Wetterumsturz, man hat Angst vor den chinesischen Patrouillen.« Die Flüsse waren schon teilweise gefroren, und Manuel zeigt Fotos von der Eiswüste am Cho Oyu. Es ist für ihn eine Grenzerfahrung, und er ist fasziniert von der Kraft und der Disziplin des kleinen Mädchens. »Der Vater wollte es manchmal tragen. Einmal hat es sich den Fuß verstaucht, aber es ließ sich von keinem tragen. Die Kleine ist das allein gegangen, und da war kein Murren und nichts zu hören.«

Die Fotos von dem Mädchen am Nangpa La sind dramatisch. Verbrannte Haut und Erschöpfung, Manuel dürfte es nicht besser ergangen sein. Was der Vater mit dem Kind macht, stellt er nicht infrage. Ihm geht es darum zu zeigen, was Menschen auf sich nehmen, um in Freiheit und in die Nähe des Dalai Lama zu kommen. Er dokumentiert dies eindrucksvoll: »Nur noch Eis und Gestein, Wind und Schneetreiben. Und oft wenn es bergauf ging ... dann haben sie auf mich gewartet, aber kaum war ich da, gingen sie weiter, denn es geht wirklich darum, so schnell wie möglich weiterzukommen.«

Manuels Bilder zeigen zwei Menschen in einer übermächtigen Natur, und zunehmend wird der eigene Überlebenskampf in Schnee und Eis sein Thema. Wasser zu bekommen und zu trinken, bevor es wieder gefriert, ist fast ein Trauma für ihn geworden. Sechs Liter am Tag sind unter Fluchtbedingungen schwierig, denn Wasser bekommt man nur, wenn es einem gelingt, Eis zum Schmelzen zu bringen. Am Ende ihrer Kräfte erreichen die drei die Grenze.

Dort macht Manuel Fotos von dem Mädchen mit frisch gewaschenen Haaren und neuen Kleidern. Dann kommt das eigentliche Ziel: Die letzte Nacht, »bevor wir dann in Dharamsala ankommen und Yamdol, das kleine Mädchen, zum ersten Mal den Dalai Lama sieht. Alles ist voller Flüchtlinge, die ihr Leben lang zum Dalai Lama gebetet und ihr Leben riskiert haben, um wegzukommen. Und dann ist es plötzlich so weit. Dieser Moment ist unheimlich ergreifend.«

Einige Zeit später besuchen wir das SOS-Kinderdorf in Dharamsala, wo Yamdol nach der Flucht aufgewachsen war. Manuel hatte den Kontakt zu ihr gehalten. Wir erfahren, dass der große Flüchtlingsstrom aus Tibet abgerissen ist. Die Grenzen sind mittlerweile dicht, und auch Nepal weist Flüchtlinge aus China zurück. Waisenkinder und Kinder, deren Eltern anderswo leben, gibt es indes genug hier. Die Stimmung im Kinderdorf in Dharamsala war eigentlich sehr gut und aufmunternd, aber nach Manuels Geschichte von Yamdol liegt tagelang eine erdrückende Schwere in der Luft. Der Vater des Mädchens war nach der Flucht wieder nach China zurückgekehrt, zu seiner Frau und einem anderen Kind. Er wusste ja Yamdol gut versorgt und in der Nähe des Dalai Lama.

Ich habe eine Freundin, die 1959 als Säugling von Osttibet aus von Nomaden über die Grenze ins indische Sikkim gebracht wurde und dort in einem Ursulinenkloster aufwuchs, bevor sie durch einen Onkel nach Deutschland kam. Später ging sie wieder nach Indien und Osttibet. Heute lebt sie in Amerika, kehrt aber immer wieder an ihren Geburtsort zurück. Von ihr habe ich mehr über das Schicksal ihrer Generation und den Wandel in Tibet und im Exil gelernt als von jedem anderen. Sie schreibt mir gelegentlich; hier ihr jüngster Brief.

Lieber Hajo,

für die Bewohner des Himalaja sind diese majestätischen Berge wie eine spirituelle Landkarte.
Als Anfang der 1969er-Jahre die chinesischen Kommunisten die »Säuberung« des Klerus, des Adels und der wohlhabenden Bürgerschicht anordneten, machten sie auch das Leben der einfachen Bauern und

Nomaden zunehmend unerträglich. Mehr als 3500 Menschen aus meiner Heimat Osttibet versuchten deshalb in dem letzten großen Massenexodus, der Brutalität der neuen »Herrenrasse« zu entkommen. Selbst das einfache Volk wurde gezwungen, tage-, ja wochenlang an den öffentlichen Verhören teilzunehmen, wo der Vater den Sohn und der Nachbar den Nachbarn bezichtigen musste, den vier Übeln der Religion, Tradition, Kultur und der alten Gesellschaft anzugehören. Bei diesen öffentlichen Verhören mussten sie heilige Bücher oder Statuen zerstören oder Mönche und Nonnen bespucken und verprügeln. Die Menschen, die bei solchen Verhören stur blieben, wurden härter bestraft, so wie meine Großmutter: Sie wurde an ihre Füße gebunden und von der Decke hängend mit Holzknüppeln tagelang geschlagen. Fortan konnte sie nur noch hinkend gehen. Meine gerade verwitwete Mutter musste mich als kleines Stillkind im Dorf zurücklassen und wurde nach Chengdu in China verschleppt.

Nachdem die Säuberungsaktionen vorüber waren, wollten die chinesischen Kommunisten als Nächstes alle jungen Tibeter nach China verschleppen, um eine neue proletarische Gesellschaft in den von Barbaren bewohnten Gebieten aufzubauen. Diesen Plan konnten und wollten die meisten Menschen nicht mehr akzeptieren, und so sind viele Familien überstürzt und bei Nacht aus ihren Dörfern geflohen, so wie meine Großmutter. Die Flucht der Tibeter dauerte fast zwei Jahre, da sie von einem Ende des Landes zum anderen gejagt wurden. Viele Menschen sind während dieser Zeit an Hunger und Krankheit gestorben und viele von feindlichen Waffen getötet worden. Für die Flüchtlinge dienten heilige Berge als Wegweiser in die Freiheit. Ende 1962 erreichten nur dreihundert Personen, meist alte Frauen und Kinder, im Schutz einiger Rinpoche (Bezeichnung für hohe buddhistische Lehrer und Würdenträger) Indien.

Die meisten kampffähigen Männer und auch Frauen haben ihr Leben für uns geopfert. Viele Menschen wurden von der Volksbefreiungsarmee gefangen genommen und oft fünfundzwanzig Jahre und länger in Arbeitslager gesteckt.

Die alten Tibeter, die Indien erreichten, leben heute vielfach nicht mehr; und die Angehörigen meiner Generation waren damals noch zu jung, um sich bewusst an das Grauen der Verfolgung erinnern zu können. Ich kam nach dem Tod meiner Großmutter zu Verwandten in das damalige Königreich Sikkim. Anfang 1972 nahm mich ein Onkel mit nach Deutschland, und hier bekam ich nicht nur eine gute Ausbildung, sondern wurde von seiner Familie auch liebevoll aufgenommen. Ich fand eine neue Heimat in der Fremde, von der ich wieder zurück nach Indien und Tibet reisen durfte. Heute ist mir bewusst, wie viel Glück ich gehabt habe. Daher werde ich niemals die Opfer der Menschen, die uns gerettet haben, vergessen.

Meine Gedanken und Gebete gehen besonders zu den Tibetern in Tibet, die unter einer Willkürherrschaft rechtlos als Fremde in ihrem eigenen Land leben müssen. Die wachsende Zahl der Selbstverbrennungen spiegelt die Hoffnungslosigkeit der unterdrückten Seelen.

Mehr als hunderttausend tibetische Flüchtlinge leben heute in Indien. Die indische Regierung hat ihnen nicht nur Asyl gewährt, sondern auch Land zur Verfügung gestellt. Die Tibeter können in Indien ein selbstbestimmtes Leben führen. In Tibet sind sie dagegen Fremde im eigenen Land.

Mögen auch alle Unterdrücker Tibets und anderer Völker bald von ihrer geistigen Umnachtung befreit werden und von Liebe und Mitleid für alles Leben erfüllt sein!

Tashi Lhadon – Viel Glück.
BKK, 18.8.2014

Orakelpriester

Nach Dharamsala komme ich schon seit Jahrzehnten regelmäßig. 1985 dauerte es von Delhi aus mit dem Bus über Chandigarh noch zwei Tage. Heute gibt es in der Nähe sogar einen Flughafen, über den wir dann Indien verlassen wollen. Wir kommen diesmal allerdings von Spiti, also von der tibetischen Grenze, in den Bundesstaat Himachal Pradesh.

Dharamsala liegt wie ein Schwalbennest an einem Berghang auf 1200 Meter Höhe und ist einer der regenreichsten Orte der Erde. Eigentlich war Dharamsala eine leer stehende Bungalowsiedlung der englischen Kolonialherren, die entstanden war aus dem Bedürfnis, sich in der feuchten Kühle des Ortes von der Hitze Indiens zu erholen. Sie wurde dem geflüchteten Dalai Lama aus pragmatischen Gründen von der indischen Regierung zugewiesen, und mittlerweile ist der Ort dramatisch gewachsen. Hier sitzt auch die tibetische Exilregierung mit ihren Behörden.

Das ganze Jahr über treffen Reisende und Suchende aus der ganzen Welt hier ein. Besonders wenn der Dalai Lama öffentliche Belehrungen abhält, ist der Ort von Pilgern und Interessierten überlaufen. Mittelpunkt der Stadt ist das Namgyal-Kloster, wo ich 1985 meine erste Audienz bei Seiner Heiligkeit hatte.

Damals musste ich eine Woche in Dharamsala warten. Dann kam der große Moment – ich wurde vom Dalai Lama empfangen. Ich hatte meinen ersten Tibet-Film unter den Arm geklemmt und jede Menge Fragen. Der Dalai Lama, der damals noch sehr jugendlich wirkte, beeindruckte mich von Anfang an und befragte mich seinerseits: Nach der Bedeutung meines Namens, wo ich herkomme und wo meines Vaters Heimat sei. Ich erzählte die Familiengeschichte väterlicherseits. Mein Vater kommt aus Böhmen und hat dort der deutschen Minderheit angehört. Nach dem Zweiten Weltkrieg wurde er mit seinen

Eltern und Geschwistern vertrieben wie viele andere auch. Da hellten sich die Gesichtszüge des Dalai Lama noch mehr auf, und er verkündete geradezu, jetzt könne er verstehen, warum ich mich für das Schicksal des tibetischen Volkes interessierte.

Ich kapierte seinen Gedankengang damals gar nicht. Heute verstehe ich, was er meinte: Durch die nicht verarbeitete Geschichte des Heimatverlusts meines Vaters wäre ich besonders sensibel für dieses Thema. Etwas, was auch die Psychologie unserer Zeit so sieht und was der Dalai Lama in seiner Freundschaft zu Václav Havel oft thematisiert hat. Ich war damals völlig perplex, glaubte eigentlich, gar nichts mit der Vergangenheit meines Vaters und der Deutschtümelei der Heimatvertriebenen zu tun zu haben.

Rasch überreichte ich Seiner Heiligkeit meinen ersten Film über meine Kailash-Westtibet-Reise und fragte ihn, ob es richtig gewesen sei, den Film so zu drehen, dass China mir nicht verbieten könne, dort auch in Zukunft zu arbeiten. Er bestärkte mich damals, weitere Filme über Tibet zu drehen, die Lust auf dieses wunderschöne Land machen. Es sei nicht gut, die Chinesen zu provozieren, weil das niemandem nütze. Das war mir wichtig, und bis heute richte ich meine vielen Projekte im tibetischen Kulturkreis danach aus.

Ich hatte mit Manuel ausgemacht, diesmal den Dalai Lama nicht in den Film hineinzubringen, oder nur ganz am Rande.

Tagtäglich gewinnt der Regen immer mehr Macht und behindert unsere Arbeit. Manuel sieht natürlich auch die positive Seite daran. »Dieses Jahr ist der Monsun äußerst heftig und lang. Aber dafür ist alles schön grün und saftig.«

Wir besuchen trotz der Nässe mit bunten Regenschirmen die Werkstätten des Norbulingka-Instituts, die junge Miss Tibet und danach die Exile Brothers, eine Rockband bestehend aus drei Brüdern, die in der Kneipe ihrer tibetischen Mutter auftreten.

Die Tibeter sind nicht alle heilig und Mönche, sondern normale Menschen, die in unseren Zeiten auch modeln oder Musik machen. Die meisten Besucher in Dharamsala sehen in Tibetern vordringlich spirituelle Wesen, was sie sicher nicht mehr als andere sind. Es ist mir deshalb wichtig, ganz normale Menschen kennenzulernen.

Sehr spannend wird es in dem Nonnenkloster in Dharamsala, einem neuen und sehr massiv gebauten großzügigen Gebäude. Alles ist recht modern, die Gärten sind schön, und die Ausbildung hervorragend. Hier seien sehr viele Spenden von wohlhabenden Amerikanerinnen verwendet worden, sagt man uns bei der Begehung.

Nonnenklöster spielten im alten Tibet eine untergeordnete Rolle. Es gab sie zwar, aber sie waren ziemlich machtlos und oft normalen Klöstern untergeordnet. Diese Einrichtung war so nur im Exil in Dharamsala möglich. Hier erhalten Frauen anders als früher eine moderne Schulbildung und werden gleichzeitig in die höhere Gelehrsamkeit buddhistischer Nonnen eingeführt. Besonders in der Debatte am Abend geht es äußerst temperamentvoll zu. Die Nonnen sitzen oder stehen zumeist paarweise und befragen sich lautstark; jede Frage wird von einem Händeklatschen begleitet. Ich habe schon viele Rhetoriktrainings in Männerklöstern gesehen, doch die Begeisterung dieser Frauen, die sich das alte Ritual aneignen, ist beeindruckend und wirkt ansteckend.

Die Schulung der Rhetorik sei sehr beliebt, weil sie etwas Bewegung im den meist sitzend verbrachten Schulalltag bringt. Für mich wirken die kahlrasierten Frauen einfach schlauer und ehrgeiziger als manche männlichen Kollegen. Es sind sogar einige Ausländerinnen dabei aus Australien und den USA.

Die Ausbildung der jungen Nonnen dient Tibet und den Tibetern. Die jungen Frauen sollen einmal als Lehrerinnen in die Dörfer gehen und die Kinder in Tibetisch unterrichten und die buddhistische Lehre bewahren. Im Zölibat leben müssen sie nur, sofern sie das auch wollen. Als Nonne haben sie natürlich wenig Ablenkung und können sich ganz ihrer Aufgabe widmen. So sieht man das jedenfalls hier.

Wir haben jetzt sehr viel erlebt und zusammengetragen, was das »Reich des Windpferds« betrifft. Dharamsala ist ein prima Ort dafür. Hier hat sich eine wertvolle Tradition erhalten, und hier wird manches Neue auf den Weg gebracht. Vieles wäre nicht möglich ohne wohlhabende Spender und ohne die sehr starke Persönlichkeit des 14. Dalai Lama. Manche sagen allerdings auch, in Dharamsala müsse man besonders vorsichtig sein, weil es hier mehr chinesische Spione gebe als anderswo.

Manuel ist in Dharamsala bekannt und wird allgemein geschätzt. Er ist ständig woanders eingeladen und gehört spürbar dazu. Für unsere Arbeit und unseren Film ist das natürlich sehr nützlich. Wir haben schon im Vorfeld der Reise viele Inhalte des Films besprochen und einige Traumziele formuliert. Eines davon ist es, das Staatsorakel zu erleben. Manuel hat gute Kontakte zu dem Mann, der als Inkarnation des Orakels angesehen wird, aber nur selten in Erscheinung tritt. Zu umstritten ist diese Einrichtung mittlerweile, und nur sehr vertrauenswürdige Ausländer dürfen das Orakel sehen, geschweige denn filmen.

Eines Abends kommt Manuel in die Pension und sagt nur: »Morgen früh.« Ich muss versprechen, dass im Film ausschließlich Manuel das Geschehen kommentiert. Die Zeremonie soll nicht falsch dargestellt werden. Die Exiltibeter bemühen sich um ein demokratisches Image mit Wahlen und Parlament. Ein Staatsorakel als Entscheidungsträger ist da eigentlich nicht mehr vorgesehen. Jedoch ist die Institution beim Volk sehr beliebt.

Am Morgen um fünf ist der Raum im Netchung-Kloster in Dharamsala schon voll. Man sieht nur traditionell und festlich gekleidete Tibeter. Die Einrichtung des Staatsorakels ist aus dem alten Tibet nach Dharamsala ins Exil mitgekommen. Wer es in diesem Fall angerufen hat, erfahren wir nicht. Es kann die Regierung gewesen sein, aber auch ein Privatmann oder sogar der Dalai Lama.

Für die Tibeter ist es nicht so wichtig, zu welchen Fragen sich das Orakel in Trance äußern soll, ihnen kommt es auf die Nähe zu den Göttern an, die durch das Medium sprechen. Das Staatsorakel öffentlich zu erleben ist meist nur einmal im Jahr möglich. Bisher hatte ich noch nie die Gelegenheit dazu.

Orakelpriester gab es in vielen Hochkulturen. Nirgendwo wird diese Tradition jedoch so lebendig bewahrt wie im tibetischen

Exil. Erleben dürfen das allerdings nur wenige, denn es geht um das Image Tibets und um das Verhältnis zwischen spirituellen Traditionen und modernen Gepflogenheiten. »Der Dalai Lama hat auf der einen Seite größten Respekt vor der westlichen Naturwissenschaft. Er geht so weit, dass er sagt: Findet die westliche Naturwissenschaft einen Widerspruch im Buddhismus, dann wird dieser das überprüfen«, erklärt Manuel die offizielle Sichtweise. Aber dennoch befragt er die Orakel und interessiert sich für die Intuition eines medial veranlagten Menschen. »Er sagt, das sei kein Widerspruch, denn die Orakel seien nur das letzte Zünglein an der Waage, wenn man mal nicht zu einer Entscheidung findet.«

Der Orakelpriester, Thubten Ngödrub, betritt den Raum und wird zu seinem Thron geführt. Er ist ein kräftiger, untersetzter Mann mit kurz rasiertem Schädel und einem eher bäuerlichen Gesicht. Sein Gang ist entschlossen, und ich bin sehr gespannt und aufgeregt, denn der ganze Zuschauerraum brodelt. Bei ihm wurden als junger Mönch Eigenschaften festgestellt, die auf eine mediale Veranlagung hindeuteten: Er wurde leicht ohnmächtig, schlafwandelte und hatte besonders wilde Träume. Das Kloster führte Tests durch und erkannte in ihm die Wiedergeburt des verstorbenen früheren Orakelpriesters.

Das Medium nimmt Platz auf einem Tigerfell. Kein echtes wie früher, dass könnte Tierschützer erregen. Der Priester wird von mehreren anderen Mönchen eingekleidet. Besonders auffällig ist ein schwerer Spiegel vor seiner Brust. Mit Gebeten und Ritualen, so die Theorie, locken die Mönche um den Orakelpriester Schutzgottheiten in seinen Körper, die langsam von ihm Besitz ergreifen.

Schon nach kurzer Zeit fällt der Priester in Trance, unterstützt durch den betörenden Gesang der Mönche. Dann beginnen die Mönche dem Priester eine schwere Krone aufzusetzen. Das Medium wehrt sich, denn das Ganze ist enorm anstrengend. Allein das Kostüm wiegt siebzig Kilogramm. Er windet sich ein wenig, als habe er Krämpfe, er schwitzt und mehrere Mönche halten ihn, oder bändigen sie ihn sogar?

Das Ritual nähert sich seinem Höhepunkt. Auch bei den Betreuern des Mediums steigt die Konzentration. Mit einem speziellen Knoten wird die dreißig Kilogramm schwere Krone mit einem Band um den Hals festgebunden. Es sieht aus, als würde der Mann stranguliert werden, was zusätzlich zu der Anstrengung künstlich Atemnot erzeugt. In der Theorie der Orakelphilosophie ist die Gottheit jetzt voll im Besitz des Mediums und kann durch das Orakel sprechen. Die Menge tobt, die Trommeln und Posaunen tun ein Übriges. Die Stimmung eskaliert, und es wird auch im Zuschauerraum gedrückt und geschoben. Manche der Zuschauer lächeln beglückt, anderen ist die schiere Angst im Gesicht anzusehen. Das Staatsorakel der Tibeter im frenetischen Tanz. In solchen Momenten lebt für die Menschen im Raum auch das alte Tibet wieder auf. Ich kann mich der Suggestion dieses Rituals nicht entziehen. Selbst wenn es gespielt wäre, ist die Inszenierung perfekt.

Die Mönche notieren jetzt jede Silbe, die zischend aus dem Orakel herausbricht. Außerdem wird alles auf Tonband aufgenommen. Später werden diese Äußerungen gedeutet und zu einem Orakelspruch für die Fragesteller zusammengefasst.

Die Zuschauer versuchen, ihrem Staatsorakel so nahe wie nur möglich zu kommen, um an dessen Segenskräfte angeschlossen zu werden. Besonders wichtig ist es für sie, einige gesegnete Reiskörner aus der Hand des Priesters zu empfangen.

Wir sehen, wie die Pilger am Orakel vorbeiziehen. Die Mütter tragen ihre Kinder und halten sie dem Medium entgegen, denn so bekommen sie direkten Segen von der Schutzgottheit.

Für den Orakelpriester war das Ritual eine Tortur. Die Mönche wissen, dass er nicht mehr lange durchhalten wird. Schließlich bricht er zusammen und wird hinausgetragen. Es entsteht ein großes Getümmel.

Die Zeremonie war beeindruckend und aufwühlend. Für die meisten war das lebendige Mystik und eine Anbindung an übernatürliche Mächte und Entscheidungsträger. Man kann das Staatsorakel natürlich auch völlig anders deuten: nämlich als überkommenes Machtinstrument eines klerikalen Feudalstaats.

Als im alten Tibet die chinesische Volksbefreiungsarmee näher rückte, wurde auch das Orakel befragt. Zu spät allerdings. Der Klosterstaat war schon okkupiert und stand vor seiner Zerschlagung.

Aber im Moment ist dies unwichtig. Die Vorstellung hier in Dharamsala war authentisch und überzeugend, auch wenn der Auftritt aus einer anderen Zeit zu kommen schien. Es war mit Sicherheit keine bloße Folklore. Im Raum waren eine Menge Energie und Spiritualität zu spüren gewesen. Die Menschen glauben tatsächlich an das Orakel und an seine prophetische Kraft. Über dergleichen kann man nun mal schlecht diskutieren.

Die andere Seite ist die Kopfseite, aber die war während der Zeremonie und danach bei den Tibetern genauso wie bei mir ausgeschaltet. Für die Tibeter war das Spektakel Andacht und Freudenbringer zugleich. Hinterher wirkten alle erleichtert und strahlten.

Das gilt allerdings nicht für das Orakel selbst. Manuel kennt den Priester gut und erzählt, dass er nach einer Trance sehr lange nicht ansprechbar sei und viel Ruhe brauche.

Leider hat der Orakelpriester nicht vorhergesehen, dass uns am nächsten Tag ein Missgeschick ereilt, das tagelang zu umfangreichen Verstrickungen führen wird. Allerdings hatten wir ihn auch nicht danach gefragt…

Wir reisen zu einer Klostereinweihung einige Stunden von Dharamsala entfernt. Tibetische Klostergründungen gibt es in Indien viele, denn die begehrten Lamas scheinen besondere Qualitäten im Einsammeln von Spenden zu haben.

Auf unserer Fahrt nach Himachal Pradesh ist es neblig, es nieselt, und das wird Folgen haben. Bei unserer Ankunft sind wir schon akkreditiert. Manuel kennt mal wieder jeden, sogar die tibetische Geheimpolizei und auch die anderen Amts- und Würdenträger im Exil. Er sagt uns, wo etwas passieren wird, wo wir stehen dürfen, und stellt uns noch mal persönlich der Security vor. Zusätzlich zu den tibetischen Wachleuten gibt es auch noch indische, denn schließlich hat Indien dem Dalai Lama Exil gewährt und sorgt sich immer noch um seine Sicherheit. Viele dicke Jeeps fahren vor, und viele, offenbar wichtige und teils gewichtige Personen in roten Mönchsroben steigen aus. Der Dalai Lama wird der Letzte sein. Vor ihm wird der junge Karmapa kommen.

Manuel hat sich als Fotograf lange mit solchen Situationen beschäftigt und ist dem 14. Dalai Lama so langsam nähergekommen. Er ist vier Jahre mit Seiner Heiligkeit gereist und beschreibt seine Annäherung künstlerisch als einen langen Prozess: »Ich ging bewusst nicht zu nahe, ich habe aus der Distanz all die öffentlichen Bilder gemacht, die ich brauchte. Manchmal ging der Kontakt dann auch von ihm aus, und er nahm mich an der Hand. Vorhin zum Beispiel hat er mir auf den Rücken geschlagen – solche Dinge, solche kleinen Zeichen registriert man schon.«

Entstanden ist diese intensive Beziehung durch einen Auftrag, den Manuel in Dharamsala umsetzte. Er fotografierte einen Tag im Leben des Dalai Lama – und das war der Anfang. Mehr und mehr integrierte ihn das Umfeld und vertraute dem Schweizer. Es muss auch eine spezielle Sympathie zwischen beiden herrschen. Was aber nicht heißt, dass die beiden ständig miteinander reden.

»Oft reisen wir drei Wochen zusammen herum und wechseln kein einziges Wort miteinander.«

Berühmt geworden ist Manuel mit Bildern, die den Dalai Lama als Mensch zeigen. Im Unterhemd, im Fitnessstudio, im Aufzug oder Hotel, mit seinen Leibwächtern, bei der Meditation oder im Flugzeug. Viele haben das nicht gern gesehen und Manuel deswegen Vorwürfe gemacht. »Die Anhänger aus dem Westen dachten, ich sei ein Paparazzo, ich hätte mich hinter dem Vorhang versteckt und auf ihn gewartet, wie er aus der Dusche kommt.«

Die Wahrheit war eine andere. Der Dalai Lama wollte solche Bilder, um seinen Anhängern zu zeigen, dass er ein normaler Mensch und kein Gott ist. Er sei es leid, nur als heiliger Mann angesehen zu werden, und Manuels Bilder haben dies zweifellos umgesetzt.

Wir beobachten die Feierlichkeiten, und nach einer Weile im Getümmel klopft der Dalai Lama Manuel wie einem alten geliebten Packpferd auf die Schulter. Man spürt richtig, wie beide sich freuen. Rüdiger dagegen freut sich schon lange nicht mehr und nimmt immer öfter die Kamera vom Auge. Frustriert geht er ins Menü oder spult vor und zurück. Seine Unzufriedenheit ist geradezu körperlich spürbar – die Kamera gibt langsam, aber sicher den Geist auf. War es der Regen oder die Strapazen der letzten Wochen? Erst leihen wir uns eine Kamera in Dharamsala aus, dann bestellen wir eine neue, die eigens nach Kathmandu eingeflogen wird. Teure Produktionstage ohne Ertrag trüben die Stimmung, auch im »Reich des Windpferds«.

TEIL VII

Straße der Freundschaft

Zurück nach Tibet. Der Landweg von Lhasa nach Kathmandu ist der Inbegriff dessen, was ich unter der »Straße der Achttausender« verstehe. Die Strecke ist malerisch. Sie verläuft über achthundert Kilometer entlang wunderschöner Panoramen und quert mehrere Pässe über 5000 Meter Höhe, ehe sie an der chinesisch-nepalesischen Grenze zwischen Zhangmu und Kodari endet. Die Berge sind zum Greifen nah. Man fährt mitten durchs Hochgebirge und ist durchgehend höher als der Gipfel des Mont Blanc. Zu den Basislagern der Achttausender biegt man ab und kehrt dann wieder auf die »Straße der Freundschaft« zurück. Das letzte Stück reisen wir nach den Tagen am Cho Oyu bei prächtigem Wetter. Wenn es windstill ist, wird es sofort heiß; wenn Wind aufkommt, ist man allerdings schnell wieder ausgekühlt.

Während man früher hier fast nur Amerikaner, Deutsche oder Franzosen traf, sind es heute häufig Osteuropäer und Chinesen. Letztere kommen oft in Gruppen und teilweise wirklich den ganzen Weg von Shanghai. An den Kilometersteinen sind die Entfernungen in arabischen Ziffern nach Shanghai angegeben.

An manchen Aussichtspunkten treffen wir mit Chinesen zusammen. Sie sind auch im Auto oder Bus perfekt auf Klettertouren eingestellt. Fast alle tragen hochwertige Schuhe, Jacken, Mützen und Brillen von internationalen Ausrüstern. Voll im Trend scheinen Fotoreisen zu sein. Wie in Xinjiang sieht man auch hier viele chinesische Gruppen, die mit großem Eifer ein

Bild nach dem anderen schießen und sich gegenseitig ihre Aufnahmen zeigen. Damit sind sie so beschäftigt, dass sie nicht mehr nach links oder rechts gucken. Sie arbeiten dabei regelrecht Aufgabenstellungen ab. Manche steigen nicht einmal aus, sondern fotografieren in den schönsten Gegenden aus dem Bus heraus. Andere interessieren sich ausschließlich für Spiegelungen. Besonders gut situiert wirkende Männer finden es schick, sich gleich zwei oder drei Kameras umzuhängen, alle mit langen Objektiven, was offenbar den Fortgeschrittenen vom Anfänger unterscheidet.

Rüdiger erregt mit seinem Verdoppler großes Aufsehen, einer kleinen Linse, die aus einem 200-Millimeter-Teleobjektiv ein Vierhunderter macht. Das haben sie nicht in ihrem Sortiment. Unsere HD-4K-Kamera wird ebenfalls eifrig kommentiert – sie kennen das Modell noch nicht. Sie sprechen uns allerdings nicht an, sondern fotografieren fleißig unsere Ausrüstung, um sich dann zu Hause im Netz selbst schlau zu machen.

Wir beobachten ihre Motivwahl und welches Objektiv sie dann jeweils vorsetzen und müssen öfter grinsen, weil beides nicht zusammenpasst. Vieles deutet darauf hin, dass die Kameraausrüstung und auch die Urlaubsreise auf der »Straße der Freundschaft« hauptsächlich Statussymbole sind. Die Chinesen, die durch Tibet reisen, erinnern mich schon sehr an die Deutschen der Wirtschaftswunderzeit, die anfingen, Geld für Reisen auszugeben und zu Hause dann auch Fotos vorzeigen wollten. Nach den Deutschen, den Japanern und Koreanern werden die Chinesen die nächsten sein, die die schönsten Orte der Welt heimsuchen.

Die »Straße der Freundschaft« wurde lange Jahre verdächtigt, das Trojanische Pferd für die chinesische Okkupation Nepals zu sein. China ist jedoch zu schlau; es weiß, dass es einen besseren Weg gibt als teure und aufwendige Invasionen. Man investiert lieber in die Infrastruktur eines Landes und kauft sich in Banken und zentrale Wirtschaftskonzerne ein.

Völlig verdrängt hatte ich den weiteren Reiseweg hinter dem Tong La, dem Pass zwischen Jugal Himal und Labuche Himal, und der Wasserscheide nach Kathmandu. Irgendwann muss man ja wieder herunter vom Dach der Welt – es geht in rasantem Gefälle bergab von 5000 Meter auf 1300 und vom trockenen und wüstenartigen Hochgebirge in subtropische Regionen. Auf dem Weg wird es schon bald grün und feucht; eine Wolke nach der anderen regnet sich an dieser Seite des Himalaja ab.

Die Straße wird ständig von Erdrutschen und Felsschlägen getroffen. Kein Wunder. Selbst chinesische Straßenbaukunst gerät hier an ihre Grenzen. Wir sind noch weit von Zhangmu entfernt, als wir in einen endlosen Stau geraten, der überwiegend aus nepalesischen Trucks besteht. Eine ohnehin wegen der häufigen Erdrutsche kaum befahrbare Straße ist zum größten Lkw-Parkplatz geworden, den ich jemals gesehen habe.

Auch mit Zhangmu verbinden mich viele Geschichten. Von einer träume ich immer noch in manchen Nächten. Ich war 1987 zusammen mit dem leider mittlerweile verstorbenen Kameramann Peter Kerstan sieben Wochen in Tibet für den Terra-X-Film »Dämonen auf dem Dach der Welt«. Damals hatten Mönche in Sera einen gewaltsamen Protest gegen die chinesische Besatzung angezettelt. Viele Menschen waren verhaftet worden, Touristen wurden ausgewiesen und Videotapes beschlagnahmt.

Wir kamen aus Osttibet und gerieten mitten in diesen Strudel hinein. Ich hatte größte Sorge um die Ausbeute von sieben Wochen Dreharbeiten. In Zhangmu gab es damals kein Hotel, und wir übernachteten mehr oder weniger auf Pritschen vor der Grenzstation. Ich schlief allerdings nicht, denn wenn das gesamte Filmmaterial beschlagnahmt oder gar zerstört würde, weil die Chinesen unbedingt in die Filmbüchsen mit dem belichteten Material schauen wollten, wäre ich am Ende. Gewaltige Produktionsmittel würden verloren gehen. Es wäre zwar nicht meine Schuld, aber es würde mir mein Leben lang nachhängen, dachte ich.

Die Armee hatte die Grenzkontrollen übernommen und filzte uns nach Strich und Faden. Zuletzt kamen zwei große silberne Zarges-Boxen dran, in denen über hundert Rollen belichteter Sechzehn-Millimeter-Film in Aluminiumdosen lagerten.

»Open«, sagte der Offizier, und wir erwiderten, dies sei Filmmaterial, man dürfe die Dosen nicht öffnen.

»No Video?«, fragte der Offizier ungläubig. Wir schüttelten die Köpfe, und er winkte uns tatsächlich durch. Die Armee hatte damals nur den Auftrag, Videomaterial zu beschlagnahmen. Für uns ein Glück!

Hinter Zhangmu war ein weiterer Erdrutsch niedergegangen und kein Durchkommen, das hatten wir vorher gewusst. Mein indischer Reisefachmann hatte mir aber einen Hubschrauber geschickt, und der kam auch und brachte uns in den Garten des Shangri-La Hotels in Kathmandu. Selten wurde das Ende von Dreharbeiten ausgelassener gefeiert.

Heute ist Zhangmu eine kleinere Stadt mit einer engen Durchgangsstraße, in der Lkws parken. Sie wirkt notdürftig an den Fels geklebt, als könnten die Häuser jederzeit abbrechen. Wir kommen am Nachmittag an, die Grenze öffnet erst morgens um zehn, und wir müssen deshalb hier übernachten. Rund um die Hotels geht abends das Rotlicht an. Überall sitzen chinesische Damen an Fenstern oder geöffneten Türen. Sehr offen das Ganze, als wäre man in Amsterdam oder auf der Reeperbahn in der Herbertstraße. Besonders chinesische Guides scheinen dafür empfänglich zu sein.

Am nächsten Morgen vor der Grenzstation, wohin sie ihre Klienten bringen müssen, sehen viele derangiert aus und deutlich gezeichnet von nächtlichen Gelagen. Unsere Dölma dagegen war keinen Versuchungen ausgesetzt, ist frisch wie immer und erledigt den Job in Höchstgeschwindigkeit. Wahrscheinlich wäre sie gern mitgekommen nach Kathmandu.

Hinter der Grenzstation muss man sein Gepäck über eine Brücke bugsieren, die Brücke der sino-nepalesischen Freundschaft. Auf der anderen Seite wartet dann das pralle nepalesische Leben. Überall leuchten uns bunte Farben entgegen, und wir stürzen uns in einer vergleichsweise ärmlichen und unhygienischen Umgebung ins Getümmel. Träger, Fahrer, Guides bieten ihre Dienste an. Auch die Straße ist auf der nepalesischen Seite in einem ganz anderen Zustand: Sie hat erst mal keinen Belag und besteht quasi nur aus Schlaglöchern. In einer Bretterbude gibt es Visa zu kaufen.

Obwohl wir aus dem modernen China ins rückständige Nepal kommen, spüre ich in dem wuseligen Chaos eine seltsame Erleichterung. Auf der Fahrt nach Kathmandu, die einen halben Tag dauert, wird es immer wärmer und feuchter, trotzdem fühlt es sich befreiend an, und wie immer, wenn man aus der Höhe ins flache Land kommt, sprüht man vor überschüssiger Energie.

Flüchtlinge

Der Stupa in Bodnath, einem Vorort von Kathmandu, ist einer der größten buddhistischen Pilgerorte im Himalaja und somit natürlich ein bedeutender Ort für die Exiltibeter in Nepal. Besonders morgens und abends herrscht hier dichtes Gedränge. Die Kora, also die Umrundung der Stupa, ist für Tibeter und buddhistische Pilger ein tief empfundenes Ritual. Für viele Flüchtlinge ist Bodnath auch ein Ersatz für die Heiligtümer in Tibet, die sie nun nicht mehr aufsuchen können.

Viele Tibeter sind von Nepal aus in alle Welt gezogen, haben Asyl und Aufnahme in anderen Ländern gefunden. Viele Flüchtlinge leben aber nach wie vor in Nepal, sind entwurzelt und rechtlos. Für sie bedeutet die Umrundung des Stupa in Bodnath viel mehr, als wir auch nur erahnen können.

Wir wohnen in einem neuen und tibetisch geführten Hotel ganz nah des Stupa. Wir können ihn also jederzeit besuchen, wenn wir gerade Zeit haben; beim Frühstück können wir ihn vom Dachgarten aus betrachten. Auch der Stupa von Bodnath wird mittlerweile von Kameras überwacht – es sollen einhundertacht Stück sein. Das ist schon fast kurios, denn Hundertacht ist ja eine heilige Zahl, sowohl im Hinduismus als auch im Buddhismus. Jede Gebetskette hat in der Regel 108 Perlen, und viele Heiligtümer nehmen 108 Symboliken in sich auf.

Dass Nepal – nach wie vor eines der ärmsten Länder der Welt – so viel für die Überwachung der Pilger ausgibt, scheint auf den ersten Blick verwunderlich. Aber auch in Kathmandu hat es Selbstverbrennungen von Tibetern direkt neben einem Schrein gegeben. Im August 2013 erst hatte ein buddhistischer Mönch sich hier mit Benzin übergossen und in Brand gesetzt. Über die grausame Geschichte wird immer noch überall geredet.

Für Buddhisten und Hindus ist Selbstmord etwas äußerst Verwerfliches, weil es die nächste Wiedergeburt negativ beeinflusst. Dieses auch noch an einem heiligen Ort zu tun kommt einer Schändung gleich. Wie hoffnungslos oder fremdgesteuert müssen diese Menschen gewesen sein? Es gibt aber auch Buddhisten, die Selbstverbrennungen als Selbstopferung in einer aussichtslosen Situation deuten und sie nicht als verwerflich ansehen.

Wir besuchen ein Flüchtlingszentrum in Kathmandu. Im oberen Stock ist eine Verkaufsfläche für Teppiche und Thangkas. Thangkas sind Rollbilder mit religiösen Themen, die Buddhisten zu Hause oder im Tempel zur Meditation verwenden. In der unteren Etage des Gebäudes weben Tibeterinnen Teppiche oder spinnen Wolle. Viele dieser Frauen sind als junge Mädchen dem Dalai Lama gefolgt und aus Tibet geflohen. Das ist lange her. Früher gab es viel Unterstützung für die Tibeter: Im ganzen Himalaja entstanden zahlreiche Hilfsangebote. Für diese Frauen ist es bei der Handarbeit geblieben. Das Schicksal Tibets ist zunehmend in Vergessenheit geraten. Die wirtschaftliche Macht Chinas dominiert auch politisch immer stärker die Nachbarländer. Deren Regierungen wagen es nicht, Peking zu erzürnen. Teppiche weben ist noch erlaubt, alles andere untersagt. Selbst der Dalai Lama darf nicht nach Nepal kommen, und Tibet werden diese Frauen nie mehr wiedersehen.

Für Nepalreisende war es immer normal, bei den tibetischen Einrichtungen vorbeizuschauen, etwas zu kaufen oder zu spenden. Besonders beliebt waren die »Free Tibet«-T-Shirts. Aber selbst hier gibt es keine mehr. Im Basar dominieren »Tim& Struppi«-T-Shirts, und selbst auf Nachfrage gibt es keine tibetischen Fahnen, Bilder des Dalai-Lama oder gar »Free Tibet«-T-Shirts mehr zu kaufen.

Verboten wird das von den lokalen Behörden. Das ist unvorstellbar für Nepalreisende vergangener Jahre. Hier gab es immer Demonstrationen der Tibeter, es wurden Feste gefeiert, Geburtstage des Dalai Lama in der Öffentlichkeit begangen.

Ich suche intensiv nach Interviewpartnern in Bodnath oder den Flüchtlingslagern, in tibetischen Läden, Hotels oder Klöstern: ohne jeden Erfolg. Niemand will in die Kamera sprechen.

Es hat massiven Druck auf tibetische Ladenbesitzer, Klöster und Flüchtlingszentren gegeben. Ein tibetischer Funktionär erzählt mir, dass derzeit keiner seiner Landsleute in Kathmandu Interviews geben werde. Man fürchte Restriktionen der nepalesischen Regierung, die an guten Beziehungen zu China interessiert sei und außerdem chinesische Touristen und Investoren anlocken wolle. Es gebe also keine Demonstrationen mehr, und wenn man den Geburtstag das Dalai Lama öffentlich feiere, käme sofort die Polizei.

Tibeter in Kathmandu haben oft weder einen Ausweis noch einen Flüchtlingspass. Sie sind den Behörden geradezu ausgeliefert. In Kathmandu ist gerade Wahlkampf, und überall wird gestreikt, agitiert und demonstriert. Nur Tibeter dürfen das nicht mehr. Wir interviewen dafür zwei Stunden lang die schon erwähnte nepalesische Bergsteigerin Susmita Maskey. Sie ist gerade von einer Südostasienreise zurückgekommen und bricht bald wieder zu einer Expedition auf.

Susmita ist sehr sympathisch und vertritt eine neue junge selbstbewusste Generation, die unabhängig von Kaste und Reichtum ist. Sie gehört nicht der High Society Nepals an, ist aus eigener Kraft zur Bergsteigerin geworden. Sie arbeitet auch als Schauspielerin und Coach, unterstützt soziale Projekte, hat Literatur studiert, ist blitzgescheit, spricht hervorragend Englisch und ist auch noch hübsch. Sie äußert sich sehr unprätentiös zu den angesprochenen Fragen und ist für ihr Alter sehr professionell und dabei doch liebenswert.

Während und nach den verheerenden Erdbeben 2015 wird Susmita eine herausragende Rolle als Helferin und Organisatorin von Hilfsmaßnahmen spielen und trotz ihrer jungen Jahre zu einem großen Vorbild für die Nepalesen werden.

Auch für die Sache der Tibeter hat sie Empathie. Sie freut sich darüber, dass sie in Nepal Aufnahme gefunden haben, ist aber auch traurig, dass sie nicht in ihre Heimat zurückkehren können. »Ich bin der Meinung: Die Erde ist die Heimat von uns allen. Jeder sollte überall hingehen können, um seine Träume zu verwirklichen.«

Eine aussterbende Kunst

Statt hoher Berge und blauen Himmels nur Nebel und Wolken. Es ist Ende Oktober und eigentlich die beste Reisezeit. Ein schwacher Trost.

Hausgemachter Smog und die Wolkenmassen aus Indien sorgen für schlechte Sicht. Viele Flüge und Reisen sind nicht möglich; in Namche Bazar am Basislager des Everest sitzen Tausende fest. Nur selten zeigen sich im Dunst die Bergriesen der Kette der Achttausender. Wir bleiben deshalb länger im Kathmandutal als geplant. Wir suchen Orte auf, die ich schon lange nicht mehr besucht habe, obwohl sie eigentlich viel über dieses arme Land sagen.

Konflikte werden in vielen Teilen der Welt unter dem Vorwand der Religion ausgetragen. Zumindest dieses Problem gibt es in Nepal nicht. In Swayambhunath, dem Tempel der Affen, existieren seit Menschengedenken Buddhismus und Hinduismus friedlich nebeneinander. Es ist eine der ältesten buddhistischen Tempelanlagen der Welt. Niemand stört sich an den diebischen Affen, die nicht nur die Opferschreine ausplündern. Tempel sollen ja Menschen anziehen, nicht zuletzt aus finanziellen Gründen, und die Affen helfen dabei. Rüdiger allerdings fürchtet um seine Objektive. Seit er mal erlebt hat, dass ein Tempelaffe einem Kollegen die Brille von der Nase geklaut hat, traut er ihnen alles zu.

Wir besuchen Temba, einen in Nepal bekannten Thangka-Maler. Thangkas sind keine Massenware. Sie werden immer noch von Hand gefertigt, eine Kunst, die vom Meister an den Schüler weitergegeben wird. Früher war dies eine Arbeit ausschließlich für Mönche.

An einem guten Thangka arbeitet man einen Monat. Für ein wertvolles Rollbild braucht man sogar viele Monate oder gar Jahre. Die Frage ist, ob sich der Aufwand lohnt und ein angemessener Preis erzielt wird. Bei allen Schwierigkeiten, trotz der schwierigen Auftragslage liebt der junge Mann seine Arbeit, die Ruhe, die friedliche Gleichförmigkeit des Malens.

»Es ist eine Art der Meditation, man wird sehr ruhig dabei«, erklärt er mir.

Künste dieser Art haben nur dann eine Zukunft, wenn Liebhaber dafür bezahlen. Geht es nur nach dem Preis, haben Individualisten wie Temba keine Zukunft – Reproduktionen sind immer günstiger. Die uralte Kunst der Thangka-Malerei steht auf der Kippe – es ist eine sterbende Kunstgattung. Man braucht viel Geduld, deswegen sind die meisten Leute nicht daran interessiert, meint Temba, aber er weiß auch, dass vor allem die politische Situation in den letzten zehn Jahren den Künstlern in Nepal das Geschäft verdorben hat, weil die Touristen ausblieben.

»Ich glaube, dass es immer Menschen geben wird, die sich dieser Kunst widmen«, meint er zuversichtlich.

Aber auch hierüber wird die Marktsituation entscheiden. Ein Geheimnis der Thangka-Malerei verrät er dann noch: »Eine Besonderheit ist, dass man nicht an dem Bild hängt. Man hinterlässt keine Unterschrift und bindet sich nicht daran. Es ist Teil der Arbeit, so haben es auch schon unsere Vorfahren gemacht. Sie haben das Bild gemalt, um ihr Karma zu verbessern.«

Offen gesagt, habe ich um Swayambhunath seit zwei Jahrzehnten einen Bogen gemacht, weil ich den Ort für zunehmend überlaufen hielt. Doch Hindus und Buddhisten leben hier einträchtig nebeneinander, was eine sehr angenehme Stimmung schafft. Außerdem ist die Tempelanlage schön gelegen, auf einem Hügel mit wunderbarer Aussicht über das Kathmandutal. Lebhaft geht es hier auch zu. Eine Polizeieinheit rennt den Pilgerweg und die Treppen hinauf zum Tempel und vollführt gymnastische Übungen. Ein Trupp Männer ist unterwegs, um die Stupa zu weißeln und die Gebetsfahnen zu entwirren, die sich im Wind verheddert haben. Eine Sisyphusaufgabe.

Shiva und die Toten

Die Route entlang der höchsten Berge der Welt führt in Kathmandu nun in einen völlig anderen Kulturraum. Nach den Erlebnissen mit Muslimen in Pakistan und Xinjiang sowie den Begegnungen mit dem Buddhismus in Tibet nähern wir uns in Nepal dem Hinduismus.

Östlich von Kathmandu liegt ein wichtiger Pilgerort der Anhänger Shivas. Stiere und Tauben weisen den Weg. Am Tempeleingang werden Futterspenden für die Vögel ausgelegt, sodass riesige Taubenschwärme für gewaltiges Aufsehen sorgen.

Die meisten Hindus besuchen täglich einen Tempel. Sie bringen Speisen, Früchte, Blumen und Geldspenden und geben Almosen an Bedürftige. Sie opfern und spenden also in einem. Für Hindus ist der Tempel voller Gottheiten, an die man sich mit seinen jeweiligen Belangen wenden kann.

Es gibt Orte, da war man einmal und kommt nie wieder hin. So ging es mir mit Pashupatinath. Dort war ich in den Achtzigerjahren das letzte Mal. Vermutlich lag es an den Themen, mit denen ich befasst war, denn die hatten mehrheitlich einen buddhistischen Hintergrund. Dabei hatte mich damals Pashupatinath spirituell tief berührt. Besonders die Alltäglichkeit des Tempelbesuchs und der Umgang mit der Vergänglichkeit. Aber vielleicht gerade deshalb war ich dann doch immer lieber in Bodnath gewesen, weil man dort mehr Bekannte trifft und sich an den vielen tibetischen Gesichtern erfreuen kann. Heute sind wir nur hier, weil das Wetter uns einen Strich durch die Rechnung gemacht hat und kein Flugzeug nach Lukla fliegt. Von dort wollten wir eigentlich über Namche Bazar zum Basislager des Everest trekken.

Aber der Besuch in Pashupatinath wird zu einer Überraschung, was dafür spricht, alte eingefahrene Rituale einfach ab und zu über Bord zu werfen.

Der größte Teil des riesigen Tempelbezirks ist allen zugänglich. Nur der heilige Bezirk Shivas rund um einen vergoldeten, überdimensionalen Stier ist ausschließlich Hindus vorbehalten.

Uns Fremde betreut Narendra, ein junger Priester in weißer Kleidung mit einem bunten nepalesischen Käppi. Er sagt uns, was erlaubt ist und was wir lernen und beachten sollen, um den Ort zu begreifen. Außerdem spricht er dieses herrliche indisch gefärbte Englisch. Mit zwinkernden Augen und großem Pathos erklärt er uns den Ort, an dem es nach seinen Angaben 33 Millionen verschiedene Götter gibt. »Das ist einer der heiligsten Tempel der Welt. Er ist ähnlich bedeutend wie Mekka für die Muslime.«

In den Siebzigerjahren entdeckte die Hippiebewegung die Tempel der Hindus in Asien. Besonders Shiva und die sonderlich wirkenden weisen Männer, die Sadhus, erfreuten sich großer Beliebtheit. Heute ist der Hinduismus in Europa weniger bekannt. Sein beachtlicher Pantheon komplizierter Gottheiten mit vielfältigen Erscheinungsformen ist vielen fremd.

»Also G-O-D: Gott bedeutet generator, operator, destructor«, erklärt uns der Priester in seinem unverwechselbaren Englisch. Einfach gesagt meint er damit: Der Erzeuger ist Brahma, er ist der Schöpfer des Universums, der Tiere und von allem anderen. Vishnu ist der Beschützer, im Hinduismus nennt man ihn auch Narayana. Er versorgt das Universum und die Tiere. Shiva, so die verkürzte Sichtweise, ist Schöpfer und Zerstörer gleichzeitig. Er kann das Universum zerstören, indem er das dritte Auge auf seiner Stirn öffnet.

Die Sadhus, die heiligen Männer in den Hindutempeln, spalten die Geister. Sie verkörpern die Aspekte Shivas, demonstrieren seine Meditationshaltung und Askese, reiben ihre Haut mit Asche ein und sind einigen Lieblingskräutern des Gottes zugetan. Besonders »Ganja« erfreut sie bis heute – also Cannabis. Sadhus ziehen gern von Pilgerort zu Pilgerort. Sie gehen auch in die hohen Berge nach Muktinath hinter Jomosom an der Grenze zu Mustang. Allerdings setzen sie sich hier nur gegen eine »Spende« in eine fotogene Position. Manche sehen in ihnen nichts weiter als Bettler mit einer kulturellen Identität.

Die hinduistische Geisteswelt sieht Götter und ihre Abbilder aber anders. Genauso wie wir Menschen benötigt auch ein Gott Nahrung und Wasser. Er ist ein spezielles Wesen und kann sich nicht selbst versorgen. Daher bieten ihm die Gläubigen und Pilger Wasser und Nahrung an, die er mag.

»Wir geben ihm Essen, Milch, Früchte, und er ist glücklich. Wir bringen diese Opfergabe und nennen dabei unseren Namen, um unser Karma zu verbessern«, erzählt Narendra. Denn auch hier hat alles einen diesseitigen Zweck: Das Opfern dient dem eigenen Wohlergehen, ist der eigenen Gesundheit nützlich sowie den Geschäften, die man tagtäglich tätigt. Selbst bei hilfsbedürftigen Familienmitgliedern erhofft man sich eine Besserung ihrer Lage. Shiva glücklich zu machen ist das eine, einen Nutzen für sich daraus zu ziehen das andere.

Die Menschen kommen aber auch in den Tempel, um Rat einzuholen, etwa bei Todesfällen, Krankheiten, Depressionen oder Eheproblemen. Der Priester liest dann aus heiligen Texten, verordnet Diäten, Pilgerreisen und Verhaltensänderungen. Alles geschieht in einer sehr persönlichen Stimmung am heiligen Fluss Bagmati. Dieser ist zwar durch Abwässer und Abfälle stark verschmutzt, führt aber nach Indien und mündet in den Ganges, was ihn in den Augen der hinduistischen Bevölkerung Nepals besonders heilig macht. Schließlich drückt der Priester dem Suchenden einen Tika, also ein Segenszeichen, auf die Stirn.

Die spirituelle Dienstleistung wird bar bezahlt. Umsonst ist in einem Hindutempel nichts: eine fremde Welt mit sehr realistischen Umgangsformen.

Im Hinduismus glaubt man an Reinkarnation. Nach dem Tod werden wir also, so die verbreitete Meinung, als Tiere oder andere Lebewesen wiedergeboren. Daher gibt es das System der Leichenverbrennung. Die Anthroposophen unter uns glauben zum Beispiel so wie die Hindus, dass unser Körper aus fünf Elementen besteht: Himmel, Wasser, Feuer, Äther und Erde.

»Wenn wir jemanden an diesem heiligen Ort einäschern«, so Narendra, »kehren die fünf Elemente zur Natur zurück, und man wird wiedergeboren.«

Stirbt ein Mensch, bringt man ihn noch am selben Tag zum Tempel. So schnell wie möglich kommen Angehörige und Freunde zusammen und tragen den Leichnam zum Verbrennungsplatz. Das Klima lässt die Lagerung von Leichen auch gar nicht zu. Eine Verbrennung kostet im Hindutempel eine Gebühr. Die höheren und niederen Kasten haben unterschiedliche Verbrennungsplätze. Reiche Familien benutzen Sandelholz für die Zeremonie. Das ist nicht nur wohlriechend, sondern auch besonders teuer.

Dann nehmen die nächsten Angehörigen Abschied von dem Toten. Man spürt die Trauer, dennoch ist die Stimmung eher gelassen. Die Angehörigen schauen der Verbrennung zu, während rundherum das Leben weitergeht. Schnell entwickeln die Flammen eine große Hitze. Das offene Feuer helfe der Seele dabei, den toten Körper zu verlassen, so glaubt man hier. In Pashupatinath verbrannt zu werden ist für Hindus besonders erstrebenswert.

Nach zwei bis vier Stunden ist nichts mehr übrig von der Leiche. Die Asche der Toten wird ganz einfach in den Fluss Bagmati gekehrt. Die Trauergemeinde hat den Verbrennungsplatz schon lange verlassen. Man hat beinahe das Gefühl, als wäre nichts geschehen. Der Verstorbene ist erlöst, er ist bei Shiva, er wird wiederkehren in anderer Form.

»Man braucht nicht zu trauern«, sagt Narendra. Als Nicht-Hindus müssen wir uns erst an den offenen Umgang mit Tod und Vergänglichkeit gewöhnen.

Was mir diesmal besonders auffällt, ist der Pragmatismus dieser Religion. Man opfert, spendet, bezahlt für spirituelle Dienstleistungen, bekommt seinen Tika, und alle sind zufrieden. Auch Narendra freut sich über seine üppige Gage, aber ich bin noch viel froher, weil wir hier so ungestört drehen können.

Zum Schluss muss ich mich in einen kleinen Tempel setzen, und er spricht jede Menge Gebetsformeln, hält mir Kokosnüsse und andere Opfergaben an den Kopf und drückt mir schließlich einen riesigen roten Tika auf die Stirn. Jetzt sei ich Hindu, verkündet er.

Wir bleiben den ganzen Tag im Tempel. Es wird nicht so einfach, sich dem Thema Leichenverbrennung filmisch zu nähern. Was zeige ich, wie nah gehe ich heran, was interessiert mich überhaupt daran, und was ist anders als bei uns?

Auf mich wirkt das Ganze diesmal vor allem unsentimental. Tod, Tempel, Scheiterhaufen. Die Angehörigen nehmen kurz Abschied, geben dem Leichnam noch etwas Wasser, sind aber ansonsten mit Ausnahme einer bestimmten Bevölkerungsgruppe, die von den Witwen große Emotionalität verlangt, äußerst gefasst. Sie sehen in der Leiche tatsächlich nicht mehr den verstorbenen Menschen, sondern seine Hülle. Der Geist ist entwichen.

Natürlich ist der Ort für Hindus sehr wichtig und im verbotenen Teil auch voller Relikte nepalesischer Geschichte. Es gibt ungeheuer viele Legenden und Sagen über Shiva und Parvati, und Pashupatinath ist voller Mythologie.

Vielleicht liegt es am Alter, aber mich interessieren am meisten der Akt der Verbrennung und der Umgang mit dem Tod. So nackt wie der Mensch auf die Welt kommt, so nackt wird er auch verbrannt und den Elementen übergeben. Den ganzen Tag flackern und rauchen die Feuer. Jedem Besucher, ob er will oder nicht, wird ganz offen die Endlichkeit der körperlichen Existenz vor Augen geführt. Alles, was auf die Welt kommt, muss sterben. Insgeheim gestehe ich mir ein, in Wahrheit immer geglaubt zu haben, dass das nur alle anderen betrifft. Die Endlichkeit des eigenen Seins ist schwer vorstellbar, wird aber im Tempel sehr konkret und offen vorgeführt, und das vor Tausenden von Besuchern. Dieses Mal geht mir der Besuch in Pashupatinath lange nach.

Retterin in der Not

Kathmandu ist die Hauptstadt des Landes und besonders von Landflucht und Bevölkerungswachstum betroffen. Am Wegrand im Kathmandutal nahe dem Zentrum in einer etwas besseren Wohngegend sehen wir frühmorgens Kinder beim Taekwondo-Training auf einem Dach. Das Haus gehört einer Einrichtung, die sich Raksha Nepal nennt und sich seit zehn Jahren um Kinder von sexuell ausgebeuteten Frauen kümmert. Wir sind mit der Leiterin Menuka Thapa verabredet.

Dreißig Kinder werden hier betreut, die einiges hinter sich haben. Die Stimmung ist konzentriert und warmherzig. Menuka Thapa weiß, was sie tut. Die morgendlichen Übungen mit den martialischen Schreien sollen das Selbstbewusstsein der Kinder stärken, erklärt sie uns. In der Einrichtung sind sie geschützt, und »wenn sie später jemand seelisch verletzen oder körperlich angreifen sollte, können sie sich immerhin verteidigen.«

Entlang der »Straße der Achttausender« sehen wir jeden Tag Elend und Armut. Aber an vielen Orten bauen engagierte Menschen aus aller Welt Schulen, Krankenhäuser oder Einrichtungen wie diese auf. Das ist bemerkenswert.

Menuka Thapa spricht sogar Tabuthemen wie Missbrauch offen an. »Wir konzentrieren uns auf sexuell ausgebeutete Menschen und deren Kinder«, sagt sie in einem ganz selbstverständlichen Ton, und ich bin baff angesichts ihrer Direktheit. Dies gehört nicht zum anerzogenen Verhalten für Frauen in der hinduistischen Welt. Im Moment hat Menuka dreißig Kinder in einem vergleichsweise schönen Haus, die in Zimmern mit Stockbetten nach Alter getrennt schlafen und von mehreren Angestellten und einem Koch betreut werden. Es sind zwanzig Mädchen und zehn Jungs. Viele von ihnen sind Kinder, die bei einer Vergewaltigung gezeugt worden sind. Menuka wird da konkret.

»Jemand hat ihre Mutter missbraucht, und sie hat dieses Kind bekommen, das nun in unserem Heim ist.« Von den zwanzig Mädchen sind elf direkte Missbrauchsopfer, und die restlichen neun sind Kinder von Vergewaltigungsopfern. Sie machen trotz allem, was sie durchgemacht haben, einen guten Eindruck.

Nach dem Training ziehen sie ihre Schuluniformen an, dann geht es zum Frühstück. Bei Raksha Nepal gibt es einen klar geregelten Tagesablauf. Die Stimmung ist locker, und den Kindern scheint es gut zu gehen. Auch nur regelmäßig etwas zu essen zu bekommen ist in Nepal nicht selbstverständlich.

Die Einrichtung wird von Mäzenen finanziert. Viele der Hauptspender von Raksha kommen zum Trekking nach Nepal, um die Achttausender zu sehen. Sie wollen nicht nur das Land genießen, sondern auch etwas für die Menschen tun. Aber auch die wohlhabenderen Kreise im Land gehören zu den Geldgebern.

Menuka stößt vieles an und ist in Nepal zunehmend bekannt für ihr Engagement. Die Kinder sind ihr allerdings das Wichtigste. »Sie nennen mich Mutter und wollen eigentlich nicht, dass ich sie außer Haus schicke, am liebsten wären sie die ganze Zeit bei mir.«

Im Laufe der sehr langen Gespräche bekennt Menuka, es selbst als Kind nicht leicht gehabt zu haben. Sie verlor ihre Eltern früh und musste die Geschwister großziehen. So lernte sie unfreiwillig, um zu überleben, das Milieu der Tänzerinnen und Sängerinnen in Nachtclubs kennen und bekam mit, was ihren Kolleginnen widerfuhr und wie es den Kindern erging, die in derartigen Verhältnissen auf die Welt kamen. Jetzt lebt sie mit solchen Kindern zusammen und sorgt für deren Lebensunterhalt und für familiäre Wärme.

»Wir essen, spielen und schlafen gemeinsam«, erklärt sie glücklich und ungekünstelt. In Nepal sei das ganz normal.

Kurz vor neun verlassen die Kinder das gemeinsame Zuhause. Menuka verabschiedet sie, wie eine Mutter ihre eigenen Kinder auf den Weg bringt. Ein schönes Bild. Man könnte meinen, die Welt wäre in Ordnung.

Was uns Menuka außerhalb der Interviews erzählt, hat hauptsächlich mit ihr zu tun und mit ihren Erfahrungen im tabuisierten Rotlichtmilieu. Hauptursache für das Elend sind der soziale Hintergrund vieler armer Familien und ihre hochgespannten Erwartungen, wenn sie ungebildet vom Land in die Stadt kommen. Der Handel mit Frauen und Kindern aus Gründen der Armut ist in Nepal bittere Realität. Viele von ihnen werden per Internet ins Ausland verkauft: Händler vermitteln Waisenkinder, Frauen bekommen eine Entschädigung für den Auslandsaufenthalt in Bordellen, womit sie ihre Familie ernähren. Für nepalesische Frauen und Kinder sind China und Indien die Hauptabnehmer, aber auch die Emirate.

Menuka organisiert Aussteigerprogramme für Frauen aus dem Milieu in Nepal. Sie arbeitet mit Radiobotschaften, denn Handys mit Radioempfang hat hier jeder. Durch die Vergewaltigungsskandale in Indien ist eine größere Öffentlichkeit entstanden, um den Missbrauch von Frauen und Kindern anzuprangern, auch in Nepal. Eine Ursache für die Zunahme des Missbrauchs könnten die Smartphones sein, die auch in Asien immer weitere Verbreitung finden; mit ihnen gelangt man auf Seiten, die Pornografie und Gewalt als normal darstellen.

Ganz sicher aber ist nicht zuletzt die sehr restriktive Sexualmoral für die Gewaltexzesse verantwortlich, zusammen mit der allgemeinen Geringschätzung der Frauen. Auch in Nepal gibt es nach wie vor arrangierte Ehen und Mädchen, die schon sehr früh und oft vor der ersten Menstruation mit wesentlich älteren Männern verheiratet werden. Sterben die Männer früh, hinterlassen sie oft sehr junge Frauen mit Kindern, die nun allein zurechtkommen und sich im schlimmsten Fall prostituieren müssen.

Allein im Kathmandutal gibt es schätzungsweise siebentausend Straßenkinder, noch viel mehr Erwachsene leben auf der Straße, in Krankheit, Siechtum und Elend, oft verbunden mit einem Drogenproblem. Die Ursachen sind klar: Armut, Analphabetismus, Überbevölkerung. Gerade nach Nepal ist zwar viel Entwicklungshilfe geflossen. Wahrscheinlich gibt es auch nirgendwo eine größere Dichte an NGOs, die hier ökologische und soziale Projekte verfolgen. Aber die Gelder kommen oft nicht an, und manche Einrichtungen, so höre ich, wirtschaften in die eigene Tasche. Und wie kann man am besten helfen? Für Menuka ist Hilfe zur Selbsthilfe das Zauberwort – oder wie es Maria Montessori einst ausdrückte: »Hilf mir, damit ich es selber kann!«

Feste feiern

Die »Straße der Achttausender« liegt im Nebel. Weiterhin lassen das Wetter und die Luftverschmutzung die Schönheiten Nepals nur erahnen. Normalerweise ist über der alten Königsstadt Bhaktapur der Himalaja zu sehen. Smog verhindert nun jedoch diesen wunderbaren Anblick. Über hundertfünfzig Tempelanlagen und eine traditionelle Musikerszene schmücken das Weltkulturerbe. Phantastische Tierskulpturen, Türme und Teiche sind eine betörende Attraktion. Man kann in schönen Kunsthandwerkerläden einkaufen und wird kaum von fliegenden Händlern auf der Straße bedrängt.

Bhaktapur wurde vom Erdbeben im Jahr 1934 stark zerstört und mit großem Aufwand, in jahrelanger Arbeit und mit internationaler Hilfe originalgetreu wieder aufgebaut. Dadurch hat sich das traditionelle Nepal hier besser erhalten als anderswo.

Die Märkte sind voll mit qualitätsvollen Handarbeiten. Die Handwerker töpfern Gefäße in jeder Größe oder meißeln kunstvolle Gegenstände aus Holz oder Metall, färben und bedrucken Stoffe oder stellen Papier her. Man kann ihnen auf der Straße dabei zusehen. Doch damit allein ernährt man keine Familie mehr. Täglich verlassen immer mehr Nepalesen das Land, um im Ausland ihr Geld zu verdienen. Die meisten arbeiten in den Emiraten oder in Indien auf Baustellen, als Erntearbeiter, in Küchen oder Fabriken. Niemand kennt die genauen Umstände dieser Jobs. Und auch die Weltöffentlichkeit nimmt davon nur Notiz, wenn es zufällig um die WM-Baustellen in Katar oder eine eingestürzte Textilfabrik in Bangladesch geht. Aber das bleibt folgenlos.

Besonders in den Königsstädten rund um Kathmandu findet man jedoch immer noch zahlreiche Handwerker, denn kunstvolle Türen und Fenster aus Holz und sakrale Kunstwerke sind dort nach wie vor gefragt. Das Auskommen dieser Leute wird allerdings zunehmend schwieriger: Viele dieser Dinge werden mittlerweile maschinell erzeugt und so billig hergestellt, dass ein Handwerker da nicht mehr mithalten kann. Auf vielen scheinbar kunsthandwerklichen Produkten in Nepal prangt heute schon die Aufschrift »Made in China«.

Es ist Oktober, und überall wird Reis geerntet und vor den Häusern gedroschen und getrocknet. Nepal ist ein armes Land, und die Bevölkerung wächst rasant. Reis ist das Grundnahrungsmittel, und die Landwirtschaft die Grundlage des Lebens hier – zwei Drittel der Nepalesen arbeiten im Agrarsektor, die meisten davon Frauen.

Bhaktapur ist eine viel besuchte Gegend, und hier schaffen wir etwas, das besonders schwer ist, nämlich Kontakt aufzubauen zu einer Familie. Wir wollen etwas über ihren Alltag und ihre Gebräuche erfahren.

Vishnu Shresta lebt mit ihrem Mann und ihren Kindern in einer neuen Wohnung. Bei unseren Gesprächen sind ihre Schwestern ständig dabei. Die Familie kann sich ordentliches Essen leisten, mit Gemüse und Gewürzen. Frau Shresta hat die Schule besucht und spricht außer den lokalen Dialekten auch Nepali und Englisch – das ist selten in Nepal, dessen Analphabetenrate bei fünfzig Prozent liegt. Sie liebt ihr Land, in dem gern gefeiert wird. Das Nebeneinander von Hinduismus und Buddhismus findet sie positiv. »Wir sind nicht nur Buddhisten oder nur Hindus, wir zelebrieren alle Feiertage. Deswegen haben wir so viele davon!«

Es gibt viele Gründe, Feste zu feiern. Nirgendwo ist man dabei allerdings so einfallsreich wie hier. In Nepal wird kein Wesen vergessen, und das nächste Ereignis ist immer das schönste. In der folgenden Woche erleben wir fünf Tage lang ein besonders wichtiges Fest. Am ersten Tag werden die Raben, am zweiten Tag die Hunde und am dritten Tag die Göttin Lakshmi angebetet. Alle bekommen besondere Speisen und Opfergaben. Am vierten Tag verehrt man sich selbst, was ich eine prima Idee finde, und am fünften Tag verehren die Schwestern ihre Brüder: Das ist der Brüdertag, das zweitgrößte Fest in Nepal.

Aber all diese Feste haben auch einen Sinn und einen sozialen Hintergrund. Trotz der harten Lebensbedingungen spürt man hier eine Fürsorge und eine menschliche Wärme, wie wir sie im Westen weniger kennen. Zweifellos ist Nepal von außen betrachtet eine von Männern beherrschte Gesellschaft. Machogehabe und männliche Dominanz seien verbreitet, bestätigt Vishnu Shresta, doch auf die entscheidenden Dinge wie die Erziehung der Kinder würden sie zum Glück keinen Einfluss nehmen.

»In unserer Familie feiern wir die Mutter mehr als den Vater«, erklärt die 28-jährige Mutter von zwei Kindern, was zweifellos für weite Teile der asiatischen und orientalischen Welt gilt.

Das Familienleben unterscheidet sich in Nepal immer noch sehr von europäischen Verhältnissen. Nicht nur, dass Ehen arrangiert werden, auch die Zugehörigkeit zu einer ethnischen Gruppe oder der Kaste spielt eine starke Rolle.

Ist die Familie gebildet und hat Kontakte ins Ausland, geht es in der Regel liberaler zu. Man versucht sich dann internationalen Gepflogenheiten anzupassen. Davon hat auch Frau Shresta profitiert. Ihre Eltern hätten zwar die Hochzeit arrangiert, aber die Wünsche ihrer Tochter dabei berücksichtigt, wie sie uns strahlend erzählt. Einige Eltern seien allerdings sehr konservativ und würden immer noch ihre Kinder zwingen, jemanden zu heiraten, den sie nicht mögen. Immer wieder betont Frau Shresta, welch großes Glück sie mit ihren Eltern gehabt habe. Außerdem arbeitet ihr Mann und sorgt sich augenscheinlich um ihr Wohl.

Wenn man in Nepal durch die Dörfer kommt, hat man oft den Eindruck, die Frauen würden mehr tun als die Männer. Das hat seinen Grund. Die Männer sind schlicht nicht da. Sie arbeiten oft ganz woanders, manche sogar im Ausland, um den Unterhalt für ihre Familien zu verdienen. Deswegen sind die Frauen für den ganzen Haushalt und alles drum herum zuständig. Unter den Männern gibt es aber auch genug lasterhafte Existenzen, die den rauchbaren Drogen, dem Spiel und der großen Geißel Alkohol verfallen sind, was ihre Frauen zu Alleinernährern macht.

Dann, nach einer Pause am nächsten Morgen, wird es noch mal spannend im Hause der Familie Shresta. Vishnu verwöhnt ihren Mann Hari mit einem hinduistischen Ritual. Das gehört in Nepal zum häuslichen Leben. Es dient dem Wohlergehen, der Gesundheit und dem geschäftlichen Erfolg, glauben beide. Frau Vishnu klebt ihrem Gatten kunstvoll einen Tika als drittes Auge auf die Nasenwurzel, ein Kernpunkt des Rituals am frühen Morgen. Das Segenszeichen bringt Kraft und Intuition für den Tag oder die nächste Zeit. Hari hat bei dem Ritual alle Opfergaben an sich gedrückt. Ein Verhalten wie im Tempel. Bei Hindus gibt es beide Komponenten: häusliche Spiritualität und die öffentliche Andacht im Tempel. Wir nehmen an einer sehr intimen Situation teil. Im Kleinen geschieht so etwas jeden Morgen. Ausführliche Rituale wie das soeben erlebte finden seltener statt.

»Wir beten für unsere Seele, weil wir glauben, dass in uns ein Gott namens Narayan wohnt«, erklärt Frau Shresta anschließend. Sie beten also für Narayan, eine andere Bezeichnung für den großen Gott Vishnu, in sich selbst. Jedes Jahr, wie bei uns etwa an Ostern, vollziehen die Hindus dieses Ritual im Haus. Sie beten, zünden eine Kerze an und verlassen das Haus nicht, ehe die Kerze verlöscht. Das sind nur einige der vielen kleinen Geheimnisse, in die uns Frau Shresta nach dem Ritual einweiht und die die Spiritualität der Menschen beschreiben. Da gibt es viele kleine und für uns oftmals naive Dinge, die den Alltag bestimmen.

Nepal war bis 2008 ein Königreich. Ein langer, verlustreicher Bürgerkrieg mit den Maoisten hat die alte Ordnung beseitigt. Die junge Demokratie ist fragil. Die sozialen Probleme sind geblieben. Die feudale Welt vergangener Königreiche, die sich in der Architektur der alten Königsstadt Bhaktapur widerspiegelt, halten manche für glanzvoller als die Gegenwart.

Entlang der »Straße der Achttausender« erlebe ich extreme Gegensätze, Terror, Unterdrückung und soziales Ungleichgewicht neben einer überwältigenden Landschaftskulisse und faszinierenden Menschen und Kulturen. Bhaktapur, so touristisch seine Attraktivität auch sein mag, gehört sicherlich zu den sehenswerten Städten an dieser Route. Die Überreste der alten

Königsstadt sind beindruckend. Der Alltag der Menschen dagegen ist auch heute noch schwierig, darüber vermögen auch alte Tempel nicht hinwegzutäuschen.

Ich bin froh, die Bergsteigerin Susmita Maskey getroffen zu haben, eine selbstbewusste Frau, die ohne anzuklagen die Lage der jungen Menschen in Nepal beschreibt.

Wegen der politisch instabilen Situation in Nepal sei die Jugend in Nepal ziemlich frustriert, erzählt sie mir. »Sobald sie die Schule beenden, wollen sie nur noch fort von hier«, meint Susmita, die selbst jede Gelegenheit nutzt, um ins Ausland zu kommen. Aber anders als die Bergsteigerin wollen viele nicht mehr in ihr Heimatland zurückkehren. Ihnen fehle das notwendige Zugehörigkeitsgefühl, aber auch an Verantwortungsbewusstsein ließen sie es mangeln, beklagt die junge Frau in klaren Worten.

Susmita Maskey wird in den nächsten Jahren zu meiner ständigen Begleiterin im Netz. Sie ist sehr aktiv in den sozialen Medien, schreibt sehr persönliche Blogs, etwa zu dem Unglück am Everest, bei dem 2014 zwölf Sherpas umkamen, besteigt aber weiterhin einen Berg nach dem anderen auf der ganzen Welt.

Die jüngere Geschichte Nepals wurde von der Weltöffentlichkeit kaum wahrgenommen. Der lange und äußerst verlustreiche Bürgerkrieg zwischen Maoisten und Regierung hat zum längst überfälligen Rücktritt des Königs geführt. Die Maoisten, die übrigens nicht von China unterstützt wurden, sind ins Parlament eingezogen und stellen derzeit die Regierung. Doch augenscheinlich tun sie sich recht schwer mit der Demokratie. Die Strukturen vergangener Zeiten sind nach wie vor vorhanden: Nepal ist eines der korruptesten Länder der Welt geblieben.

Die Welt der Gurkhas

In Nepal gibt es nur einen großen Highway von Kathmandu nach Pokhara und einige Nebenstraßen. In die Seitentäler und kleineren Dörfer führen kaum Straßen, und alles muss dorthin getragen werden.

Auf solchen Nebenwegen reisen wir weiter in die Berge zum Volk der Gurkhas. Deren Heimat befindet sich südlich des Annapurna-Massivs in Dörfern über 1500 Meter Höhe. Sie leben vom Anbau von Getreide und Gemüse. Ihre Dörfer sind stattlich mit schönen Häusern und steinernen Treppen. Auf dem Weg dorthin bleibt der Nebel unser ständiger Begleiter; viele Achttausender hüllen sich weiterhin in Wolken. Die Könige von Gurkha waren die letzten Herrscher Nepals, ihre Soldaten besiegten die Heere der anderen Fürsten.

Die Kampfkraft der Gurkhas blieb auch den Kolonialherren in Indien nicht verborgen. Die Briten begannen die Männer aus den Bergen für ihre Armee zu rekrutieren. Vom Ersten Weltkrieg bis zum Irakkrieg kämpften Gurkhas für das Vereinigte Königreich. Noch heute gibt es pro Jahr 270 neue Plätze in den britischen Gurkha-Regimentern, die in Nepal sehr begehrt sind. Die Verpflichtungsdauer beträgt fünfzehn Jahre. Siebentausend Familien in den Bergen leben heute von den Pensionen, die Gurkhas für den Dienst in fremden Armeen in aller Welt verdient haben. Manche sind in ihre Dörfer zurückgekehrt.

Wir treffen einen pensionierten Fallschirmjäger, der für Großbritannien und die UNO weltweit unterwegs war. Er ist ein alter Mann mit zähem Gesichtsausdruck, klein, schlank und mit Knieproblemen. Seine Frau betreibt einen Straßenladen, zwei der umliegenden Häuser hat er für seine Kinder gebaut. Er zeigt uns sofort seine alten Kampfmesser, die Markenzeichen der Gurkhas.

»So, hier ist das Messer. In der nepalesischen Kultur nennen wir es Khukuri. In der britischen Armee wurde das Messer dann Khukri genannt.«

Er fuchtelt mit dem Dolch herum, der, so heißt es in manchen Büchern und Filmen, einst besonders von Luftlandeeinheiten benutzt wurde, um lautlos Kehlen durchzuschneiden und gegnerische Stellungen einzunehmen. Doch diese Zeiten sind vorbei.

»Mein Großvater hat noch mit dem Khukuri gekämpft«, erklärt der Mann und demonstriert pantomimisch, wie man heute mit automatischen Waffen umgeht. Es gibt keinen Grund mehr, das Messer mit sich zu führen. Nur wenn man in den Dschungel geht, braucht man es, um Büsche zu zerhacken, erfahren wir von ihm, oder nachts im Schlafsack, und auch, um Feuerholz zu zerkleinern.

Der Mann ist schwer zu verstehen, aber im Laufe des Gesprächs wird es immer besser. Er gewöhnt sich zunehmend wieder daran, sich in der ihm einstmals geläufigen englischen Sprache auszudrücken. Was ihm denn im Ausland am meisten gefallen habe, frage ich ihn, und seine Antwort ist dann doch überraschend.

»Im Ausland gefällt mir am besten die Kunst der guten Manieren. Zum Beispiel, wie dort gesprochen wird. Wenn jemand an einem vorbeiwill, sagt er höflich: ›Entschuldigung, darf ich hier durch?‹ Das gefällt mir.« Er demonstriert dabei gestisch das höfliche Verhalten, das er augenscheinlich in Nepal vermisst, und erinnert sich an weitere Details.

In England sei es etwa höflich gewesen, die Asche beim Rauchen in die Hemdtasche abzuklopfen. »Wenn die Engländer niesen, bedecken sie ihren Mund mit der Hand«, erinnert sich der Mann, auch das habe ihm sehr gefallen. In seiner Heimat Nepal dagegen stört ihn berechtigterweise der viele Abfall auf den Straßen und in den Bächen und Flüssen. Regelrecht widerwärtig – und er demonstriert das lebensecht –, findet er die verbreitete Unsitte des ständigen lautstarken Ausspuckens, an die auch wir uns nicht gewöhnen können.

Der Mann erzählt und erzählt. Das Schlimmste seien die Heimreisen auf den Schiffen gewesen, weil viele aus den Bergen seekrank geworden seien. Flüge hätten nur Offiziere bezahlt bekommen.

In einem anderen Dorf kommt die Gemeinschaft der Gurkha-Veteranen eigens für uns in Festkleidung mit umgehängten Orden an einer Gedenkstätte für Soldaten zusammen und erzählt von vergangenen Zeiten, von UNO-Einsätzen und dem Falklandkrieg. Über Kriegsgräuel wird nicht gesprochen, und niemand brüstet sich mit Heldentaten. Besonders vor Kampfeinsätzen hatten alle Angst, und das geben die älteren Herren offen zu. Als besonders betrüblich empfinden sie im Nachhinein die sehr lange Trennung von den Familien und Kindern. Einige Soldaten seien allerdings auch in England geblieben oder hätten ihr Glück in den Einsatzländern gefunden.

Die meisten aber sind zurückgekehrt und streiten nun mit der britischen Regierung über die Höhe ihrer Pensionen. Die würde gern darauf verzichten, endlos weiterzuzahlen, und die Veteranen stattdessen lieber mit einer Abfindung abspeisen. Es gibt überall Proteste und Klagen der Gurkha-Veteranen in Nepal gegen das Vereinigte Königreich, für das sie so lange gekämpft haben. Nicht nur in den Dörfern, auch in den Städten Pokhara und Kathmandu finden regelmäßig Protestaktionen vor britischen Einrichtungen statt.

Das Wetter ändert sich nicht. Tag für Tag gibt es Smog und Nebel bis in die Täler. Wir besuchen einen Ort nach dem anderen, von dem man normalerweise beste Sicht auf die Achttausender hat. Aber die Wetterlage und die Sicht sind überall gleich. Nepal ohne Berge, das ist wie Jamaika ohne Meer. Auch mancher Urlauber fährt unverrichteter Dinge wieder nach Hause und hat unter Umständen keine Berge gesehen, sondern nur den Smog und die Wolken aus Indien. Oder er ist jeden Morgen in Kathmandu zum Flughafen gebracht worden in der Hoffnung, es gehe ein Flug nach Lukla. Doch wie jeden Tag fällt dieser Transport in das Trekking-Mekka Namche Bazar derzeit aus.

Erfahrungen mit schlechtem Wetter und gefährlichen Flügen in Nepal haben sich über die Jahre viele angesammelt. Das Ende der »Windpferdreise« mit Manuel führte drei Jahre zuvor nach Mustang in Nepal, das zwischen Himalaja und Transhimalaja liegt, also ganz nahe an der »Straße der Achttausender«.

TEIL VIII

Gefährlicher Flug

Wir hatten davor die tibetischen Regionen Indiens besucht, und wollten weiter nach Nepal. Am Flughafen in Dharamsala trifft Manuel einen Tibeter und seine Gattin im besten Reiseornat – die Frau mit feiner Schürze, der Mann mit halblangem Mantel und farbigem Hemd. Die Stimme des Mannes und sein Lachen erinnern gewaltig an einen anderen Herrn in Dharamsala, den Dalai Lama. Von der Statur und dem Gesichtsschnitt her gibt es bestenfalls eine Familienähnlichkeit, aber die Stimme hat das Potenzial zum Double.

Viele Mitglieder der Sippe des Dalai Lama haben in Dharamsala eine feste Aufgabe und sind besonders im Erziehungssektor engagiert. Dieser Bruder, eines von sechzehn Kindern, die die Mutter des Dalai Lama in dem Dorf Taktser in Osttibet zur Welt brachte, lacht viel und ist sehr gesprächig. Er ist zwar der Abt eines Klosters in Ladakh, kommt aber dieser Aufgabe nicht nach und gibt sich betont weltlich. Er ist gerade auf dem Weg nach Amerika und Kanada, wo seine Kinder studieren. Die Exiltibeter in Dharamsala leben in einer durchaus engen und überschaubaren Kolonie, in der die alte Welt Tibets noch eine Rolle spielt. Der Dalai Lama hat stark an einem Übergang zur parlamentarischen Demokratie gearbeitet. Trotzdem spielen die bedeutenden Familien und Linienhalter natürlich nach wie vor eine Rolle und müssen bestimmten Erwartungen gerecht werden.

Wir reisen vom Flughafen in Dharamsala über Delhi nach Kathmandu und haben einen herrlichen Flug mit dem Panorama von neun Achttausendern. Zum dritten Mal will ich nach Mustang. Heute ist es eine Provinz Nepals, früher war Mustang ein selbstständiges Königreich. Zum dritten Mal ist Rüdiger als Kameramann dabei. Das erste Mal hatten wir es 1987 versucht, vergeblich. Man ließ uns nicht hinein, und das Scheitern meiner selbst finanzierten Filmexpedition brachte mich an den Rand des Ruins. 1992 hatten wir dann Glück, und alles klappte. Wir trafen sogar den legendären französischen Ethnologen Michel Peissel in Mustang, der das so lange abgeriegelte Land einst mit seinem Buch *Das verbotene Königreich im Himalaja* berühmt gemacht hatte.

Eine Nepalreise sollte eigentlich am Stupa in Bodnath beginnen, dem schon erwähnten Vorort Kathmandus. Dort umrunden besonders morgens und abends viele tibetische Flüchtlinge eines der größten buddhistischen Heiligtümer in Asien. Manuel Bauer ist kein Buddhist, behauptet er zumindest, aber er hält sich an die Sitten der tibetischen Kultur. Und die besagen: Vor einer wagemutigen Reise kann es nicht schaden, an einen heiligen Ort zu pilgern und Einkehr zu halten. Also tun wir dies auch.

Eine Reise nach Mustang ist auch heute noch etwas Besonderes. Bis 1992 war das »verbotene Königreich« ein unerreichbares Traumziel. Niemand durfte es besuchen. Nach meiner Kailash-Expedition 1985 hatte mich alles, was ich von Mustang hörte, angespornt, dorthin zu reisen und dem letzten großen Geheimnis im Himalaja auf die Spur zu kommen. Mein Ziel war es, als Erster in Mustang einen Film zu drehen, nachdem mir das am Kailash schon gelungen war. Ich war gierig geworden und gescheitert – 1992 gelang es dann, und auch diesmal will ich es schaffen.

Mustang war schon zu Zeiten meiner ersten Tibetreise 1985 eine Legende. Ein Mythos ist daraus geworden, weil es bis 1992 geschlossen war. Dabei war der Grund ganz real und sollte nur nicht in der Welt ausposaunt werden. Von Mustang aus operierten von 1960 bis 1974 die tibetischen Khampa-Kämpfer. Der Weg dorthin führt durch das tiefste Tal dieser Erde. Man hat im Osten den Achttausender Annapurna und den Achttausender Dhaulagiri im Westen. Der Fluss Kali Gandaki verläuft dazwischen. Auch im Jahr 2010 gelangt man immer noch nur zu Fuß nach Mustang. Man muss fünf Tage rechnen, um vom letzten Verkehrsknotenpunkt, einem kleinen Flughafen zwischen Annapurna und Dhaulagiri, ans Ziel zu kommen. Von da führt der Weg bis nach Lo Manthang, einer mittelalterlichen Stadt an der Grenze zu China.

Wir fliegen eine Stunde nach Pokhara, dem bekanntesten Ort Nepals neben Kathmandu. Von dort wollen wir den kurzen Weg nach Jomosom fliegen, neben Lukla der gefährlichste Hochgebirgsflughafen Nepals. Beim kleinsten Hauch von Wind und Nebel fallen hier die morgendlichen Flüge aus, und die Expeditionen stauen sich in beide Richtungen. Oft ist auch die Trekkingroute von Pokhara nach Jomosom verschüttet. Die Airlines heißen nicht mehr Royal Nepalese, sondern Buddha Air oder Yak Air; wir fliegen diesmal mit der Yeti Air. Vierzehn Tage war der Flug ausgefallen, jetzt soll es endlich klappen. Ein gutes Omen?

Es gibt ein ganz kleines Zeitfenster am Morgen, das entscheidet, ob der Pilot die Sicht für gut hält und fliegt oder nicht. Die Passagiere kommen noch bei Dunkelheit zum Flughafen, checken ein und lassen alle Prozeduren über sich ergehen. Selbst mit der Bordkarte in der Hand weiß niemand, ob das Gepäck verladen wird und der Flug wirklich startet. Niemand murrt. Die meisten Reisenden nach Jomosom sind nicht zum ersten Mal da und wissen auch missliche Umstände zu ertragen. Sehr oft heißt es wieder umkehren und sich ein Hotel suchen und auf die nächsten Tage hoffen.

Wir haben tatsächlich Glück und gute Sicht. Um landen zu können, fliegt die Propellermaschine über den Flughafen und macht dann eine Kehrtwende um hundertachtzig Grad. Man glaubt die Felsen mit Händen greifen zu können, und mehrere Menschen schnappen hörbar nach Luft. Ich bin heilfroh, als wir unten sind. Zwei Jahre später wird hier wieder eine Maschine abstürzen. Jomosom zählt zu den gefährlichsten Flughäfen der Welt. Ab hier geht es nur noch zu Fuß weiter. Eine Straße ist zwar geplant, aber noch nicht fertiggestellt.

Mit der Mulikarawane unterwegs

Durch Mustang führen uralte Karawanenwege. Aus Tibet wurde Salz importiert, aus Indien Reis, Gewürze und alles, was im Schneeland Begehrlichkeiten weckte. Heute ist der Weg nach Mustang eine Sackgasse: Die Grenze nach Tibet ist geschlossen.

Nichts erinnert hier mehr an die grünen Reisterrassen Nepals. Die Natur in Mustang ist schroff, karg und lebensfeindlich. Die bunten Gebetsfahnen weisen darauf hin, dass der Weg in tibetische Gefilde führt. In den Dörfern leben die Tiere nachts im Haus. Es sind fast nur Schafe und Ziegen, von denen die Menschen hier leben. Meist sehr zähe Tiere, schlank, mit dichtem Fell und ohne jede sichtbare Fettreserve. Tagsüber werden die Tiere in die Berge getrieben, wo sie ihre Nahrung in wüstenartiger Umgebung finden müssen.

Auf dem Weg werfen wir immer wieder einen Blick auf Dhaulagiri und Annapurna. Mal sind sie vom Nebel verschleiert, mal vom Staub, dann werden sie wieder von der prallen Sonne beschienen; das Kali-Gandaki-Tal ist ein natürlicher Windkanal, in dem ab Mittag kräftige Stürme toben. Das Flusstal ist ein geologisches Lehrbeispiel zum Verständnis der Entstehung des Himalaja, der ein sehr junges Gebirge mit zehn der vierzehn höchsten Berge der Welt ist. Der Himalaja wächst immer noch, wird aber zugleich von der Erosion stetig abgeschliffen.

Beeindruckend sind die Versteinerungen, die wir hier finden. Vor über hundert Millionen Jahren war hier ein Meer. Aus diesem stammen diese Ammoniten, die mit dem sich auffaltenden Himalajagebirge über Jahrmillionen um 3000 Meter nach oben gedrückt wurden. Ursache dafür war die Indo-australische Kontinentalplatte, die unter die Eurasische Platte drückte und so die Gesteinsmassen zusammenschob. Ein Ort für geologischen Anschauungsunterricht der beeindruckenden Art. Genauso wie der Indus am Nanga Parbat ist der Kali Gandaki zwischen

Annapurna und Doulagiri einer der Orte, die Geologie auch Laien wie mir plausibel machen.

In ganz Mustang gibt es zahllose Höhlenansammlungen. Siedelten hier früher Menschen, oder dienten sie dem Schutz vor marodierenden Räubern? Rasteten hier Karawanen, oder meditierten darin heilige Männer? Wahrscheinlich von allem etwas. Ganz genau weiß das keiner. Oft kann man nicht unterscheiden, ob Menschenhand oder Wind und Wetter die Baumeister waren. Die Erosion sorgt auf jeden Fall für eine geheimnisvolle, ja manchmal unwirkliche Stimmung.

Wir haben kleine Pferde dabei und einen »horseman«, der dafür sorgt, dass wir auch vorwärtskommen, wenn die Pferdchen mal nicht so wollen. Wir wechseln also zwischen Trekking und Reiten. Das ist schön wie ein Märchen. Und es ist sinnvoll: Wer hier höhenkrank wird oder sich den Fuß verstaucht, ist ohne Reittier verloren. Der Weg nach Mustang verläuft im ständigen Auf und Ab zwischen 3500 und 4500 Metern; wir sind täglich mindestens zehn Stunden lang unterwegs. Zählt man nur die zurückgelegten Höhenmeter, so sind es addiert bis Lo Manthang fast 10 000 – mehr als auf den Everest!

In solch extremer Natur gedeihen Sagen und Legenden besonders gut. Die meisten handeln von Padmasambhava, auch bekannt als Guru Rinpoche, einem Wundertäter, Magier und Missionar im Himalaja und mythischen Begründer des tibetischen Buddhismus. Um die Lehren des Buddhismus hier zu verbreiten, bedurfte es einer solch legendären Figur. In Mustang soll er an vielen Orten gewirkt haben.

Überall, wo es auf dem Weg kupferrote Felsen gibt, etwa in Dhakmar und Tsarang, findet man auch Geschichten, die von Padmasambhava, dem Lotosgeborenen, handeln. Dort soll er das Blut der bösen Dämonen vergossen, Hexen das Herz herausgerissen oder deren Lunge in der Landschaft verteilt haben. Vielerorts hat der tantrische Missionar die Menschen bekehrt. Besonders in Osttibet und Sikkim hat der lotosgeborene Buddha besondere Bedeutung für die Nyingmapa-Sekte, die ursprünglichste Bewegung im tibetischen Buddhismus. Padmasambhava wird auf den traditionellen Rollbildern, den Thangkas, mit dünnem Oberlippenbart und oft mit langen Haaren dargestellt, gern auch im feurigen tantrischen Tanz mit Dakinis oder vielköpfigen Ungeheuern.

Dämonen moderner Art tauchen plötzlich in der Landschaft auf: alte, völlig marode Baumaschinen. Eine Straße in diese Einsamkeit zu bauen ist ein alter und umstrittener Plan. Aufhalten kann man ihn wohl nicht. Die Debatten darüber halten zu dieser Zeit noch an, wie so oft, wenn so etwas in unberührter Natur gemacht wird.

Wir sind mit unseren Pferden und einer Mulikarawane unterwegs und genießen jeglichen Luxus, der hier draußen nur möglich ist. Unser »horseman« versorgt die Pferde, ein Koch bereitet gesundes Essen, und ein Sherpa baut die Zelte auf und sorgt sich um unsere Gesundheit. Das ist im Vergleich zu einem gehobenen Cluburlaub noch nicht einmal teuer. Mit der Erschließung Mustangs durch eine Straße werden viele dieser Jobs bald verschwinden. Diese Straße wird unweigerlich auch große Veränderungen in das brüchige Gleichgewicht von Natur und Menschen bringen.

Dieses Bauprojekt wird jedoch von den Einheimischen vorangetrieben, sie wollen eine bessere medizinische Versorgung haben und eine Anbindung an die Welt. Der Tourismus ist eine Einnahmequelle für das Tal, die Fremden sind bereit, ›Eintrittsgeld‹ zu bezahlen, um diese unberührte Kultur und Landschaft zu erleben. Und davon will man profitieren. Noch ist Mustang ein besonderes Gebiet, das extra kostet und das deswegen nicht von Heerscharen von Touristen heimgesucht wird, doch eine Straße wird das zwangläufig ändern.

Wir ergreifen Partei und erklären, wie schön es hier sei und wie viele Leute davon ein Auskommen hätten, dass man eben nur zu Fuß dort hingelangt. Wir schaffen Arbeit, indem wir uns auf den seit alters gewohnten Weg begeben. Und die Gegenleistung, die wir erhalten, ist es allemal wert.

Wir haben einen Koch mit drei Gehilfen, die ihre Küche selbst tragen und immer schon da sind, wenn wir ankommen, sodass es bald etwas zu essen gibt. Dann haben wir Reittiere, die von besagtem »horseman« versorgt werden. Außerdem haben wir sieben Maultiere dabei, denn das ganze Essen und die Zelte müssen geschleppt werden. Das Problem am Trekkinggeschäft ist die Gefahr, dass die Bergbewohner ihre Lebensmittelreserven für den Winter an Bergsteiger verkaufen und das Geld dann versaufen. Deswegen sollte man alle Nahrungsmittel selbst mitbringen und den Müll wieder zurück ins Tal nehmen.

Auch unsere Übernachtungsplätze, kleine Karawansereien mit Innenhöfen, die Schutz gegen den Wind bieten und wo man die Zelte gut aufbauen kann, sind kulturelle Kleinode, um die man bangen muss, wenn eine Straße jedermann in nur einem Tag nach Lo Manthang bringt. Die Karawansereien gab es seit Jahrhunderten. Wenn die Salzmänner Tibets mit ihren Yakkarawanen in ein Dorf kamen, haben sie sich dort eingemietet. Die Tiere wurden in einem Pferch untergebracht und versorgt. Das Schöne am Trekking in Mustang ist nach wie vor die Verknüpfung mit dem traditionellen Karawanengeschäft vergangener Zeiten. Wozu also eine Straße?

Auch nach vier Tagen Fußweg vermisst hier niemand Autos, ganz im Gegenteil. Die Wahrnehmung verändert sich angenehm ohne die gewohnte Geräuschkulisse. Die kleine Maultierkarawane ist immer in der Nähe und zweifellos angenehmer als ein stinkender Laster. Manuels Stimmung steigt von Tag zu Tag, je näher er Lo Manthang und der tibetischen Grenze kommt. Auf den Pässen sortiert er das Gebetsfahnengewirr und bringt neue Fahnen an. Außerdem haben wir, je näher wir dem Transhimalaja kommen, einen immer unglaublicheren Blick auf den Himalaja.

»Hier schlägt mein Herz höher«, erzählt er uns. »Hier bin ich glücklich und zufrieden, weil wir hier hinter der Himalaja-Hauptkette sind, hinter der Annapurna, auf der tibetischen Seite fast schon.«

»Lha Gyal-Lo«, die Götter werden siegen, sagen die Tibeter, und auch wir werfen Stein um Stein auf die größer werdenden Haufen an den Pässen.

An jedem Pass verändern sich die Perspektiven. Besonders kurz vor Lo Manthang wird der Blick auf den Himalaja zum Superlativ. Je größer der Abstand, desto berauschender das Panorama. Im Abendlicht erstrahlt er majestätisch in wechselnden rötlichen Farben. Schon bei meinen früheren Reisen war das der Lohn für den strapaziösen Weg.

Viele Ereignisse in der jüngeren Geschichte Mustangs sind noch nicht wirklich geklärt. Als Michel Peissel eine Sondergenehmigung erhielt, hierherzukommen und sein Buch zu schreiben, hatte er einen besonders guten Draht zum König. Lange Jahre blieb er der Einzige, der das kleine Reich bereisen durfte. Warum? Von Mustang aus, so viel weiß man heute, plante die CIA einen Guerillakrieg gegen China, nachdem die Volksbefreiungsarmee in Tibet einmarschiert war. Besonders osttibetische Khampa-Krieger wurden in Mustang zusammengezogen und ausgebildet. Sie sollten von hier aus über die Grenze sickern und die Chinesen in Kämpfe verwickeln.

Der Historiker Patrick French berichtet in seinem Buch *Secret War in Shangri-La,* dass die CIA Tibeter in Virginia und im Camp Hale in den Rocky Mountains ausgebildet habe. Der König von Nepal war eingeweiht und bekam wohl Geld oder andere Gegenleistungen dafür, dass er die Aktivitäten zuließ, und sperrte dafür Mustang für Fremde. Es gibt widersprüchliche Gerüchte über diese Zeit. Sicher ist nur, dass die amerikanische Außenpolitik und damit die CIA spätestens 1972 mit Nixons Besuch in Peking, aber wahrscheinlich schon früher, jegliches Interesse daran verlor, die Wiedereroberung Tibets zu unterstützen. Wie viele der Khampa-Krieger unbehelligt nach Kham in Osttibet zurückkehrten und wie viele dieser Wende der amerikanischen Außenpolitik zum Opfer fielen, weiß man nicht. Man spricht von Tausenden Toten. Besonders von der CIA ausgebildete tibetische Fallschirmjäger sprangen zumeist in den Tod.

Unklar ist auch, was der Dalai Lama davon wusste. Zumindest sein großer Bruder Gyalo Thöndrup arbeitete direkt mit der CIA zusammen, wie aus dem Film »CIA in Tibet« des tibetischen Filmemachers Tenzin Sonam über seinen im Widerstand kämpfenden Vater Lhamo Tsering bekannt wurde. In dem Film wird auch belegt, dass die CIA in den Sechzigerjahren fast zwei Millionen Dollar im Jahr für Operationen mit Tibetern gegen China ausgegeben hat. Einige alte CIA-Leute werden darin von Lisa Cathy, der Tochter eines hohen CIA-Beamten, interviewt. Viel Neues ergab das allerdings auch nicht. Der CIA ging es um nachrichtendienstliche Tätigkeiten und die Schwächung Chinas, nicht um Tibet. Mustang blieb so lange geschlossen, bis Gras über die Sache gewachsen oder besser gesagt, bis Tonnen von Staub den Kali Gandaki hinauf- und hinuntergeweht waren.

Erst im Mai 2016 äußerte sich der Dalai Lama in einem Interview mit der Frankfurter Allgemeinen Zeitung zu dem Fall: »Als ich im März 1959 Süd-Tibet erreichte, sah ich einige Tibeter mit Bazookas und anderen Waffen. Ich dachte, ein paar Bazookas bringen nicht viel. (lacht) Als ich Indien erreichte, hörte ich wieder, dass in dem Gebiet von Mustang sich eine Art Guerilla-Organisation gebildet hatte. Das war strikt geheim. Ich war da außen vor. Mein älterer Bruder, eine recht kontroverse Figur, machte das. Ich hatte damit nichts zu tun!« (FAZ 31.5.2016)

Wie aus dem Mittelalter

Lo Manthang wirkt auf den ersten Blick wie ein Gemälde oder ein Relief, geradezu unwirklich, wie ein Traum aus alter Zeit. Die mächtigen roten Außenmauern boten dem mittelalterlichen Königreich einst Schutz. Wir sind tagelang zu Fuß unterwegs ans Ende der Welt und dann dies: ein tibetischer Ort, wie es ihn so nirgendwo mehr gibt. Wir fühlen uns ganz weit in der Zeit zurückgesetzt.

Wir sind hier, weil wir auf die ökologische Situation im »Reich des Windpferds« aufmerksam machen wollen und um uns mit den Folgen von Erderwärmung, Erosion und schmelzenden Gletschern für die Tibeter zu befassen. Außerdem hat Manuel hier einen Freund. Lama Ngawang ist ein Kerl wie ein Baum und so wild und im positiven Sinne verrückt wie Don Camillo. Er trägt nur keine schwarze Robe, sondern ein rotes, meist staubiges Mönchsgewand, denn er ist gern mit dem Pferdchen unterwegs und ein wilder Reiter. Es gibt solche und solche Mönche: Manche sind eher spirituell und studieren viel. Andere engagieren sich sozial und arbeiten richtig. Lama Ngawang hat die Klosterschule aufgebaut für die Mönche. Seine Hauptaufgabe sieht er aber darin, ökologische Probleme anzugehen und den Dörfern Wasser zu verschaffen.

Manuel kennt viele Arten von buddhistischen Mönchen, und diesen liebt er geradezu. »Lama Ngawang packt etwas an, er zieht sich nicht in die Religion zurück, in die Denkstube, in das Kloster.« Manuel kennt und schätzt die Tatkraft von Lama Ngawang. Für ihn ist er ein ungewöhnlicher Mönch mit wichtigen Tugenden, dem er mit seinen Fotos und Kontakten weiterhelfen möchte.

Lama Ngawang betreibt in Mustang die Great Compassion Boarding School. Die Schüler stehen Spalier, als Manuel kommt, und jeder überreicht ihm einen Begrüßungsschal. Eine eindrucksvolle Szene. Lama Ngawang sammelt die Khatas nach der Zeremonie wieder ein und bewahrt sie für den nächsten Ehrengast auf.

Sponsoren aus Europa bezahlen die Lehrer und bezuschussen den Schulbetrieb. Manuel fotografiert hier und erzählt den Spendern zu Hause dann vom Zustand der Schule und den anstehenden Projekten. Auch deswegen ist er so beliebt und wird so herzlich empfangen.

So schön es hier ist, so stark rauscht und wirbelt hier aber auch der Wind. Auch bei schönstem Wetter zehren Sonne und Kälte in ständigem Wechsel gewaltig an den Kräften, und das Überleben wird zu einem andauernden Kampf. Die meisten Menschen, die hier noch sesshaft sind, betreiben Landwirtschaft auf einfachstem Niveau. Die Grenze nach Tibet ist ja geschlossen. Die Gegend hier ist daher gewissermaßen eine Sackgasse, in der es kaum Karawanen und nur wenig Handel gibt.

Die Bauern haben nur hölzerne Geräte, dreschen mithilfe der Tiere und schleppen vieles selbst. Was für uns wie ein Gemälde aus dem Mittelalter wirkt, ein Idyll, ist für die Leute beschwerliche Handarbeit. Dabei gehört das Land den Bauern zumeist gar nicht. Oft sind sie Pächter oder Landarbeiter, denn wie auch im übrigen Land besitzen einige wenige Großgrundbesitzer beinahe alle Acker- und Weideflächen. Dennoch üben die Bilder einer Landwirtschaft aus dem letzten Jahrhundert eine seltsame Faszination aus.

Lo Manthang war einst der Knotenpunkt eines Karawanenweges, den es nicht mehr gibt. Ein mittelalterliches Relikt auf fast 4000 Meter Höhe. Am Morgen waschen sich die Kinder im Bach am Weg und putzen dort auch ihre Zähne. Daneben umrundet ein alter Mann, der aussieht wie ein einfacher Bauer, das Geviert von Lo Manthang. Es ist der König von Mustang, den wir freundlich grüßen, der aber im Transhimalaja keine politische Rolle mehr spielt.

Hier leben nur noch ein paar Hundert Menschen, und im Winter bleiben nur noch wenige Alte hier. Für Fotografen allerdings ist die Stadt eine einzigartige Kulisse.

Jährlich verirren sich nur etwa neunhundert Trekker und Bergsteiger hierher. Wenn die Straße kommt, werden dies wohl mehr werden. Die Möglichkeiten, daraus ein wenig Profit zu ziehen, beschränken sich auf die Zeit zwischen Mai und Oktober. Dabei verbergen sich hinter den Klostermauern Kunstschätze, die auch im Himalaja ihresgleichen suchen. Außerdem sieht man in Klöstern und Häusern beachtliche Holzkonstruktionen von gewaltigem Umfang, und die Rohstoffe dazu sind bestimmt nicht hier hochgeschleppt worden. Auch der Transhimalaja war mal bis in große Höhen über 3000 Meter bewaldet. Ein Teil der ökologischen Probleme ist auf jeden Fall hausgemacht. Lama Ngawang ist ein Pfundskerl, um es bayrisch auszudrücken, und zu jedem ausgelassenen Scherz bis hin zu grobem Unfug bereit; er ist ein ganz anderer Typ als die gelehrten Lamas in Dharamsala.

Es gibt einen besonderen Ort in Mustang, den man auf 4000 Meter Höhe selten findet: Eine »salzige Heißwasserleitung« auf dem Dach der Welt, ein natürliches Thermalbad in einer grandiosen Umgebung, eine warme Heilquelle, die in ein Steinbecken mündet. Lama Ngawang lässt sich nicht lange bitten und begleitet seine Gäste in das warme Wasser. Ein fast nackter Mönch in einer Freiluftbadewanne vor der gigantischen Kulisse des Himalaja – was für ein Interview. Der Lama erklärt uns, die projektierte Straße werde Gutes bringen. »Es wird für die Menschen besser werden. Jetzt müssen sie ja noch alles selbst transportieren. Aber unsere Kultur wird natürlich darunter leiden.«

Lama Nawang hat Visionen und will sie umsetzen. Nur in einem Museum zu leben reicht ihm nicht. »Manchmal rede ich mit den Einheimischen darüber, ein neues Lo Manthang zu bauen, einen Kilometer vom jetzigen entfernt.« Dort sollen dann moderne Häuser entstehen. Das alte Lo Manthang ließe sich ja als Museum bewahren, damit Besucher erleben könnten, wie es vor dreihundert oder siebenhundert Jahren aussah.

Das ist das moralische Dilemma jeder touristischen Entwicklung in entlegenen Gegenden. Die Einheimischen wollen den Fortschritt, also die Ansiedlung von Ärzten, den Bau von Schulen sowie die Versorgung mit Trinkwasser und Strom. Die Touristen dagegen finden es besser, dass alles so bleibt, wie es ist, und sie nachher erzählen können, sie seien in einer wunderbar pittoresken Welt von gestern gewesen.

»Ich könnte hier nicht leben«, meint Manuel. Wer in Lo Manthang schwer erkrankt, hat keine große Überlebenschancen. Außer uns kann sich hier niemand einen Helikopter leisten. Aber trotzdem ist diese romantische Umgebung nach tagelangem Fußmarsch sehr suggestiv und rührt tief an. Man hat unweigerlich den Wunsch, alles zu erhalten und es nicht so werden zu lassen wie den Rest der Welt. Doch selbst Manuel wird den Lauf der Dinge nicht aufhalten, denn »der Wunsch nach Veränderung, nach Moderne, nach Fortschritt ist natürlich riesig. Und der ist wahrscheinlich auch angemessener als meine Sehnsucht, in die Vergangenheit zu reisen.«

Lama Ngawang bittet uns, mitzukommen in das Dorf ohne Wasser. Das bedeutet eine Tagesreise mit dem Pferd bis fast an die chinesische Grenze. Es wird ein wunderschöner Ritt, bei dem ich nur die Trittsicherheit und Selbstständigkeit unserer Rösser loben kann, denn leider habe ich reiten nie richtig gelernt. Das Dorf heißt Sam Dzong und ist die letzte Siedlung oben in Mustang. Von hier aus sind es noch zehn Kilometer bis nach Tibet, also bis an die geschlossene chinesische Grenze.

Sam Dzong liegt also äußerst abgelegen. Seine Bewohner haben aufgrund der globalen Erwärmung ein sehr schwieriges Leben. Seit fünfundzwanzig Jahren gibt es hier schon zu wenig Wasser für die Felder und Tiere. Aber seit fünfzehn Jahren ist auch der Gletscher abgeschmolzen. Die Wasserknappheit ist deshalb immer schlimmer geworden, sodass jetzt auch die Dorfbewohner nicht mehr genug Wasser haben. Sie sind gekommen, um uns ihre Probleme vor Augen zu führen. Ihre Felder, ihre Tiere und das Dorf. Hier fließt wirklich nur noch ein Rinnsal, und die Menschen haben faltige und ausgetrocknete Gesichter, sehen verhungert aus. Da herrscht wirklich Not.

Das ganze Dorf sollte wegen des seit einigen Jahren ausbleibenden Gletscherwassers schon mehrmals umgesiedelt werden.

Doch kaum einer will hinunter ins Tal gehen, denn da sprechen die Leute Nepali. Alle Hoffnungen ruhen auf Lama Ngawang und seinen guten Kontakten. Einige Kinder aus Sam Dzong gehen bereits auf seine Schule.

Die Lage scheint aussichtslos. Ein verschwundener Gletscher lässt sich nicht wieder herbeizaubern. Im Himalaja gibt es jedoch viele Projekte, die von Ärzten, Geologen oder Wasserfachleuten aus anderen Ländern in ihrer Freizeit verwirklicht werden. Manuel macht mit seinen Fotos und seinem Enthusiasmus den Menschen Hoffnung, und er wird die Geschichte des Dorfes ohne Wasser überall erzählen. Auch die nächsten Jahre wird er Geld sammeln, hierherkommen und Wissenschaftler mitbringen.

Der dritte Teil der »Windpferdreise« endet auf einem Hügel nahe der chinesischen Grenze. Manuel und Lama Ngawang hängen vor einer gigantischen Kulisse Gebetsfahnen auf. Der Lama verstreut Reis, und Manuel entdeckt ein Tier. Ihr Gespräch wird spirituell, aber auch politisch.

Manuel nimmt die Ameise auf die Hand und zeigt sie dem Lama.

»Sie hat Glück, auf 4000 Meter zu sein. Töte sie nicht, mein Freund«, meint Lama Nawang, aber das würde Manuel ohnehin nie tun. Beide entwirren die vielen Gebetsfahnen und schauen hinüber nach China. Dann rufen sie gemeinsam: »Pö Rangzen!« – Für ein freies Tibet!

Die Rückreise mit dem Hubschrauber von Lo Manthang nach Kathmandu klappt hervorragend. Wir bekommen phantastische Luftaufnahmen und sparen außerdem eine Woche Rückreise zu Fuß über Jomosom und Pokhara. Unser vierzigtägiges Zusammensein ist vorbei. Ich sitze lange im Schneideraum und am Schreibtisch. Erst 2011 sehe ich Manuel zur Premiere wieder. Mittlerweile ist aber jeder wieder auf einem anderen Pfad. Wir schreiben uns ab und zu mal eine SMS, Manuel hat jedoch ebenfalls Kinder und deshalb wenig Zeit. Drei Jahre später erhalte ich dann einen Brief aus Kathmandu, in dem Manuel von seinem Dorf erzählt und wie es seitdem weiterging in Mustang.

Lieber Wal,

vieles ist geschehen seit unserem gemeinsamen Besuch in Sam Dzong.
Allein schon die Anreise: Die Straße nach Lo Manthang wurde tatsäch-
lich gebaut. Eine schreckliche Holperpiste zerfurcht die traumhafte
Landschaft. Viele der alten Saumpfade sind verschwunden. Man kann es
nun in einem Tag von Jomosom in die Königsstadt schaffen. Vierzehn
Passagiere pferchen sich in einen Jeep. Man sitzt quasi verzahnt, jeder
Zweite darf sich hinten anlehnen. Die anderen sitzen vorne auf der
Kante der Sitzbank. Staub, Lärm und Geschüttel. Letzten August
mussten wir sechs Mal das Fahrzeug wechseln wegen fehlender Brücken
und Straßen. Nach vierzehn Stunden waren wir oben und sprichwörtlich
ziemlich durch den Wind – und haben in der Blechkiste nichts vom
schönsten Tal auf Erden gesehen.
Oben fühlt man sich ein wenig benebelt und muss sich erst akklimati-
sieren, verliert so locker ein, zwei Tage, die man mit dem Jeep gewonnen hatte. Dieses Mal werde ich lieber einen Teil marschieren, trotz
Straße. Vielleicht nicht all die fünf Tage, wie wir' s damals gemacht
haben, aber die schönsten Abschnitte. Und die steilsten, um mich der
Höhe anzupassen.
Die Hilfe für Sam Dzong kommt gut voran, trotzdem stehen wir vor
ziemlich großen Herausforderungen. Ein Jahr nach unserer Reise ritt
ich mit einer befreundeten Atmosphärenphysikerin und einem Glazio-
logen an die tibetische Grenze zur Quelle hoch. Leider bestätigten sich
die Klagen der Bauern. Die Klimaveränderung macht Sam Dzong den
Garaus. Das Dorf muss umsiedeln. Die Schneefallgrenze hat sich derart
nach oben verschoben, dass es auf 6000 Metern auch im Winter oft
regnet. Im Frühjahr fehlt den Bauern dann das Schmelzwasser für die
Felder. Die Ernte reicht nicht mehr fürs Überleben.
Seit mindestens dreitausend Jahren war das Tal bevölkert. Jetzt ist
Schluss. Sie, die außer dem Kochen mit Yakdung und dem Furzen ihrer
Ziegen kaum zum Kohlendioxidausstoß beitragen, müssen ihre Heimat
verlassen. Sie werden zu Klimaflüchtlingen. Verursacher sind wir, unser
Umgang mit den Ressourcen in weiter Ferne vom Himalaja. Lama
Ngawang und die Sam Dzong Ngas konnten den König von Mustang
dazu gewinnen, ihnen neues Land für die Umsiedlung zu schenken. Es
liegt drei Stunden weit weg vom jetzigen Standort, hinter einem hohen
Pass im Haupttal. Hier gibt es genug Wasser, doch das geschenkte Land,

einst fruchtbares Schwemmland, wurde vor Jahren von einem Gletscher-lauf getroffen; auch das eine Folge des Klimawandels. Ein unter dem Gletscher angesammelter See hatte sich in Form einer Flutwelle entleert und eine eine gewaltige Schlammlawine ausgelöst. Das Land war danach von Hunderten teils mannshohen Findlingen und Sediment überdeckt und somit unbrauchbar für die Landwirtschaft. Ich konnte mit Vorträgen in der Schweiz und Deutschland die nötigen Spenden-gelder sammeln, und letzten Sommer haben wir die Räumungsarbeiten abgeschlossen.

Nun wollen wir verhindern, dass die Bauern ihr neues Dorf auf dem gefährdeten Land bauen. Das Risiko einer erneuten Flut ist zu groß. Für die Felder scheint dies verantwortbar. Nicht aber für die Wohnhäuser. Ob wir geeignetes Land von der Village Development Community erhalten, ist leider in der Schwebe, und die Zeit drängt. Ich hoffe, wir können dies schnell klären. Sobald wir diese Hürde genommen haben, werden die Bauern eigenhändig hunderttausend sonnengetrocknete Lehmziegel für den Bau der achtzehn Häuser herstellen. Bauholz ist auf 4000 Meter natürlich Mangelware.

Die Sam Dzong Ngas hätten am liebsten ihr altes Dorf abgerissen, doch das dort verbaute Holz hätte sicher nicht gereicht. Dank eines Artikel in der Wochenendbeilage ›Das Magazin‹ konnten wir weitere Spender auftreiben und so das nötige Bauholz finanzieren. So können wir auch das alte Dorf bewahren, als Sommeralp für die Ziegen und als Back-up für Notfälle.

Sobald das neue Dorf steht, werden die Bauern auf dem vom König geschenkten Land ihre Felder anlegen und mit Ziegendung, den sie teils auf ihrem Rücken aus dem alten Dorf über den hohen Pass tragen, fruchtbar machen. Es kommt noch viel Arbeit auf sie zu. Mir wird wohl auch kaum langweilig. Die Wasserversorgung der Felder und des Dorfes muss geregelt und finanziert werden.

Mich beeindruckt immer wieder aufs Neue, mit welcher Demut und welcher Stärke die Sam Dzong Ngas ihr Schicksal tragen. Sie lassen sich nicht lähmen von den Widrigkeiten und bestreiten ihren harten Alltag klaglos. Und sie treffen Entscheidungen für die Zukunft ihrer Gemein-schaft, für die ich größte Bewunderung habe. Einstimmig unterzeichne-ten sie – die einen konnten bloß mit ihrem Daumenabdruck signieren, andere schienen ihre Namen mehr zu malen, als zu schreiben –, dass am neuen Ort alle Familien, ob arm oder reich, gleich viel Land für die

Felder erhalten werden. Und zwar soll das Los erst entscheiden, wer welches Land erhält, nachdem sie alle Felder zusammen in der Gemeinschaft fruchtbar gemacht haben. So wird der reiche Bauer gemeinsam mit seinem armen Nachbarn über die nächsten Jahre Land bearbeiten, von dem er noch nicht weiß, ob es einmal ihm oder seinem Nachbarn gehören wird. Ich bin tief beeindruckt von diesen selbst bestimmten Prozessen. Dabei haben die meisten von ihnen noch nie von Demokratie gehört.

Bitte drück mir und vor allem den Sam Dzong Ngas die Daumen. Immerhin warst Du es, mit dem ich das Dorf zum ersten Mal besucht und den Bauern meine Unterstützung versprochen habe. Gern erinnere ich mich an unsere Reise. Ich wünsche Dir für Dein tolles Achttausender-Projekt gutes Gelingen und grüße herzlich aus Kathmandu,

Dein Rössli

TEIL IX

Ein charmanter Russe in Pokhara

Zurück auf den eigentlichen Reiseweg der »Straße der Achttausender«. Wir fahren diesmal nicht nach Mustang, sondern nehmen eine Route, die ganz nahe daran vorbeiführt. Nepal wird als Reiseland für Trekker immer beliebter. Die meisten bleiben in der Regel einen Tag in Kathmandu und gehen dann allein oder in der Gruppe zum Wandern oder besteigen einen Gipfel. Dazu braucht man dann noch einen Bergführer, Sherpas, Koch und Fahrer.

In der Hauptstadt nehmen die meisten den Flieger nach Lukla, Pokhara oder Jomosom, um gleich vor Ort zu sein. Selten gegangen wird der von uns gewählte Reiseweg über Kakarbhitta nach Shiliguri im indischen Bundesstaat Westbengalen; er wird hauptsächlich von Wanderarbeitern benutzt.

Beliebt sind dagegen nach wie vor der Annapurna Trek, Namche Bazar, das Everest-Basislager, Langtang in Nordnepal oder Mustang. Anschließend geht der normale Bergtourist vielleicht noch raften, hüpft am Gummiseil eine Brücke hinunter oder geht paragliden. Die Zeit der großen Kulturreisen ist in Nepal anscheinend vorbei.

Wer wiederum auf den Spuren Buddhas wandelt, geht meist gleich nach Bodhgaya oder Varanasi in Indien und vergisst dabei, dass Lumbini, der Geburtsort des Siddhartha Gautama, ganz woanders, nämlich in Nepal, liegt.

Kathmandu und vor allem Pokhara, zweihundert Kilometer westlich der Hauptstadt gelegen, wurden in den Siebzigerjahren von den Hippies entdeckt, denen es in Indien zu voll geworden war. Besonders Pokhara erfreute sich großer Beliebtheit, weil man dort auf 1000 Meter Höhe in einem Süßwassersee baden und dabei die Achttausender Annapurna, Dhaulagiri und Manaslu sehen konnte. Berühmt ist Pokhara auch wegen des heiligen Berges Machapucharé – was »Fischschwanz« bedeutet und das Aussehen des Berges treffend beschreibt. Außerdem wachsen immer noch überall am Wegrand Cannabis-Pflanzen, was damals dazu führte, dass einige Reisende ihre Liegestühle am See mit Blick auf die Annapurna für Monate nicht mehr verließen.

Pokhara ist jetzt meine letzte Hoffnung, um die fehlenden Nepal-Achttausender zu sehen und Luftaufnahmen für den Film zu bekommen. Die werden bei finanziell gut ausgestatteten Projekten mit festmontierten Kameras an den Kufen von Helikoptern gemacht, die sich über einen Monitor aus der Kanzel steuern und bewegen lassen. Hat man nicht so viel Geld, muss man durch die Scheibe drehen oder mit festmontierten, nicht steuerbaren Kameras, den GoPros, arbeiten. Allerdings sind Luftaufnahmen im Hochgebirge generell schwierig.

Bei Achttausendern können schon kleine Wolken zu Turbulenzen führen, und kein Pilot startet, wenn eine Wolke am Himmel auf Regen oder Wind hindeutet. Wir kommen aus den Gurkhadörfern nach Pokhara, das natürlich sehr touristisch geworden ist, bei guter Sicht landschaftlich jedoch immer noch seinen Charme hat. Außerdem ist es zu einem wahren Eldorado der Paraglider geworden, die von den starken Aufwinden am Himalaja profitieren. Hunderte stürzen sich täglich von Sarangkot aus vom Berg und landen am See bei milden Temperaturen. In der Luft sehen sie aus wie ein bunter, überdimensionierter Libellenschwarm.

Wir wollen unsere Luftaufnahmen mit einem Ultraleicht-Flugzeug machen. Die fliegen nicht so schnell und sind näher an den Bergen dran. Das ermöglicht es eher, einen Vordergrund mit ins Bild zu bekommen, also für mehr Abwechslung bei den Panoramen zu sorgen. Außerdem kann man aus der Hand durch eine Öffnung ohne Scheibe drehen. Wir sind mit einem Fachmann verabredet.

Alexander Maximow ist Pilot und kam nach dem Zerfall der UdSSR nach Pokhara, um dort zu arbeiten. Der Russe ist ein gefragter Spezialist für Hochgebirgsflüge im Himalaja. Niemand hier kann das besser. Aber die schlechte Sicht macht Schwierigkeiten. Maximow ist ein grau melierter, schlanker Mann mit Schnauzer, der sein immer noch brüchiges Englisch mit einem schweren russischen Akzent anreichert.

»Im Oktober oder November und auch davor hat man in der Regel eine schöne Sichtweite«, erzählt er uns, zumindest habe das vor zwanzig Jahren noch gegolten. Da sei der Himmel blau und die Berge klar zu erkennen gewesen. In den letzten Jahren habe sich die Situation jedoch erheblich verschlechtert. Maximow erwähnt die Luftverschmutzung und den Nebel, der aufzieht, bemüht sich aber, nicht zu dramatisieren, denn schließlich ist das Fliegen bei guter Sicht seine Existenzgrundlage.

Die letzten Tage jedoch brachten auch ihn zur Verzweiflung. »Man konnte von unten nicht einmal die Bergspitzen sehen«, resümiert er treffend die besonders dramatische Wetterlage zur besten Reisezeit. Dann wird er ein wenig ironisch, verzieht dabei aber keine Miene, und erzählt von seinen Kunden. »Wir helfen Menschen, vor allem älteren Menschen, die nicht mehr so gut wandern können. Für junge Leute ist es einfach, zu Fuß nah an den Berg heranzukommen.« Da hat er recht, denn ein Trek zur Annapurna dauert Wochen, und man hat keine Garantie für gute Sicht. Außerdem gilt die Hochgebirgswanderroute rund um die Annapurna als Trekker-Autobahn mit hoher Verkehrsdichte.

Am nächsten Morgen treffen wir Alexander vor Sonnenaufgang. Er ist überrascht, dass wir nur zu dritt sind. Die BBC käme mit mehr Mitarbeitern, meint er lachend und macht mir Hoffnung: Man könne das gesamte Annapurna-Massiv sehen, vom Manaslu bis zum Dhaulagiri. Wir haben tatsächlich Glück. Nach zwei Wochen schlechter Sicht verziehen sich endlich die Nebel, und der Himalaja zeigt sich in seiner vollen Pracht.

Auf der »Straße der Achttausender« sind wir lange Strecken gefahren und gelaufen. Dagegen ist die Perspektive aus dem Ultraleichtflugzeug ein reiner Genuss. Zumindest stellt es sich hinterher am Schneidetisch so dar: Im kleinen Ultraleichtflugzeug war außer für Alexander nur noch Platz für den Kameramann. Ich bleibe mit dem Fernglas am Hangar stehen. Sollten die Aufnahmen wiederholt werden müssen, hätten wir so noch Geld für einen zweiten Flug.

Der Bergteil unserer Reise in Nepal entlang der Achttausender geht entspannt zu Ende. Wir können Kraft sammeln für den letzten Teil der Tour, die uns nach Indien führt: nach Darjeeling mit seinen berühmten Teegärten und dem dritthöchsten Berg der Welt, dem Kangchendzönga.

Mitten im Dschungel

Die »Straße der Achttausender ist eine Sehnsuchtsroute«, heißt es in meinem Exposé zu dem Filmprojekt, aber filmisch auch eine daraus zu machen ist schweißtreibende Arbeit. Bei insgesamt vier Folgen ist es wichtig, nicht redundant zu werden, das heißt Landschaften, Themen und Charaktere müssen wechseln und sollten sich nicht wiederholen oder zu sehr ähneln. Deswegen habe ich die Route so gewählt, dass wir im letzten Land der Reise noch mal ganz andere Motive und Menschen erleben.

Mit Indien bereisen wir das vierte Land auf unserem Weg. Den Übergang von Nepal nach Indien soll der Chitwan-Nationalpark bilden. Er ist eine der wichtigsten Sehenswürdigkeiten Nepals und liegt direkt an der Grenze zum indischen Bundesstaat Bihar. Aus Mustang kommend fließt auch der Kali Gandaki auf dem Weg in den Ganges nach Chitwan und bildet mit dem Rapti die nördliche und westliche Grenze des Nationalparks. Von hier kann man an schönen Tagen im August den Himalaja sehen. Allerdings haben wir leider schon Oktober.

Unser Dolmetscher Hari hat einen Bruder in Chitwan, der eine Lodge am Rapti betreibt. Ein herrlicher Ort in einem ursprünglichen Dorf am Rande des Dschungels und abseits der touristischen Trampelpfade. Außerdem können wir dort in einer familiären Situation wohnen, weil wir jetzt schon lange mit Hari unterwegs und untereinander sehr vertraut geworden sind.

Die Gegend erinnert mich an zwei wunderbare Bücher. Der Rapti, der den Dschungel von den besiedelten Gebieten abgrenzt, lässt mich an *Herz der Finsternis* von Joseph Conrad denken und das Dorf am Rande des Dschungels an Kiplings *Dschungelbuch*. Haris Bruder erzählt uns, dass im Dorf immer wieder Rhinozerosse, Elefanten oder Tiger auftauchen. Die suchen dort was zu essen. Der Nationalpark komme zum Glück für die Schäden auf, fügt er hinzu. Das ist ja sehr beruhigend.

In Chitwan erwarten uns ganz neue Eindrücke und eine gänzlich andere Situation. Hier droht uns nicht die Höhenkrankheit. Dafür lauern andere Gefahren, nämlich frei lebende Wildtiere, die weltweit vom Aussterben bedroht sind. Wer durch den Chitwan-Nationalpark fahren will, braucht deswegen einen Führer. Unserer heißt Schukran; er nennt sich »naturalist«, ist also ein Kenner der Tier- und Pflanzenwelt, und gehört dem Volksstamm der Tharu an. Der Mann ist mittelgroß, schwarzhaarig, drahtig und hat einen dunklen Teint. Seine Augen sind gutmütig und freundlich, und sein großer Stock strahlt Wehrhaftigkeit aus. Ich freue mich allein schon deswegen über seine Anwesenheit, weil es in Chitwan auch Königskobras gibt, und vor denen habe ich heiligen Respekt, seit ich in der Thar-Wüste in Südpakistan einmal mit Schlangenfängern unterwegs war.

Schukran hat auf jede Frage eine Antwort. Wir laufen mit ihm am Dorf vorbei in den Dschungel, überqueren wackelige Schwingbrücken, und natürlich will er uns an Orte führen, wo es etwas zu sehen gibt. Er stochert mit seinem langen Stock am weichen Boden herum und zeigt uns den Fußabdruck eines Nashorns. Nashörner haben drei Fußzehen, wie man deutlich sehen kann. Er deutet auf den Weg, den das Nashorn wahrscheinlich gegangen ist, um im Dorf Reste von der Ernte zu fressen oder um dort Wasser zu trinken. Ein paar Schritte weiter stochert er mit seinem Stock in einem großen Haufen.

»Das hier ist Nashorndung«, erklärt er und kommt dann auf das eigentliche Problem der Tiere zu sprechen. »Sie kommen immer an dieselbe Stelle, um ihr Geschäft zu erledigen. Das unterscheidet sie von den meisten anderen Tieren, den Elefanten zum Beispiel.«

Nashörner haben also sozusagen feste Orte, wo sie ihre Notdurft verrichten, was sie ja eigentlich zivilisatorisch auf eine Stufe mit den Menschen hebt. Aber Letztere wissen das nicht zu schätzen, sondern nutzen es stattdessen schamlos aus. Ein Wilderer mit minimalen zoologischen Kenntnissen braucht nur an der öffentlichen Nashorntoilette in der richtigen Windrichtung auf sein Opfer zu warten und hat so ein leichtes und ungefährliches Spiel. Schukran erzählt uns, dass dies die gängige Praxis der Wilderer ist, und weiß dann noch etwas Aufbauendes über den Nashorndung zu berichten.

»Der Dung wird auch als Medizin gegen Husten benutzt. Man mischt ihn mit Tabak, dann wird er geraucht.« Im Brustton der Überzeugung und ohne jeden Zweifel besteht Schukran auf dem Nutzen von Nashorndung als Heilmittel.

Schukran wirkt in seiner zurückgenommenen, aber bestimmten Art und mit seinen großen dunklen Augen wie Mowgli und spricht ein gebrochenes und nasales Indian English – mein Lieblingsidiom. Schnell wird klar, warum man hier wirklich einen kundigen Führer braucht.

»Da drüben, ein Nashorn! Könnt ihr es sehen?«, ruft Schukran. Tatsächlich, 500 Meter weiter steht ein Rhinozeros im Abendlicht. Ein wunderschöner Anblick. Es watet seelenruhig und scheinbar ohne Sorge vor Feinden durch den Raptifluss. Ein Fischer einige Hundert Meter entfernt ändert vorsichtshalber die Fahrtrichtung seines Paddelboots. Stück für Stück erfahren wir mehr über die seltenen Tiere. Nashörner sind Einzelgänger. Sie leben von Gras, Wurzeln und Feldfrüchten. Ich hatte sie bislang eher für Herdentiere gehalten. Schukran erklärt respektvoll, sie seien sehr gute Schwimmer und könnten mühelos den Fluss durchqueren.

Die Konflikte mit dem Menschen liegen auf der Hand, denn manchmal kommen die Nashörner sogar in die Dörfer und machen sich an den Getreide- und Weizenvorräten zu schaffen. Das mindert nicht nur den Ertrag der Bauern, sondern ist auch gefährlich für die Dorfbewohner. Das gilt besonders für die Paarungszeit der Nashörner und solange der Nachwuchs noch klein ist.

Nashörner haben mit ihren kleinen Ohren und ihrer Panzerung eine seltsame Anmutung. Ihr Hörvermögen und der Geruchssinn sind gut ausgeprägt. Sie können allerdings nicht weit blicken, denn ihre Sehkraft ist schwach. Trotzdem empfinde ich großen Respekt vor ihnen und freue mich, einen Führer dabeizuhaben, der die Verhaltensregeln kennt.

Der kleine Ausflug mit Schukran am ersten Nachmittag war schon sehr aufregend. Ein frei lebendes Rhinozeros durch den Fluss gehen zu sehen hat mich auf eigentümliche Art berührt. Ich hätte das nie gedacht, aber allein die Selbstverständlichkeit, mit der sich das Tier in Freiheit bewegt, ist beeindruckend.

Im Chitwan-Nationalpark gibt es eine besonders seltene Krokodilart. Die Fischfresser erkennt man an der Verdickung der Schnauze bei den Männchen. Gangesgavial nennt man dieses sehr seltene Tier. Die Population sinkt ständig – auf der roten Liste der bedrohten Arten sind Gaviale quasi dunkelrot gekennzeichnet. In Indien und Nepal gibt es vermutlich weniger als zweihundert frei lebende Exemplare. Für die arme Landbevölkerung ist es einfach zu lukrativ, die Tiere zu fangen oder zu erlegen. Fischern sind sie verhasst, weil sie die Fänge verringern. Verschmutzte Flüsse sind auch kein guter Lebensraum für seltene Tiere. Eigentlich haben sie heute nur noch Überlebenschancen, wenn man sie in Reservaten unter Schutz stellt.

Schukran zeigt uns die Aufzuchtstation für Gaviale in Chitwan. Die Tiere sind in Gehegen nach Alter getrennt untergebracht und liegen zumeist untätig und starr in der Sonne. Zuweilen gleitet eines der Tiere ins Wasser und sorgt für Unruhe. Die gewaltige Kraft und Schnelligkeit der urzeitlichen Tiere erlebt man erst bei der Fütterung.

Vor einiger Zeit standen diese Krokodile kurz vor der Ausrottung, bestätigt uns Schukran. »Leute aus den Dörfern haben ihre Eier gestohlen und sie getötet, um Gürtel oder andere Sachen aus dem Krokodilleder herzustellen.« Die Aufzuchtstation ist in Zusammenarbeit mit einem deutschen Zoo entstanden; ein wesentlicher Teil des Projekts besteht darin, die Dorfbewohner partizipieren zu lassen. Sie sammeln die Eier am Fluss und geben sie ab. Dafür bekommen sie dann Geld. Die Jungtiere verbringen fünf Jahre in der Aufzuchtstation. Diese kauft auch den Fischern die Nahrung für die Tiere ab und lässt die ausgewachsenen Tiere nach fünf Jahren wieder frei.

Wir verbringen auch den nächsten Tag mit einer Jeep-Safari: Elefantengras und unberührte Natur auf tausend Quadratkilometern. Achthundert Soldaten bewachen den Nationalpark. Das ist nötig, um Wilderer daran zu hindern, hier ihr lukratives Unwesen zu treiben. Es gehen trotzdem immer wieder Einheimische nachts in den verlockenden, aber gefährlichen Park. Nicht selten findet man ihre von wilden Tieren zertrampelten oder zerfleischten Leiber.

Außer Elefanten und Tigern sieht man hier am Wegrand mit etwas Glück auch seltene Panzernashörner aus der Nähe. Mittags halten wir ein Picknick mit Schukran auf einem Hochstand, als ein Trupp gut gelaunter bewaffneter Soldaten in Khakiuniformen vorbeikommt. Schukran erzählt, dass es zu Zeiten des Bürgerkriegs für die Wilderer leicht gewesen sei, hier einzudringen. Der Park wurde nicht bewacht, weil die Soldaten andernorts im Einsatz waren. Die Wilderer kamen in den Park und erschossen die Tiere, um sie in Nachbarländern wie China zu verkaufen. Vom Erlös erwarben sie dann Waffen. »Es wird vor allem wegen der Rhinozeros-Hörner und Tigerknochen gejagt«, erklärt Schukran fast traurig. »Die sind in der traditionellen chinesischen Medizin gefragt.«

Am späten Abend kurz vor Einbruch der Dämmerung kommt es dann zum großen Showdown: Direkt vor uns stehen zwei Nashörner. Schukran zeigt sie uns ganz aufgeregt. »Es sind zwei Männchen, da, schaut euch das an.« Er ist nervös und hält seinen Stock bereit. Kann er damit etwa einen Angriff auf den kleinen Jeep abwehren oder die Tiere einschüchtern? Auf jeden Fall ist Schukran jetzt unruhig. »Sie werden wahrscheinlich kämpfen, das könnte für uns gefährlich werden.«

Es sind Tiere wie aus einer vergangenen Zeit. Und Schukran hat schon so seine Erfahrungen mit ihnen gemacht. Er zieht sein Hemd hoch und zeigt eine beachtliche Narbe am Rücken – eine Verletzung, die von einem Nashorn stammt. Schukran hatte einen Besucher durch den Dschungel geführt und kam an einen kleinen Teich, in dem ein Nashorn badete. Um für den Gast eine bessere Stelle zum Fotografieren auszukundschaften, ging Schukran um den Teich herum. Dadurch wurde das riesige Tier auf ihn aufmerksam, verließ das Wasser und griff ihn an. Sichtlich erregt berichtet Schukran von der Nashornattacke. »Ich bin, so schnell ich konnte, weggelaufen, im Zickzack. Nur so kann man einem Nashorn entkommen.«

Sicherheitshalber legen wir den Rückwärtsgang ein und verdrücken uns leise. Tigern und Elefanten begegnen wir nicht, und das ist vielleicht auch ganz gut so. Vor Tigern habe ich ohnehin Respekt, aber auch einsame Elefantenbullen oder Elefantenkühe mit Jungen können einem im Dschungel gefährlich werden.

Es gibt im Park auch eine Elefantenstation. An solchen Orten ist es einfacher, Elefanten zu beobachten. Dazu müssen wir zwar zwei Stunden um den halben Nationalpark herumfahren, aber es lohnt sich. Wir sehen große Elefantenkühe an Fußketten mit ihrem kleinen, frei umherlaufenden und äußerst drolligen Nachwuchs. Sie haben nur ein hohes Schutzdach gegen den Regen und werden nachts von in der Wildnis lebenden Bullen besucht und begattet. Wenn die Paarung erfolgreich ist und nach zwanzig Monaten Junge kommen, beginnt die Aufzucht. Ab einem Alter von zehn Jahren werden die Elefanten trainiert und ausgebildet, und nach fünfzehn Jahren werden die ausgewachsenen Elefanten dann im Park zum Patrouillieren verwendet. Wir sind früh angekommen und amüsieren uns besonders über die jungen Elefanten, die miteinander spielen und herumtollen.

Gegen elf Uhr treffen dann etwa fünfundzwanzig Elefantentreiber aus dem nahe gelegenen Dorf ein, ketten ihre Tiere los und reiten mit ihnen in den Dschungel. Bei diesen Bildern muss ich wieder an Kiplings *Dschungelbuch* und die Elefantenparade von Colonel Hathi denken. Tatsächlich haben hier nepalesische Könige und Ranas Großwildjagden für indische Maharadschas und englische Kolonialherren abgehalten. Einer der letzten Gäste war der englische König George VI. Kurz vor Ausbruch des Zweiten Weltkriegs durfte er hier noch vom Rücken eines Elefanten auf wilde Tiere schießen. Er hat es dabei auf eine beeindruckende Jagdstrecke gebracht, erzählt uns Schukran. »Neununddreißig Tiger, mehr als vierzig Nashörner, mehrere Leoparden und einige Krokodile. Und das alles in nur elf Tagen.«

Chitwan gibt noch einen gewissen Eindruck davon, wie es im Terai und anderen Teilen Nepals und Indiens aussah, bevor die Briten kamen. Solange der nepalesische König noch im Park von Chitwan ein Quartier hatte, war Naturschutz ein royales Privileg. Der König jagte hier nicht nur, sondern empfing auch Wissenschaftler und Naturschützer. In einer Zivilgesellschaft muss für den Erhalt einer solchen Einrichtung gekämpft werden. Nicht nur saudische Prinzen oder spanische Könige lieben die Großwildjagd, auch Oligarchen aus den GUS-Staaten oder andere Reiche erfreuen sich am nutzlosen Töten für Trophäen.

Für jeden kleinen Wilderer sind 20 000 Dollar für ein Rhinozeroshorn oder für Tigerkrallen ein unvorstellbares Vermögen. Auch wenn die Dörfer im Umfeld des Parks von den Gästen profitieren, bleibt die Verlockung zu wildern sehr groß.

Nepal war nie eine britische Kolonie. Trotzdem denkt man bei Dschungel und Elefanten an Großwildjagd und Kolonialzeit, an Tropenhüte, Meryl Streep mit Seidenschal, den Fünfuhrtee und Gin Tonic zum Schutz vor Malaria. Diese Plage war früher auch in Chitwan verbreitet. 1950 war das Parkareal noch dreimal so groß. Seitdem hat man allerdings zwei Drittel des Dschungels gerodet, außerdem großflächig das Insektizid DDT versprüht und dadurch die weitverbreitete Anopheles-Mücke zurückgedrängt. Diese überträgt die gefährlichen Plasmodien, die Erreger der Malariakrankheit.

Es ist Abend, wir sind wieder in der Lodge. Die Dunkelheit kommt schnell in Chitwan. Es ist Lichterfest in Nepal, und überall werden Kerzen aufgestellt und bunte Muster vor die Eingänge der Häuser gemalt. Haris Bruder reicht mir das Fernglas; Hunderte von Tieren sind ans Ufer gegenüber gekommen, um im Schutz der Nacht am Fluss zu trinken. Ich sehe nur ihre Augen, genieße die Geräusche des Dschungels und bin froh über die Moskitogitter an den Zimmerfenstern.

Im Land des Karmapa

Sikkim ist der zweitkleinste indische Bundesstaat und sehr gebirgig. Außerdem ist es eine Art Steueroase – die indische Regierung versucht so, das kleine gebirgige Land aufzuwerten und für einheimische Besucher attraktiv zu machen. Von Nepal aus kann man auf dem Landweg über Kakarbhitta und Shiliguri zusammen mit Tausenden nepalesischer Wanderarbeiter ein- und ausreisen oder von Kathmandu aus dort hinfliegen. Aus Deutschland kommend, fliegt man über Delhi oder Kalkutta direkt nach Bagdogra, wo man zuzüglich zum Indienvisum ein Sikkim-Permit beantragen muss.

Die ursprüngliche Bevölkerung Sikkims sind die Bhutia und Lepcha. Sie sind Buddhisten und gehören auch ethnisch eher nach Tibet als nach Indien. Schon Anfang des 19. Jahrhundert erkannten die Briten die strategische Bedeutung Sikkims als Grenzland zu China beziehungsweise zu Tibet und Nepal. Die Ostindien-Kompanie annektierte Sikkim und ließ über Kalimpong, Darjeeling und Gangtok Handelsrouten nach China bauen. Für die Arbeit auf den Teeplantagen holten die Briten immer mehr Nepalesen ins Land. Die indigene Bevölkerung wurde so zur Minderheit.

Darjeeling war ein Luftkurort für indische Kolonialbeamte. Hier kam man zusammen und schmiedete Pläne. Von Sikkim aus konnte man in den Himalaja schauen, und auch das weckte offenbar Begehrlichkeiten. Im Hafen von Kalkutta in Westbengalen kamen auch die ersten europäischen Bergsteiger-Expeditionen an, um über Sikkim in den Himalaja zu reisen.

So hatten wir uns die Anreise eigentlich vorgestellt: Wir fahren ein Stück mit einer historischen Bimmelbahn – Palmen, Sonne, blauer Himmel –, dann taucht ein wunderbarer Schneeberg, der Kangchendzönga, auf. Die Darjeeling-Bahn in Nordindien hat Tradition; sie verband schon im Jahr 1891 die tropische Ebene Bengalens mit den 2000 Meter höher gelegenen Ausläufern des Himalaja.

Doch unsere Einreise nach Indien – mit dem Auto über Gangtok nach Yuksom zum Kangchendzönga – steht unter keinem guten Stern. Ein verheerender Zyklon im Golf von Bengalen sorgt im gesamten Himalaja und besonders in Sikkim für untypisches Wetter. Die Hauptstadt Gangtok liegt auf 2000 Meter Höhe im Nebel. Schlechtes Wetter und endloser Regen zur besten Reisezeit im Oktober. Trotzdem wird in Sikkim gefeiert. Neun Tage zelebriert die hinduistische Bevölkerungsmehrheit das bedeutendste Fest der Region. Besonders in Bengalen ist die Durga Puja, das Fest zu Ehren der Göttin Durga – das größte gesellschaftliche Ereignis des Jahres.

Natürlich sind wir willkommene Gäste. Der Tempel, den wir besuchen, ist einer von vielen in Gangtok und typisch für Bengalen. Er liegt direkt an der vierspurigen Hauptstraße, und wir kennen noch nicht mal seinen Namen. Allerdings sind bei diesem Fest die Abläufe in den Tempeln identisch, wenn auch unterschiedlich aufwendig. Sikkim war einst ein kleines buddhistisches Königreich. Jetzt ist die Bevölkerungsmehrheit nepalesisch, also hinduistisch.

Das lautstarke Erwecken der Durga im Tempel gehört zum täglichen Festritual: Gesänge, das Dröhnen der Muschelhörner, Opfergaben im Feuer, ein ständiges Kommen und Gehen, und überall dominiert die rote Farbe der Göttin Durga.

Hunderttausende Figuren und Abbildungen der großen hinduistischen Göttin sind zum Fest im ganzen Land hergestellt worden. Hier oben in den Bergen sind sie klein, aber in Kalkutta leben ganze Handwerkergilden davon, über das Jahr riesige Kunstwerke aus Pappe herzustellen und zu bemalen.

Die Göttin Durga vereinigt gütige und strafende Aspekte. Sie ist unter anderem die Mutter des beliebten Elefantengottes Ganesha, aber sie hat auch noch andere Kinder und für Nichthindus komplizierte Verwandtschaftsverhältnisse. An jedem Festtag begeht und würdigt man andere Eigenschaften und Aspekte der Durga und integriert dabei alle Teile der Gesellschaft.

Besonders junge Mädchen werden geschmückt und repräsentieren in ihrer Reinheit die große Heilige. Die Durga ist die große Muttergottheit. Sie verkörpert als Shakti die feminine Urkraft des Universums und als Kumari die jungfräuliche Mädchengottheit. Die Liste der Eigenschaften der Durga ist lang, und jedes kleine Mädchen im Tempel steht für einen anderen Teil der großen Durga. Die komplexe theologische Bedeutung der Muttergottheit ist den wenigsten Hindus bekannt, das Fest jedoch ist für die meisten der Höhepunkt des Jahres.

Der Tempel versorgt alle Besucher mit Speisen. Zu Festzeiten ist dieser Ort eine große Küche für alle Bevölkerungsschichten. Während der Durga Puja beschenkt man Freunde und Bekannte. Hausangestellte werden neu eingekleidet, Menschen am Rande der Gesellschaft versorgt und ausgestattet.

Die Durga Puja findet nicht nur im Tempel statt. In jedem Haushalt wird gekocht, eingeladen und ausgiebig gefeiert. Am letzten Tag des Festes werden dann alle Figuren in Flüsse und Bäche getragen und der Vergänglichkeit ausgesetzt. Der philosophische Hintergrund der Durga Puja ist so gewaltig wie sein heidnischer Hintergrund und ein Thema für sich.

Es ist sehr laut in dem kleinen Tempel, und natürlich sollen wir mitessen, aber das verweigere ich mit der Ausrede, Bauchschmerzen zu haben. Bakterien, an die man nicht gewöhnt ist, können gerade in feuchtwarmen Gegenden verheerende Folgen haben.

Früher waren es die britischen Kolonialherren, heute sind es indische Touristen, die gern nach Gangtok kommen. In der Höhe ist es angenehm kühl, und Sikkim ist außerdem eine Art Freihandelszone. Man kann hier gut einkaufen – ein Anreiz für die Menschen hoch in den Bergen, nahe der Grenze zu leben. Seit Jahrhunderten stellt Gangtok den westlichen Zugang in den Himalaja dar. Hier begann außerdem der Handelsweg nach Tibet und China. Viele Hotels und Geschäfte leben von Trekkern, die wie wir zum Kangchendzönga wollen.

Auch meine persönliche Verbindung mit Tibet hat letztlich mit einem Bengalen zu tun, der 1984 die erste Kailash-Westtibet-Expedition in Europa anbot, weil er als Hindu schon vorher Gelegenheit hatte, zum Kailash zu pilgern. Ich hatte ihn bei der Vorführung eines Films über einen befreundeten Anthroposophen aus Berlin kennengelernt, der mir vom Kailash erzählte. Zu diesem Zeitpunkt hatte ich gerade meinen Beruf als Geschichtslehrer aufgegeben und mit dem Filmemachen begonnen. Davor hatte ich nicht das geringste Wissen über Tibet, begriff aber schnell die Dimension dieser Pionierreise. Leider hatte ich nicht die für die Expedition erforderlichen 25 000 DM. Ich brauchte also einen Mäzen oder einen Auftrag. Es fügte sich dann, dass zur gleichen Zeit ein ZDF-Redakteur die erste Staffel der später so bekannten Reihe »TERRA X« plante und noch ein Thema aus Asien suchte. Da ich gerade einen Filmpreis gewonnen hatte, traute er mir das Projekt trotz meines jugendlichen Alters zu. Es wurde eine sehr prägende Erfahrung für mich.

Mit dem bengalischen Tibetpionier und Expeditionsleiter Subhankar Sengupta bin ich immer in Verbindung geblieben. Auf die Geschichte angesprochen, schreibt er mir einen Brief.

Lieber Hajo,

Du erinnerst Dich an unsere erste gemeinsame Reise zum Kailash? 3000 Kilometer waren wir mit dem Lastwagen unterwegs – eine Reise, bei der Dein wunderbarer Film *Zum Schneejuwel* entstanden ist. Sogar die bekannte *National Geographic*-Journalistin Sorrel Whilby schrieb ein Buch mit dem Titel *Journey across Tibet* darüber.
Wie kam es dazu?
Die Geschichte begann vor langer Zeit: Von 1879 bis 1883 reiste mein Urgroßvater Sarat Chandra Das von Indien nach Tibet. Er vermaß das Land mit seinen Schritten, heute wird in Wikipedia sogar geschrieben, dass er als Spion unterwegs gewesen sein soll. Wer weiß das schon, ich war nicht dabei. Aber Du kennst ja Kiplings nobelpreisgekrönten Roman *Kim*, und dort ist auch mein Urgroßvater verewigt, der im Buch als etwas bizarrer bengalischer Gelehrter Babu auftritt. In Wirklichkeit hieß dieser Babu Sarat Chandra, war als brillanter Forscher in China, Tibet und Zentralasien unterwegs, schrieb Bücher, darunter auch das erste tibetisch-englische Wörterbuch, und schaffte sogar den Weg ins

damals streng gesperrte Lhasa. Ein indischer Sven Hedin, wie man bei der Lektüre seines fundierten Berichtes *Journey to Lhasa and Central Tibet* staunend erkennt. Nicht weniger präzise als der Schwede, aber mit mehr Nähe zu den Menschen notiert er Tag für Tag seine Erlebnisse auf den höchst beschwerlichen Treks im Himalaja, bleibt immer bescheiden, zeigt sich tolerant und warmherzig.

In Indien sagt man von den Bengalen, dass sie alle sehr reisefreudig seien. So wie mein Urgroßvater einen Drang in die Ferne verspürte, so loderte auch in mir konstant der Wunsch, den Himalaja zu überschreiten.

Dann hörte ich von der Möglichkeit, eine Gruppe von indischen Pilgern von Delhi über den Lipulekh-Pass nach Tibet zu begleiten. Du kannst Dir vorstellen, wie ich mich um diese Aufgabe bemüht habe. Ein alter Freund, wir nannten ihn Bapu, hatte die notwendigen Beziehungen in Delhi und konnte mich für die Leitung der Pilgertour empfehlen. Diese Reise würde allein schon ein Kapitel in diesem Buch hier füllen. Ich könnte viele Anekdoten über die aus dem Flachland stammenden Inder erzählen, die auf hohe Berge steigen, um sich ihren innigsten Wunsch zu erfüllen und zum heiligsten aller Gipfel zu gelangen.

Eben dieser Bapu hatte Swami Pravananda noch persönlich kennengelernt, einen hinduistischen Sadhu, der auf der indischen Himalajaseite auf der Pilgerroute zum Kailash lebte. Ich traf Swami 1983 auf dem Weg zum Kailash. Er berichtete mir und den indischen Pilgern von den Klöstern, die er kannte und über die man bis dahin im Westen nichts wusste. Außerdem gab er mir sein Buch *Kailas-Manasarovar* mit, das auch heute noch eine Schatztruhe an Informationen ist.

Dieselbe Pilgerreise wiederholte ich ein Jahr später noch einmal. Beim ersten Mal war ein Pilger auf der Passhöhe ausgerutscht und auf chinesisches Gebiet abgestürzt. Ich musste ihn auf die Passhöhe tragen, weil die indischen Soldaten China nicht betreten durften. Dieses Erlebnis hat mich derart geprägt, dass ich diese Reise nochmals unternehmen wollte. Als dann 1985 China Tibet für die Kailash-Reisen freigab, fing ich an, die allerersten Touristengruppen zum Kailash zu organisieren.

Ich hatte gelernt, dass gutes Essen das A und O solcher Unternehmungen ist und wesentlich zum Gelingen beiträgt. Wir hatten jedoch keine Ahnung, was die tibetische Küchenmannschaft unseren Schweizer Gästen zum Frühstück, Mittagessen und Abendessen auftischen könnte. In Sachen Trekkingverpflegung setzte ich deshalb auf die Kost,

die die Teilnehmer gewöhnt waren, und ging einkaufen. Ich besorgte
Bündnerfleisch, Landjäger, damals aß man die noch häufiger als heute,
»Le Parfait«-Brotaufstrich aus der Tube, Streichkäse, Knäckebrot, Kekse,
Vanillecreme, kiloweise Birchermüsli und Milchpulver. Säckeweise stand
der Proviant für die weite Reise bereit. Wir schafften es, alle Lebensmittel auf den Flug einzuchecken und auch nach Tibet einzuführen.
Wie Du Dich sicher erinnerst, haben einige der Touristen dennoch acht
Kilo, andere sogar zwölf Kilo an Gewicht verloren. Eine Reise zum
Kailash kostete damals bei uns an die 20 000 Franken, und die Leute
kamen wie Knochengerüste zurück. Doch es war eine tolle Zeit, es war
die Zeit der Tibetpioniere. Keiner meckerte über die Qualität des Essens,
alle waren erfüllt von der geistigen Nahrung, beglückt, dass sie
überhaupt den Kailash erreichen konnten. Zu den ersten Teilnehmern
zählten außer Dir Forscher, Schriftsteller, Fotografen und sogar auch
buddhistische Pilger.
Diese schönen Erinnerungen werde ich bewahren.
Dir alles Gute für Dein Projekt.

Dein Subhu

Am Tag nach der Zeremonie im Tempel fahren wir von Gangtok den kurzen Weg ins Kloster Rumtek. Dies ist keine Pilgerreise, und wir wollen auch nicht für unser Reiseglück oder bes-
seres Wetter beten. Um ehrlich zu sein, treibt mich die Neugierde
zu dem größten Kloster Sikkims, denn hier tobt ein Streit: Ist
Orgyen Thrinle Dorje oder Thaye Dorje der 17. Karmapa, also
die Inkarnation eines der bedeutendsten Linienhalter im tibetischen Buddhismus?
    Streit um Wiedergeburten hat es immer gegeben. Der tibe-
tische Buddhismus ist eine komplizierte Angelegenheit mit diversen Schulrichtungen und Linienhaltern. Die Karma-Kagyü-
Linie ist weltweit zerstritten, wobei die wahren Gründe
Außenstehenden nicht bekannt sind. Es geht allerdings auch um
den Karmapa Charitable Trust, der für das Kloster Rumtek zuständig ist und Anspruch auf den beachtlichen Grundbesitz des
Klosters hat. Die Mitglieder des Trusts sind die Anhänger von
Thaye Dorje. Beide Karmapas wurden in Tibet aufgefunden,

und in den Streit spielen viele Aspekte mit hinein. Dabei geht es auch um die Frage, wer die Zustimmung zur Anerkennung als Inkarnation geben darf.

Der 17. Karmapa wird auf jeden Fall nach dem Tod des 14. Dalai Lama spirituell die bedeutendste Figur im tibetischen Buddhismus werden. Orgyen Thrinle Dorje wurde vom Dalai Lama und den Linienhaltern der Sakyapa und Nyingmapa sowie der chinesischen Regierung anerkannt, floh aber aus deren Einflussgebiet genauso wie Thaye Dorje. Sakya und Nyingma zählen neben Gelug und Kagyü zu den bedeutenden »vier großen Schulen« des tibetischen Buddhismus.

In Rumtek sieht man Fotos von beiden Karmapas, obwohl das Kloster, so erzählt man mir hier, nicht auf der Linie Dharamsalas sei und zu Thaye Dorje halte. Außerdem wird in Rumtek auf Fotografen geachtet, und Videoaufnahmen sind verboten. Das sind sie an vielen Orten, aber nicht überall sieht man Mönche mit Kameras, die Fotos von auffälligen Besuchern machen, wie wir es scheinbar sind.

Abstammungslinien spiritueller und genetischer Art spielen auch im Islam sowie bei Juden und Christen eine bedeutende Rolle. Man denke nur an die Abkömmlinge des Propheten, die zahlreichen Nachfahren König Salomons oder die moderne Gralsmystik. Genealogien gelten gemeinhin als Rechtfertigung für feudale Machtstrukturen, die wiederum mit Einfluss und Besitz gepaart sind – und dies bringt zwangsläufig andere gegen sie auf.

Wer hat die Macht entlang der »Straße der Achttausender«? Die Linienhalter des Buddhismus und die Landlords in Sikkim, Brahmanen und Mandarine in Nepal, Millionäre und Parteifunktionäre in China, Sayyids und Mullahs in Pakistan?

Nebel und sintflutartiger Regen

Die Durga Puja dauert neun Tage, und in Gangtok wird jeden Tag gefeiert: Lichterketten an den Hotels, Partys, festlich gekleidete Menschen. Aber es ist kalt und regnerisch. Der Anblick ist immer der gleiche – Hochhäuser im Nebel. Dabei ist Gangtok eine imposante Stadt in hinreißender Hanglage. Regen ist hier im Sommer auch gar nicht ungewöhnlich, der Monsun gilt als die fünfte Jahreszeit. Aber jetzt ist Oktober, und es schüttet immer noch wie aus Kübeln.

Ausgangspunkt für die Treks und Expeditionen zum Kangchendzönga ist Yuksom. Bis Yuksom kann man fahren und von dort aus in wenigen Tagen das Basislager zu Fuß erreichen. Der knapp 2000 Einwohner zählende Ort war einmal die Hauptstadt Sikkims und beherbergt ein kleines altes Kloster. Ansonsten hat es den Charme eines karibischen Dorfes mit Wellblechdächern und Bananenstauden auf 1800 Meter Höhe. Es gibt Buden mit Schnaps und Bier und mit Bildern des Karmapa und des Dalai Lama an der Wand.

Yuksom mit dem Kangchendzönga-Nationalpark ist ein Modellprojekt für den Ökotourismus in Indien, und wieder braucht man für den Trek ein Permit, Zelte, Koch und Transporttiere. Permits bringen Gebühren für den Park und Informationen, wer offiziell in der Region ein- und ausreist.

Wohin man in Yuksom und Sikkim auch geht, stößt man auf Zeichen der Verehrung des Padmasambhava, des Guru Rinpoche. Der tantrische Missionar und Wundertäter des Buddhismus spielt in diesem Teil des Himalaja eine genauso große Rolle wie etwa in Mustang. Seine Lehre wird ernst genommen – und das bedeutet: Reinhaltung der heiligen Bezirke, Berge und Flüsse. Die Leiter der Trekkinggruppen und Expeditionen sind auch für die Müllentsorgung verantwortlich. Außerdem müssen Zeltplätze ordentlich verlassen und Toilettenzelte wieder mitgeführt werden, und es dürfen keine Pflanzen ausgerissen oder abgepflückt werden.

Wir versuchen auch hier die ganzen Prozeduren in die Länge zu ziehen, weil ja irgendwann der Regen aufhören muss und wir ohnehin sonst nichts zu tun haben. Stattdessen wird er immer schlimmer. Dann fällt auch noch im ganzen Distrikt tagelang der Strom aus, weil irgendwo der Blitz eingeschlagen hat .

Das regnerische Wetter steigert sich zur Sintflut, und viele Bergsteiger und Gruppen scheinen ihre Touren abzubrechen. Sie kehren zurück nach Yuksom. Chaos am Berg. Bei all der Pein mit Regen und schlechtem Wetter ist dies für den Film vielleicht gar nicht so schlecht. Einen Trek im Regen mit nebelverhangenen Bergen und missmutigen Bergsteigern haben wir noch nicht im Rohmaterial. Globale Erwärmung und unberechenbares Wetter sind große Themen in der alpinen Welt und im Bergtourismus und könnten so bebildert werden. Wir beschließen aufzubrechen.

Mit uns startet eine japanische Gruppe, die aus einem Firmenchef mit seinen Mitarbeitern und deren Frauen besteht. Der Chef besticht durch perfekte Kleidung und Ausrüstung und kümmert sich um alles oder delegiert es zumindest. Einer seiner Mitarbeiter ist für die Finanzen zuständig, ein anderer verwaltet die Landkarten. Gegessen wird, wenn der Chef da ist, und dasselbe gilt für das Aufstehen. Beim Laufen führt er die Gruppe an oder reicht schwächelnden Teilnehmer den Arm. Führer, Papa, Helfer, Patriarch. Der Zufall will es, dass wir uns immer wieder treffen und so japanische Milieustudien betreiben können.

Als wir Yuksom verlassen, kommt gerade eine Gruppe Italiener vom Berg zurück. Sie sind völlig entnervt. Es hat seit Tagen nur geregnet, und im Basislager am Kangchendzönga lag ein halber Meter Schnee. Zu viel des Guten für durchschnittlich ausgerüstete Trekker, die sich ihren Urlaub in der besten Reisezeit für Bergtouren anders vorgestellt hatten. Sie sind missmutig, aber nicht völlig verärgert. In den Bergen erlebt man immer etwas, und nach durchnässten Nächten und schwierigen Wegstrecken auf rutschigem Geläuf gibt es viel zu erzählen. Die Italiener sind vor allem froh, heil wieder heruntergekommen zu sein.

Mister Prem und der Kangchendzönga

Die Zivilisation liegt hinter uns, und das Fest ist vorbei. Hinter Yuksom liegt ein Checkpoint, wo die Permits geprüft und registriert werden, und dann beginnt unsere kleine fünftägige Bergtour. Wie überall in Bengalen, Sikkim, Darjeeling und weiten Teilen Indiens werden auch hier ein paar Figuren der Göttin Durga den Gewässern übergeben. In riesigen Städten wie Kalkutta sind es Tausende, die in Richtung Golf von Bengalen schwimmen. In den Bergen auf dem Weg zum Kangchendzönga reicht der Wasserfall, um die Figuren wieder den Elementen zu übergeben.

Die Autostraße endet hier. Ab jetzt geht es nur noch zu Fuß und unter Expeditionsbedingungen weiter. Wir sind im Hochgebirge und brauchen Verpflegung, eine Campingausrüstung, ortskundige Führung und einen Dolmetscher.

Der sympathische Mr. Prem ist mir als Guide empfohlen worden und leitet unsere kleine Expedition. Er ist knapp über dreißig, sehr ruhig und besonnen, hat tibetische Gesichtszüge und Frau und Tochter zu ernähren. Genauso wie der Koch und der Mann, der uns die Pferde verleiht, lebt er davon, Bergsteiger zum dritthöchsten Gipfel der Erde zu bringen. In dieser Gegend ist das ein Beruf mit Tradition, und das weiß auch Mr. Prem. »Ausländische Entdecker kamen schon früher nach Darjeeling«, erzählt er uns.

Und das ist naheliegend, denn Kalkutta war ein bedeutender Überseehafen und eine Anbindung an die Welt. Dazu kam die Abneigung der britischen Kolonialherren gegen die Hitze in den indischen Metropolen. Sie liebten höher gelegene Orte mit angenehmerem Klima wie Dharamsala, Manali oder Darjeeling. Für die Briten hatten die Berge immer eine besondere Anziehung, schon bei der Besteigung vieler Alpengipfel spielten sie eine herausragende Rolle.

Spektakuläre Expeditionen wie die des englischen Exzentrikers Aleister Crowley im Jahr 1904 machten Furore, bei der 230 Träger zum Einsatz kamen. Alle Himalaja-Expeditionen gingen von Yuksom aus los, was den Ort für Zulieferer, Pferde- und Yakbesitzer, Träger und Bergführer interessant machte. Außerdem gehörte Nepal nicht zum britischen Königreich, und die Einreise dorthin war schwierig, sodass nur der Weg über Yuksom für die Bergsteiger übrig blieb. Auch vom Handel mit Tibet und China profitierte man; der Ort wurde zu einer wahren Goldader. Heute bekommt man davon leider nicht mehr viel mit.

Es geht steil nach oben, und das bei schlechtem Wetter. Wir wandern drei Tage durch verschiedene Klimazonen. Die Tiere sind den engen Pfad auf glitschigen Steinen gewohnt. Wir Menschen dagegen kommen ins Schnaufen: Der Weg führt treppenartig von 2000 auf 4500 Meter Höhe.

Viele alte Reiseberichte erzählen von dieser Route – die Expeditionen, die früher über Kalkutta und Darjeeling anreisten, nahmen diesen Weg. In über 3000 Meter Höhe beginnen die berühmten Rhododendronwälder; von Westen her gleicht der Himalaja überall bis in Höhen von 5000 Metern einem botanischen Garten.

Nach allen Regeln der Meteorologie müsste das Wetter langsam besser werden; die Monsunzeit ist eigentlich lange vorbei, rede ich mir immer wieder gebetsmühlenartig ein. Aber es regnet ohne Unterlass, und der Nebel bleibt uns ebenfalls treu. Mr. Prem erklärt uns, wer dafür verantwortlich ist und wie die Menschen in den hohen Bergen darüber denken. Hindus und Buddhisten teilen denselben Aberglauben. Sie gehen davon aus, dass die Naturgeister die Menschen für ihr Handeln bestrafen. »Wenn man zum Beispiel Abfall hinterlässt oder etwas Böses tut, ändert sich das Wetter, oder es passiert noch Schlimmeres. Das ist der Glaube der Einheimischen«, erklärt er uns.

Jeden Tag müssen die Packpferde be- und entladen werden. Täglich werden die Zelte auf- und abgebaut, Küchengerät und Proviant verladen. Zwei bis drei Monate im Jahr kann man bei

Expeditionen arbeiten. Für einige ist das der einzige Job, den sie haben. Andauerndes schlechtes Wetter nagt an der Laune. Die Berge sind auch hier oben in Wolken, und wir können nicht die gewünschten Filmaufnahmen vom Berg machen. Mr. Prem spielt mit unserer Mannschaft Karten und versucht so, die Stimmung aufzuheitern. Nicht nur wir sind schlecht drauf, weil wir keine Berge sehen. Auch die Männer; sie fürchten um ihre Arbeit. Denn immer mehr Expeditionen kapitulieren vor dem Wetter und kehren um. Dafür haben wir Zeit, mit Mr. Prem zu reden.

»Das Wetter ist unglaublich wichtig«, meint er und legt ein Wort für seine Mannschaft ein. Vom Wetter hänge die Stimmung der Expeditionsteilnehmer ab und damit auch deren Bereitschaft, Trinkgelder zu geben. Außerdem sei es den Trägern und Köchen schlicht unangenehm, den von weither angereisten Fremden die Berge in Wolken und Regen präsentieren zu müssen. Für die Männer, die schlecht ausgerüstet sind und weder gute Schuhe noch atmungsaktive Regenkleidung haben, ist es auch einfach lästig, Tag und Nacht in nassen Kleidern zu sein und dazu noch um die Arbeit fürchten zu müssen.

Wie zum Hohn zeigt sich eine Bergspitze. Eine Ahnung vom Kangchendzönga und den Schönheiten rundherum? Im Camp keimt Hoffnung auf. Der feuchtkalte Nebel verschwindet. Die Sicht wird besser, die Stimmung steigt. Nach zehn Minuten kehren die Nebel zurück. Vielleicht fehlt uns die richtige Einstellung? Mr. Prem ist Buddhist und denkt auch sicher so.

»Seit jeher wurde der Berg von den Menschen in Sikkim als heilig angesehen und angebetet«, erklärt er, was schwer nachzuvollziehen ist, wenn man nur in eine Nebelwand blickt und sich die ganze Zeit fragt, was die Gegend eigentlich vom schottischen Hochland unterscheidet. Für Mr. Prem jedoch sind die Berge wie eine Gottheit.

Auch Alpinisten haben vor dem Kangchendzönga Respekt, denn immerhin jeder vierte Besteiger des Gipfels ist dem Berg zum Opfer gefallen. Die Erstbesteiger George Band und Joe Brown musste sich an bestimmte Auflagen halten, um überhaupt erst auf den Berg zu dürfen – und das, obwohl sie Briten waren. Sikkim war 1955 noch ein selbstständiges Königreich, und die beiden mussten den Chogyal von Sikkim, so nannte man den König, ausdrücklich um Erlaubnis fragen. Außerdem hatten sie die Anweisung, vor Beginn der Expedition etliche Pujas abzuhalten, um den Berggott Kangchendzönga zu besänftigen. Und zu guter Letzt kletterten sie während der ersten Expedition nicht bis ganz zur Spitze. Sie blieben ein paar Meter unter dem Gipfel stehen, um ihren Respekt vor dem Gott zu zeigen. Damit wollten sie zeigen, dass sie nicht über ihm stehen. Damit haben die beiden Briten Bergsteigergeschichte geschrieben und sind als Alpinisten und Erstbesteiger mit Achtung vor dem Glauben der Einheimischen zu besonderer Anerkennung gelangt.

Die Berggötter stellen uns auf eine harte Probe. Wir wollen ja nicht auf den Gipfel. Ein Blick auf das einzigartige Massiv des dritthöchsten Berges der Welt würde uns schon genügen. Prüfen die Götter etwa nur unsere Gesinnung, oder ist es der verheerende Zyklon im Golf von Bengalen, der hier alles durcheinanderbringt? Das Einzige, was manchmal sichtbar wird, sind kleine Nebengipfel und vorgelagerte Berge, als wollte uns jemand locken und ärgern.

»Kangchendzönga bedeutet ›Die fünf versteckten Schätze‹«, erklärt uns Mr. Prem. Der Forscher Günter Dyhrenfurth übersetzt den Namen mit »Die fünf Schatzkammern des großen Schnees«, was schlicht auf die fünf Nebengipfel und die fünf Gletscher am Massiv hinweise. Mr. Prem sieht das poetischer. »Während des Sonnenaufgangs bekommt der Berg eine goldene Glasur, das ist das Gold, die Abendstimmung ist silbern«, sagt er. Außerdem seien nach dem Glauben der Menschen dort drei weitere Schätze verborgen, nämlich heilige Bücher, Edelsteine und Kleinode. Noch können wir die Namensgebung nicht ganz nachvollziehen: Der Kangchendzönga geizt mit seinen Reizen, versteckt seine Schätze vor uns.

Lichtblicke

Ist man erst mal auf 4500 Meter Höhe, ist das Gebiet bis zum Basislager herrlich begehbar mit wechselnden Panoramen – Schneebergen auf der einen und Einblicken ins grüne Flachland tief unten auf der anderen. Ideal für Trekker, gutes Wetter vorausgesetzt. Es gibt in der Umgebung auch einige »leichte« Gipfel um die 6000 Meter, die bei Europäern beliebt sind. Aber auch diese Besteigungen werden bei andauerndem Nebel abgebrochen.

Andererseits bekommt man durch das schlechte Wetter auch vor Augen geführt, wie wichtig es ist, sich an gewisse Regeln zu halten. Dazu gehören Akklimatisierung, kein Alkohol, allgemeine Fitness und keine akuten Krankheiten. Mr. Prem erzählt uns, dass hier oben jedes Jahr Menschen an der Höhenkrankheit, an Selbstüberschätzung, unzureichender Akklimatisierung und Herz-Kreislaufproblemen sterben. Normalerweise sind auch die Temperaturunterschiede groß. Wer etwa in Bargoda, dem nächst gelegenen Flugplatz ankommt, wird oft von 40 Grad und mehr empfangen. In Yuksom ist es subtropisch, hier oben jedoch kalt.

Mir macht besonders das Gehen im Nebel Probleme. Das ist noch schlimmer, als im Nebel zu segeln, denn da hat man in der Regel wenigstens ein Radar. Aber in den Bergen sieht man nur die eigenen Füße, und wenn die Nebel mit Macht wehen, verschwinden in Sekundenschnelle die Vorderleute, und man verliert die Orientierung.

Beim Kangchendzönga-Trek bewältigen wir pro Tag viel mehr Höhenmeter als am Nanga Parbat und im Karakorum. Von Yuksom bis zum zweiten Übernachtungsplatz sind es 2500 Meter in zwei Tagen. Gut, dass wir durch die Zeit im Karakorum und in Tibet akklimatisiert sind und mit einem Überschuss an roten Blutkörperchen herumlaufen. Jeden Morgen sind wir vor Sonnenaufgang auf den Beinen, um den Berg endlich zu sehen, aber immer vergebens. Wir drehen um. Der Weg hinunter nach Yuksom ist auf den nassen Steinen dann fast noch unangenehmer als der Aufstieg.

Auch während der Weiterfahrt haben wir so gut wie keine Sicht auf die Berge, aber immerhin lässt der Regen nach. Wir wollen über Pelling nach Darjeeling, und am zweiten Tag in Pelling ist es dann so weit: Nach elf Tagen in Sikkim bricht endlich ein Morgen an wie aus dem Bilderbuch. Kein Wölkchen steht mehr am Himmel, und der Kangchendzönga zeigt seine »Edelsteine«. Schnell erschließt sich mir aus diesem Anblick die religiöse Verehrung, die der Berg hier genießt.

Der Kangchendzönga hat uns auf die Geduldsprobe gestellt. Als Entschädigung begleitet uns sein Anblick während des restlichen Reisewegs in das indische Tiefland. Eigentlich ist der Kangchendzönga aus der Entfernung auch viel schöner als aus der Nähe. Die vielen Hotels in Pelling haben, was die Sicht betrifft, schon ihre Berechtigung; allerdings stehen sie überwiegend leer.

Ein Nyingmapa packt aus

Auch die Könige von Sikkim haben ihren früheren Palast in der Nähe von Pelling mit Blick auf den Kangchendzönga gebaut. Ganz nahe der Palastruine steht in erhabener Lage das älteste Kloster des Bundesstaates. Es ist die Heimat der Nyingmapa, also der buddhistischen Urreligion im Himalaja.

Das Pemayangtse-Kloster wurde im September 2011 von einem Erdbeben schwer beschädigt. Handwerker arbeiten am Wiederaufbau. Heute leben die meisten Mönche nicht mehr im Kloster. Sie kommen nur gelegentlich zu Versammlungen. Die meisten sind verheiratet und gehen einem Beruf nach. Bei der buddhistischen Ursekte der Nyingmapa ist vieles anders als bei den etablierten Schulrichtungen des tibetischen Buddhismus. Die Kinder aus dem nahen Pelling kommen zum Unterricht in Tibetisch und Religion ins Kloster. Der Lama Yapo Yonam Yonga legt besonderen Wert auf den Erhalt der Sprache. Tibetisch gerät in Sikkim gegenüber Hindi und Nepali immer mehr ins Hintertreffen. Bildung ist dem Lama generell sehr wichtig. Neben dem Kloster betreibt er eine Schule und eine buddhistische Lehrstätte.

In den Bergen und der Natur sieht er heilige Orte. In allem, was er lehrt und verbreitet, bezieht sich der Nyingmapa-Mönch auf Padmasambhava, also Guru Rinpoche, den lotosgeborenen Buddha. Lama Yapo Yonam erzählt gern, und besonders gern erzählt er von Padmasambhava. Dieser hat in seinen Schriften befohlen, keine heiligen Orte zu beschmutzen. Nicht nur die Berge, auch Flüsse und Seen und natürlich auch heilige Höhlen und Hügel darf man nicht beschmutzen oder entweihen. Einen heiligen Ort auch nur mit den Füßen zu betreten ist schon eine Schande.

Für den Abenteuertourismus hat der Mönch wenig Verständnis. Ich unterhalte mich zwei Stunden lang in seinem Studierzimmer voller Bücher mit ihm über dieses Thema. »Warum sind die Leute bloß so verrückt danach, die Berge zu besteigen?«, fragt er mich. Dabei erregt er sich sichtlich und bekommt einen roten Kopf.

Lama Yapo Yonam wirkt nicht besonders asketisch und dürfte, was ihm als Nyingmapa erlaubt wäre, an kalten Winterabenden dem örtlichen Whisky nicht ganz abgeneigt sein. Zumindest deutet die Aderung seiner Gesichtshaut darauf hin. Er hält Bergsteigen für Energievergeudung und bezweifelt, dass man aus dieser für ihn unnötigen Verschwendung von Zeit und Ressourcen spirituellen Gewinn ziehen kann. Aber nicht nur Bergsteiger, auch Energiekonzerne, die Flüsse stauen und die Natur verbauen, sind Lama Yapo Yonam ein Gräuel. Sehr tolerant dagegen ist er als Lehrer gegenüber seinen Schülern und Mönchen. Da sind die Nyingmapa eher Pädagogen als Dogmatiker.

In der alten Glaubensform gibt es keine allgemeingültigen Vorschriften für das tägliche Leben. Das Kloster ist eher eine soziale Einrichtung als eine moralische Institution. Die Kinder erhalten Angebote und werden versorgt. Was in ihnen steckt und wie sie sich entwickeln, ist wichtiger als Normen oder Verbote. Aber es gibt auch Ausnahmen. »Rauchen ist natürlich auf keinen Fall erlaubt.« In dieser Frage kennt er kein Pardon; er wird laut und erregt sich, bis sein Kopf wieder puterrot anschwillt. Für alle, die den Regeln der Nyingmapa folgen, sei Rauchen das Allerschlimmste. So lehre es der lotosgeborene Buddha. Trinken, Geschlechtsverkehr, Geschäftemachen sind dagegen Dinge des Lebens, zu denen jeder für sich eine Haltung entwickeln müsse. Das Wichtigste seien dabei der Grund und die Absicht des Tuns, also warum und zu welchem Zweck jemand etwas tue.

Lama Yapo Yonam ist kein bequemer Mensch und auch niemand, der andere leicht für sich einnimmt. Aber genau das mag ich an ihm. Die Lehre der Nyingmapa war mir immer besonders sympathisch, und ein tatkräftiger Mann mit sozialen Ansichten, der sich nicht asketisch dem Leben verweigert, ist für mich sehr authentisch und glaubwürdig. Den Nachmittag verbringen die jungen Mönche im Kloster mit einem Spiel ähnlich unserem Boccia, für das man aber nichts weiter benötigt als sechs Walnüsse. Das ist ganz im Sinne von Yapo Yonam. Er glaubt nicht an die Bedeutung von Überflüssigem.

Das Spannende für einen Lehrer wie den siebzigjährigen Lama ist die Entwicklung der Kinder und was sie einmal aus ihrem Leben machen. Gebote und das Unterdrücken von Neigungen, das weiß der erfahrene Mann, helfen im Leben grundsätzlich wenig. Wichtiger ist ihm da eher die Selbsterkenntnis seiner Schüler. »Es ist ihnen selbst überlassen, was sie aus sich machen. Wenn einige von ihnen eine Familie gründen möchten, können sie das tun. Sie müssen nicht das Versprechen des Zölibats ablegen. Und wenn einige nicht heiraten und keine Kinder kriegen möchten, können sie im Zölibat leben. Hauptsache, sie tun, was ihnen gemäß ist.«

In Yapo Yonam treffen wir einen kritischen Lama mit interessanten Ansichten. Er ist gegen zölibatäre Klöster und weist darauf hin, dass es auch in buddhistischen Klöstern Missbrauch und Vergewaltigungen gegeben habe und bestimmt immer wieder geben werde. Das ist normalerweise ein absolutes Tabuthema bei Anhängern der buddhistischen Weltanschauung.

Die Lehren der Nyingmapa gehen auf den tantrischen Heiligen Padmasambhava zurück. Mit magischen Fähigkeiten ausgestattet, soll er den Buddhismus im 9. Jahrhundert nach Tibet gebracht haben. Für Yapo Yonam sind dessen Ansichten immer noch maßgebend. Der lotosgeborene Guru Rinpoche ist für ihn der wesentliche Ratgeber. »Alles, was er gesagt hat, ist wahr geworden. Warum sollte man ihm also nicht gehorchen? Wir sollten alle seine Anweisungen befolgen. Man darf die Natur nicht zerstören. Ich habe das schon oft gesagt, auch bei öffentlichen Versammlungen. Doch vielen Leuten gefällt das nicht, sie denken nur ans Geld.«

Geld braucht allerdings auch Yapo Yonam, nämlich für sein zerstörtes Kloster. Vieles ist schon wieder aufgebaut, doch er plant auch noch ein Gästehaus für Besucher. Wir wünschen ihm Glück. Nach all meinen Eindrücken auf der »Straße der Achttausender« erscheinen mir seine Ansichten sehr berechtigt.

Fast am Ziel

Wir erreichen den Vorderen Himalaja und entfernen uns vom Kangchendzönga, der in manchen Quellen auch Kangchendchänga geschrieben wird. Auf steilen Sträßchen und in endlosen Serpentinen führt der Weg aus dem Hochgebirge in wärmere Gefilde. Der Kangchendzönga bleibt ständiger Begleiter und zeigt sich besonders morgens aus der Entfernung in betörenden Farben. Auf 2200 Meter Höhe liegt Darjeeling, etwa zwei Stunden südlich von Pelling. Jahrhundertelang war dies eine Karawanenstadt für den Handel mit Tibet, später dann eine »Hill Station«, ein Luftkurort, für britische Kolonialbeamte. Heute sind Stadt und Distrikt Darjeeling vor allem für die berühmte Teesorte bekannt.

Die Stadt hat 120 000 Einwohner, die Bengalisch, Nepalesisch und Tibetisch sprechen, und sie hat ein hohes Verkehrsaufkommen, was aus dem einstigen Luftkurort eine smogreiche Metropole gemacht hat. Besonders morgens, bevor der Smog kommt, hat man in der Stadt aber immer noch einen wunderbaren Blick über alte Kolonialbauten hinweg auf den dritthöchsten Berg der Erde. Seine Blütezeit hat der Ort allerdings hinter sich. Vieles ist rückständig, besonders die Elektrifizierung und Wasserversorgung. Überall gibt es Plakate, Kundgebungen und Demonstrationen der nepalesischen Bevölkerungsmehrheit, die einen eigenen Gurkhastaat fordert.

Die »Straße der Achttausender« hat uns entlang der Grenze von Bhutan und Sikkim nach Westbengalen geführt – eine ganz neue Kulturlandschaft auf unserer Route. Im 19. Jahrhundert begann ein britischer Botaniker in Darjeeling erfolgreich mit chinesischen Teepflanzen zu experimentieren. Diese hatte er vorher, neben vielen anderen seltenen Pflanzen, von einem dreijährigen Aufenthalt in China für die Britische Ostindien-Kompanie mitgebracht. Sie waren der Ausgangspunkt für ein zukünftiges Handelsimperium. 1860 entstanden die ersten Tee-gärten, und schnell wuchs daraus eine beachtliche Industrie.

Teepflücken ist hier nach wie vor Handarbeit. Neun Millio-nen Kilogramm Tee werden auf diese Weise jährlich in Darjee-ling geerntet. In den Gärten arbeiten nepalesische Einwanderer, die mittlerweile auch auf dem Land die Bevölkerungsmehrheit stellen.

Die idyllischen Bilder von lächelnden Frauen inmitten grüner Teepflanzen trügen. Die Teeindustrie steckt in der Krise, und die Frauen lächeln nur, weil sie sich von der Anwesenheit eines Kameramanns geschmeichelt fühlen. Die Globalisierung führt zum Verfall der Preise, und die Frauen sind das letzte und schwächste Glied in der Kette. Die Pflückerinnen bringen am Abend die Erträge aus den Teegärten in die Fabriken. Hier hat sich wenig geändert in den letzten 150 Jahren. 70 000 Menschen arbeiten in den Industrien rund um den Darjeeling-Tee.

Vor einer Teefabrik treffen wir eine deutsche Optikerin. Sie hat ein Behandlungszimmer eingerichtet und verbringt ihren Jahresurlaub damit, den Frauen Brillen anzupassen, die sie im Land selber hat fertigen lassen. Die Arbeit macht sie umsonst, und die Materialkosten trägt sie selbst; die seien nicht weiter nennenswert, meint sie dazu nur. Die Arbeiten rund um den Tee sind besonders anstrengend für die Augen, deswegen ist Seh-schwäche bei den Frauen hier stark verbreitet. Sie sei auf einer Reise vor einigen Jahren hier durchgekommen, habe das Pro-blem erkannt und mit dem Besitzer der Teefabrik besprochen. Dem sei ihr Engagement sehr willkommen, und er unterstütze sie, wo er nur könne.

Im Banne des Teebarons

Derzeit sind auf dem Weltmarkt biologisch produzierte Tees gefragt. Rajah Banerjee ist Teebaron und kontrolliert seine Pflanzen und Produkte selbstverständlich persönlich. Wir sind bei ihm angemeldet, aber leider verspätet. Der Fabrikbesitzer hatte alles für unseren Besuch vorbereitet, und jetzt muss ein Teil des Besichtigungsprogramms ausfallen. Er herrscht Mr. Prem an, der uns immer noch begleitet, und dieser bittet in fast devoter Art um Entschuldigung, eine politische Versammlung in Darjeeling habe alle Zufahrtsstraßen blockiert und wir hätten deswegen im Stau gesteckt.

Rajah Banerjee hat extra seine Khakihosen und feste Stiefel angezogen, mit denen er normalerweise in der Fabrik und den Feldern unterwegs ist. Jetzt zieht er die Stiefel wieder aus, reicht sie einer Assistentin und empfängt uns in seinem Arbeitszimmer. Der Herr ist ungehalten und macht sofort klar, wer hier der Chef ist. An den Wänden hängen Bilder seiner Vorfahren, und überall in dem Raum sind Preise, Trophäen und Zertifikate aus den letzten Jahrhunderten ausgestellt. Die Familie produziert Tee in der vierten Generation, und Rajah Banerjee ist international vernetzt, kennt sich in Europa aus, weiß, was biodynamische Landwirtschaft ist, arbeitet mit Wissenschaftlern und Forschern zusammen, um das Beste für sein Land und seine Produkte zu erreichen.

Er ist ein eloquenter Mensch, der daran gewöhnt ist, alles in seinem Bereich zu wissen, und der auch über viele andere Zusammenhänge bestens informiert ist. Über Ökologie, Botanik und die Weltwirtschaft spricht er genauso kenntnisreich wie über den Dalai Lama, Osama bin Laden oder Reinhold Messner. Er ist gebildet, unterhaltsam, hat in London studiert, war schon im Rheingau spazieren und hat das Goetheanum besucht, den Sitz der Allgemeinen Anthroposophischen Gesellschaft in Dornach in der Nähe von Basel.

Rajah Banerjee führt uns erst einmal eine Teeprobe vor, wobei er sich gleich selbst auf die Schippe nimmt. »Der Teetester ist kein sozial akzeptables Tier«, meint er, nimmt einen Schluck Tee, bewegt ihn fast gurgelnd im Mund hin und her und spuckt ihn dann geräuschvoll wieder aus. »Das ist wie bei einer Weinprobe«, fügt er grinsend hinzu. Seine Assistentin hat viele Tassen Tee vor ihm aufgereiht, deren Inhalt sich in Farbe und Durchsichtigkeit stark unterscheidet. Daneben liegt der Satz der unterschiedlichen Sorten, und alles ist bereitet für ein Kurzseminar in Sachen Tee, von dem ich nicht alles behalten kann, da es so komprimiert ist.

»Die Teebüsche schlafen im Winter vier Monate lang«, erklärt Rajah Banerjee, der sich extra eine große Schürze umgebunden hat. Als Erstes begreife ich, dass die unterschiedlichen Sorten aus den verschiedenen Ernten in den jeweiligen Jahreszeiten hervorgehen. In der ersten Märzwoche, wenn die Tage länger werden und die Temperaturen steigen, erscheint der First Flush. Die erste Phase der Verarbeitung ist eine lange Trockenzeit, »daher kann man mit bloßem Auge hier auf den Blättern grüne Flecken erkennen«, doziert der Teebaron und hält mir die Blätter unter die Nase. Das kommt, so lerne ich, von der Dehydrierung, wenn man den Blättern die überschüssige Feuchtigkeit entzieht.

»Riechen Sie mal daran«, fordert er mich auf; dem Mann kann man sich nicht entziehen, und ich lerne viel dazu. Selbst im Satz des First Flush kann man wegen der Dehydrierung die grünen Flecken sehen. Hochwertiger Darjeeling First Flush zeichnet sich also durch eine grünliche Infusion und grüne Flecken aus. Da es ein Frühlingstee ist, ist er sehr hell in der Tasse. Die Erntezeit dauert ungefähr einen Monat an, von Mitte März bis Mitte April.

»Dann machen die Büsche wieder für zwei bis drei Wochen ein kurzes Nickerchen«, so beschreibt es der Teebaron in seinem routinierten Vortragsstil, der kurzweilig und spannend ist. Wichtig für die Sorten und Ernten ist der Wandel der Jahreszeiten im besonderen Klima Darjeelings. Aus Frühling wird Sommer: Überall wird es grün, »eine Explosion der Lebensenergie«, wie sich Banerjee ausdrückt. Der Second Flush wächst heran, unzählige grüne Fliegen kommen und ernähren sich von ihm. Der Second Flush wird gepflückt und zu Muscatel verarbeitet, der im Vergleich zum First Flush wie eine frisch gepresste Kupfermünze schmeckt. Das ist ein Hochsommer-Tee, der viel dunkler und intensiver als der helle Frühlings-Tee ist. Die grünen Fliegen tragen zu seinem Geschmack bei.

Das Teejahr geht weiter. Mitte Juni setzt die Regenzeit ein, und die Bedingungen sind nun völlig anders, weil die Luftfeuchtigkeit jetzt hundert Prozent beträgt. Es wird schwierig, dem Blatt siebzig Prozent seiner Feuchtigkeit zu entziehen und es zu trocknen. Doch auch diese klimatische Situation wird genutzt. Die Produktion wechselt zu grünen Tees und halb fermentierten Tees. Dazu gehört der Oolong, der hier auch Darj-Oolong heißt.

»Lecker, probieren Sie.« Rajah Banerjee brilliert weiter im Stil eines Entertainers, der um seine Strahlkraft weiß. »Das Blatt ist größer, auffälliger. Und es riecht gut. Können Sie das riechen?«, fragt er suggestiv.

Und selbst ich als Teelaie bemerke den komplett anderen Duft. Anders als der Second Flush ist der halb fermentierte Tee viel heller. First Flush, Second Flush, dann der Darj-Oolong. Dazu noch unfermentierte Tees, die man Silver Green nennt. Das ist dann wieder etwas komplett anderes, denn dieser Tee ist grün. Ich stoppe Banerjees Vortrag, weil ich mir mehr für den Anfang nicht merken kann. So kompliziert hatte ich mir die Materie nicht vorgestellt. »Das ist ja wie bei Riesling, Kabinett und Trockenbeerenauslese«, sage ich zu ihm. Auch in dieser Materie allerdings kennt sich der Teebaron weit besser aus als ich. Wir wechseln das Thema und sprechen über die Geschichte seiner Familie.

Bereits Rajah Banerjees Urgroßvater hat in Darjeeling Tee produziert. Die Familie reagierte damit auf die gestiegene Nachfrage nach Tee in Europa und baute eine Konkurrenz zu Japan und China auf. Heute gibt es neue Konkurrenz aus Vietnam und Kenia; der weltweit führende Produzent ist weiterhin China.

Die Preise fallen, auch hochwertiger Tee wird verschnitten. Rajah Banerjee hat daraus Konsequenzen gezogen und produziert seit mehr als einem Jahrzehnt in kontrolliert-biologischem Anbau ohne Pestizideinsatz. Damit reagiert er auf die veränderte Nachfrage in Europa und hält die Preise.

Genauso sind seine Vorfahren im 19. Jahrhundert verfahren. In den 1830er-Jahren wurde Teetrinken im vorviktorianischen England immer beliebter. In London entstanden viele Teehäuser im Bankenviertel um das Themseufer herum. Dort spielte sich das soziale Miteinander der Aristokraten ab: Junge Frauen und Männer trafen sich zu einer Tasse Tee, Hochzeiten wurden bei der Gelegenheit arrangiert und so weiter. Der steigende Bedarf an Tee wurde aus den Kolonien gedeckt, wo die Plantagen wuchsen.

Auch die Industrielle Revolution mit Dingen wie Glühbirnen, Förderbändern und besseren Transportwegen trug ihren Teil zu dieser Entwicklung bei. Der Urgroßvater des Teebarons stieg ins Teegeschäft ein. »Unsere Fabrik«, erklärt Rajah Banerjee stolz, »war die erste Teefabrik überhaupt.«

Die Arbeitsabläufe in der Produktion haben sich seit über hundert Jahren nicht verändert. Im Inneren der Fabriken fühlt man sich ins 19. Jahrhundert zurückversetzt. Die geernteten Teeblätter welken zunächst, werden dann gerollt, fermentiert oder oxidiert und dann wieder getrocknet.

In den Fabriken ist es feuchtwarm, und die Maschinen stammen aus dem letzten Jahrhundert oder sind sogar noch älter. Die Teeherstellung ist schwierig und bedarf großer Erfahrung. Schon kleinste Fehler bei den Arbeitsprozessen können zum Verlust des Aromas führen und das Produkt wertlos machen. Vor der Auslieferung wird der Tee deshalb ständig kontrolliert und geprüft. Der globale Rohstoffmarkt ist gnadenlos. Die meisten Fabriken arbeiten allerdings für einen festen Kundenstamm.

Noch hat Darjeeling den Ruf, der Champagner unter den Teesorten zu sein. Für Rajah Banerjee sind es der Ort und das Klima in Darjeeling, die dem Tee die besondere Qualität und Ausstrahlung verleihen. »Darjeeling ist in der Tat außergewöhnlich«, beginnt er zu erklären. »Man kommt am Flughafen an, der in der Ebene liegt, 1500 Meter tiefer als hier. Das Klima dort ist tropisch. Dann kommt man hier hoch, nach Darjeeling: Hier ist das Klima gemäßigt, fast wie in Europa. Aber wenn man nur zwei Stunden weiter fährt, kommt man in Regionen mit arktischem Klima. In einem kleinen Gebiet von 3000 Quadratkilometern hat man also die drei wichtigsten Klimazonen der Welt, das gibt es nirgendwo anders. Deshalb haben wir hier eine Vielfalt in der Flora und Fauna, die es sonst nirgends in einem so kleinen Biotop gibt. Der Tee ist ein Teil dieses Reichtums.«

Rajah Banerjee versteht es, uns in seinen Bann zu ziehen. Er ist kein Landlord im herkömmlichen Sinne und wohl kein übler Ausbeuter, aber schon ein Mensch, der bestimmt, wo es langgeht. Er kümmert sich um einige Dörfer in der Umgebung, mit denen seine Familie seit Generationen verbunden ist. Die Frauen dieser Dörfer leben zum großen Teil vom Pflücken der Teeblätter und die Männer von den Arbeiten rund um die Fabrik.

Zum Schluss des Produktionsprozesses werden die besonders wertvollen Teesorten von Hand gereinigt. Diesen Job erledigen die erfahrensten Arbeiterinnen, also die ältesten. Zwar gibt es auch eine maschinelle Reinigung, aber für die gehobenen Qualitäten reicht das nicht aus. Jedes Steinchen, jeder Fremdkörper wird entfernt.

Gerade diese älteren Frauen sind froh, etwas zu verdienen. Wir sind in Indien. Hier arbeiten viele Menschen in der Landwirtschaft und sind der Willkür der internationalen Märkte ausgesetzt. Genauso wie der Landlord seine Arbeiter braucht, benötigen diese einen innovativen Chef, der mit seinem Betrieb international konkurrenzfähig ist. Auf Rajah Banerjee lastet also auch viel Verantwortung.

Die Dimensionen der indischen Gesellschaft muss man sich erst einmal vor Augen führen, denn sie sprengen den uns bekannten Rahmen.

Man kann den Tee-Anbau als Symbol für das Leben auf dem Land betrachten. Es gibt 800 Millionen sehr arme Menschen in Indien, und sie sind alle Bauern. Indien gilt als großer Zukunftsmarkt. Immerhin leben hier 1,2 Milliarden Menschen, ein enormes Potenzial. Jedoch ist der schlafende Riese, der mittlerweile sogar einen Satelliten zum Mars schickte, Rajah Banerjee zufolge in keiner guten Verfassung. »Jeder sagt, Indien gehe es prächtig, ich bin da jedoch ganz anderer Meinung.« Vielleicht gehe es 300 Millionen Menschen in Indien prächtig im Moment. Sie hätten Geld, und sie seien meist zwischen 25 und 35 Jahren alt, also jung – was gut sei. Aber man solle sich nicht täuschen lassen, denn »800 Millionen Menschen sind bettelarm und leben auf dem Land. Niemand schert sich um sie.«

Wenn schon ein indischer Teebaron und Großgrundbesitzer so etwas sagt, drückt der Schuh gewaltig. Neben der Armut gibt es in Indien zugleich großen Reichtum; allein der Industrielle Vijay Mallya leistet sich einen eigenen Formel-I-Rennstall, Force India, der von Silverstone aus betrieben wird. Die Ignoranz der Brahmanen, der höchsten Kaste, in sozialen Fragen und vieles andere mehr verhindern ein Umdenken im Land. Mit Gerechtigkeit, Weisheit, Gelehrsamkeit und dem geistigen Erbe Mahatma Ghandis ist dies jedenfalls nur schwer in Einklang zu bringen.

NACHWORT

Die Reise auf der »Straße der Achttausender« geht bald zu Ende; in zwei Stunden werden wir den Flughafen Bagdora erreichen und die Heimreise antreten. Ich nehme die letzten Eindrücke in mich auf. Landarbeiter beladen in der Ebene einen Laster mit Teeblättern. Die Arbeit geht hier im Flachland offenbar leichter von der Hand. Auch die Erträge sind größer, die Qualität allerdings bescheidener als in den Höhen Darjeelings. Als Arbeiter führt man hier ein karges Leben, doch die Menschen sind froh, überhaupt Arbeit zu haben, und ziehen von Ernteeinsatz zu Ernteeinsatz.

Wir sind wieder in der tropischen Zone. Die Luft ist schlecht, meine Augen brennen. Ob hier unten der Tee auch nach biodynamischen Grundsätzen angebaut wird wie bei Rajah Banerjee, kann ich nicht überprüfen. Aber der Einsatz von Chemie und Pestiziden ist weitverbreitet.

Wir sind auf der »Straße der Achttausender« durch Pakistan, China, Xinjiang, Tibet, Nepal und Indien gereist. Überall war die Lebenswirklichkeit der einfachen Menschen gelinde gesagt schwierig. Auch die dramatische Veränderung des Klimas war nirgends zu übersehen, und Rajah Banerjee hat uns diesen Eindruck bestätigt. Unsere Erfahrungen in Westbengalen decken sich mit denen in Nepal und Sikkim: Man kann das Wetter nicht mehr voraussagen.

Die Veränderungen sind groß. Auch wenn man Glück hat und den Kangchendzönga sehen kann, gibt es dort an den Gletschern dunkle Flecken, die sich deutlich von Aufnahmen aus dem letzten Jahrhundert unterscheiden. Seit seiner Jugend habe sich viel verändert, erzählt Rajah Banerjee. Es gibt Parallelen zu Europa: längere Abschnitte ohne Niederschläge bzw. äußerst heftige Regenfälle, und diese Wetterkapriolen sind willkürlich verteilt. Die klimatischen Bedingungen ändern sich dramatisch, und wir tragen mit der Abholzung der Wälder und der Verschmutzung der Lebensräume unseren Teil zu diesem Wandel bei. »Der Lebensstil«, meint Rajah Banerjee, »den wir selbst mit unserer eigenen Intelligenz geschaffen haben, ist letztlich schuld daran.«

Wir haben auf unserer Reise viel gesehen, was Anlass bietet, sich für den Erhalt der Natur zu engagieren. Vielleicht gelingt es uns ja, unser Verhalten zu ändern und das eine oder andere wiedergutzumachen. Die Berggötter würde dies auf jeden Fall erfreuen.

Beeindruckend waren nicht nur die Natur, die grandiose Bergwelt, die gewaltigen Panoramen und majestätischen Gipfel entlang des Wegs, sondern auch die Vielfalt der Sprachen, Religionen und Kulturen. Vieles ist auch hier im Wandel begriffen, ethnische und gesellschaftliche Strukturen lösen sich auf. Die sozialen und politischen Probleme sind oft Spätfolgen des Kolonialismus und der imperialen Gier der Großmächte. Aber so ist der Lauf der Geschichte nun mal.

In unserer Zeit kommt den Chinesen eine wachsende Bedeutung zu. Sie erweitern ihren Einfluss durch eindrucksvolle Infrastrukturmaßnahmen sowie den Ausbau ihrer Handelsbeziehungen und werden immer mehr zum Taktgeber der Entwicklung in Zentralasien und darüber hinaus. Entwickelt sich das Land auch in ökologischer Hinsicht weiter, dann kann das viel bewirken. Entwickelt sich China allerdings politisch nicht weiter, hin zu mehr Teilhabe der Bevölkerung an den politischen Entscheidungen, dann wird es implodieren, und niemand weiß, wie das ausgehen wird. Nicht zuletzt muss sich China darum bemühen, seine Minderheiten auf friedliche Weise an sich zu binden, wenn es die innerstaatlichen Zentrifugalkräfte bändigen will.

Woher, so frage ich mich immer wieder, kommt die gewaltige Kraft dieses Volks? Natürlich ist es auch die schiere Zahl der Köpfe, aber das kann es nicht allein sein; die chinesischen Ingenieure, Manager und Arbeiter sind ungeheuer emsig. Sind es die Jahrhunderte der Unterdrückung, nach denen sich nun endlich die chinesische Produktivität Bahn brechen kann? Was trieb die Mongolen an, die Welt zu erobern, was Xerxes oder Alexander und was die Briten oder Spanier, als sie ihre Kolonialreiche schufen? China schickt sich an, wirtschaftlich und machtpolitisch in diese großen Fußstapfen zu treten.

Pakistan hat derzeit die unglücklichste Rolle unter den Ländern an der »Straße der Achttausender« inne. Hervorgegangen aus der Teilung Indiens, im Kalten Krieg zwischen die Fronten der Sowjetunion und den USA geraten, ist Pakistan ein Opfer der Großmächte geblieben. Nichts hat sich Großes getan in den letzten Jahrzehnten, die Intervention der USA in Afghanistan hat wenig verändert. Wenn sich jetzt die Truppen aus Afghanistan zurückziehen, wird es viele Menschen geben, die vorher vom Krieg gelebt haben und nun mit leeren Händen dastehen. Daraus können kriminelle Potenziale entstehen, die nicht in den Griff zu bekommen sein dürften. Der pakistanische Teil der »Straße der Achttausender« wird gefährlich bleiben und auch weiterhin vor allem durch den Charme der Rückständigkeit bestechen, bis die Chinesen ihre Tunnels fertiggestellt haben und ihre Fühler bis an die Arabische See ausstrecken. In den Bergen Pakistans gibt es noch viel zu erleben und erstaunlich viele unbekannte Wege und Ziele zu erkunden.

Zweifellos gibt es keine Wegstrecke auf dieser Erde mit mehr unterschiedlichen Kulturen, Religionen, Sprachen und Völkern, aber auch großen Problemen als die Reiseroute, die wir entlang der Achttausender des Himalaja und Karakorum befahren haben. Sowohl in Xinjiang als auch in Tibet und Sikkim werden die indigenen Völker immer mehr verdrängt. Die Uiguren, die Tibeter, die Bhutia und Lepcha sind Minderheiten geworden. Armut produziert Überbevölkerung wie in Nepal, und gleichzeitig sind die Bergregionen ökologisch nicht in der Lage, mehr Bevölkerung zu ertragen.

Die »Straße der Achttausender« ist für mich auch eine Sehnsuchtsroute. Ich liebe ganz einfach die grandiose Landschaft des Himalaja und des Karakorum, die Kultur, die Gastfreundschaft und den Sinn der Menschen für das Spirituelle, auch für das

Einfache, für Dinge, die nicht messbar und mit Geld zu kaufen sind. Wenn ich einmal träumen darf, so möchte ich mir gern vorstellen, die gesamte Route zu gehen und zu fahren, von Ladakh den Indus entlang nach Baltistan oder von Spiti zum Kailash nach Tibet, von Sikkim nach Nepal, von Chitral nach Badachschan, und zwar ohne dass mir irgendwelche Staatsgrenzen als unüberwindliche Barrieren im Wege stehen – aber das dürfte ein frommer Wunsch bleiben.

Wenn die sogenannte Weltgemeinschaft tatsächlich eine solche wäre, eine echte Gemeinschaft, und zur Abwechslung einmal etwas Sinnvolles planen wollte, dann sollte sie die ganze »Straße der Achttausender« mit Karakorum, Himalaja, Pamir und Hindukusch zum Nationalpark erklären. Mit einem Prozent der Militärhaushalte der Welt wäre das leicht zu finanzieren, und alle Anrainerländer hätten gemeinsam etwas Schönes und Verbindendes. An der Annapurna und am Kangchendzönga gibt es so etwas ansatzweise. Federführend würde ich die Aga Khan Foundation und den World Wide Fund For Nature, den WWF, mit der Durchführung solch eines Projekts betrauen, denn sie haben auf diesem Feld die größte Erfahrung. Und wenn wir jetzt schon bei guten Vorschlägen zur Verbesserung der Welt sind, dann würde ich außerdem dazu raten, bei der Bekämpfung der Geißel des Terrorismus nicht mit Terror zu antworten, sondern schlichtweg die Finanzierungswege offenzulegen und auszutrocknen. Nur das funktioniert, wie man es zum Beispiel bei der IRA gesehen hat.

Mit Yapo Yonam, dem lebensfrohen Mönch, und Rajah Banerjee, dem Teebaron, habe ich in Sikkim und Westbengalen zwei Männer getroffen, deren Ansichten mehr als vernünftig sind und deren Ratschläge der Region guttäten. Der Glaube an die beseelten Kräfte der Natur, an heilige Orte mit Göttern, Geistern und Dämonen ist die beste Lebensversicherung für unsere Umwelt. Rajah Banerjee bekämpft mit seiner biodynamischen Teeproduktion das Preisdumping mit Qualität. Eine Methode, die es auch im Bergtourismus geben sollte und die oft sinnvoller ist, als für viel Geld Straßen und Infrastruktur aufzubauen.

Ich habe schon immer die Ansicht vertreten, dass nichts Kopf und Herz so sehr für Eindrücke und Ideen öffnet wie das Reisen. Das gilt heute umso mehr. In einer medial kontrollierten und überwachten Welt sind sinnliche Erfahrungen und erlebte Reisewelten zu höchsten Gütern geworden. Letztlich kann man die Menschen dieser Erde nach wie vor unterteilen in Menschen, die reisen, und andere, die nicht reisen. Auch Terror und schlechte Nachrichten sollten niemanden davon abhalten, sich die Welt anzuschauen und zuversichtlich auf das hinzustreben, was man erleben und sehen möchte.

Urlaub bei den Mullahs

»Ein wunderbares Buch.« Süddeutsche Zeitung

Stephan Orth

Couchsurfing im Iran

Meine Reise hinter
verschlossene Türen

Malik, 240 Seiten
Mit 48 Farbfotos, 35 Schwarz-Weiß-
Abbildungen und einer Karte
€ 14,99 [D], € 15,50 [A]*
ISBN 978-3-89029-454-4

Es ist offiziell verboten. Trotzdem reist Stephan Orth als Couchsurfer kreuz und quer durch den Iran, schläft auf Dutzenden von Perserteppichen, erlebt irrwitzige Abenteuer – und lernt dabei ein Land kennen, das so gar nicht zum Bild des Schurkenstaates passt. Denn die Iraner sind nicht nur Weltmeister in Sachen Gastfreundschaft, sondern auch darin, den Mullahs ein Schnippchen zu schlagen.

Ein mitreißend erzähltes Buch über die kleinen Freiheiten und großen Sehnsüchte der Iraner.

MALIK

Leseproben, E-Books und mehr unter **www.malik.de**